高职高专“十二五”经济与管理类核心课程系列规划教材

会计学基础与实务

（第二版）

主　编　江南春
副主编　张亚媛　孙　晶

西安交通大学出版社
XI'AN JIAOTONG UNIVERSITY PRESS

内 容 提 要

本书在会计的基本原理方面主要介绍了会计的基本概念、会计对象、会计职能、会计的基本前提、会计的确认与计量、会计信息质量要求等；在会计的基本方法方面主要介绍了会计的核算方法，包括设置会计科目和会计账户、复式记账、成本计算、填制和审核会计凭证、设计和登记会计账簿、财产清查和编制会计报告等；在会计的基本技能方面主要介绍了会计档案管理等。

本书作者从事高校会计教学和企事业单位财务工作多年。本书在编写过程中吸收了国内众多会计学教材的优点，同时也凝聚了作者长期教学与科研的经验与体会。本书可作为高职院校会计学、财务管理、审计学等专业以及其他经济管理类专业的会计学基础课程教材，也可作为财会知识初学者的参考用书。

第二版前言 Foreword

承蒙西安交通大学出版社支持,《会计学基础与实务》经过部分修订之后有机会再版发行,这对教材编写组而言,当然是一件既感荣幸又感欣慰的事情。

本书的修订主要基于以下几个方面考虑:

(1)会计初学者需要。在对企业调研和给一些企业提供会计准则方面的培训时,企业会计人员反映,他们非常需要一本将企业新准则和企业实际情况结合起来讲解的实务操作书,基于此,编写组将平时的授课内容和研究体会写进书中。

(2)新企业会计准则的难度。新企业会计准则与国际会计准则实现了趋同,与原企业会计准则相比,发生了非常大的变化,并要求上市公司在2007年1月1日起开始执行,因此,在这么短的时间内,企业会计人员要全面掌握和运用新企业会计准则存在着一定的难度。

(3)会计学者的责任。作为会计科研人员和教学人员,我们认为有责任来推动新企业会计准则在企业的全面实施,让未来企业会计从业者掌握这些知识,编写教材无疑是一种有效的方式。

此次再版,编者对原书中的不少内容重新做了修订,对凭证和账簿等会计实物以更逼真形式呈现,又根据这些年来市场情况的新的变化,对原书中的一些重要观点做了更为全面、更为详细的阐述,还增加了一些原来未曾涉及的内容。我们希望通过这次的一些修订,能够有助于初学者对会计学获得一个更为清晰、更为准确的认识。

在修订过程中,虽然我们尽力想做到"最新、最全、最好",但限于水平,书中难免存在一些不足之处,恳请学界同仁不吝指正,以便今后进一步修改和完善。

编者

2015年1月19日于南京

第一版前言 Foreword

《会计学基础与实务》是会计学知识的入门教材。本书以 2006 年 2 月财政部颁布实施的《企业会计准则》(包括 1 个基本准则和 38 个具体准则)和《企业会计准则应用指南》为依据,来介绍各种经济业务的处理原则与方法,争取做到“最近”、“最新”。本书力求体现会计改革精神,充分吸收本学科国内外前沿研究成果,全面准确地阐述会计的基本理论和方法。同时,本书力求密切结合实际,强化应用,注重实践,加强对学生掌握会计基本技能和基本方法的训练,着重培养学生的学习能力、实践能力和创新能力,以适应会计教学改革和教材建设的要求。本书结构严谨、体例新颖、内容丰富、重点突出、举例翔实,具有较强的可读性。

本书围绕会计工作任务和会计从业资格考试的要求来选择课程内容,以“工学结合”为目标,重视感官教育和实践教学,在教材编写过程中,对于重要的知识体系加入丰富的导入语和思考问题,这在一定程度上消除了初学者对会计课程的神秘感和抽象感。

本书既可作为会计、审计、财务管理、资产评估等财会类专业基础课教材;亦可作为其他经济管理类专业学生的会计课程入门教材;还可作为会计从业人员及相关人士学习、了解新准则,进行会计知识更新的继续教育和自学参考用书。

本书的编写既有从事教学的骨干教师,又有来自企事业单位的会计人员,他们具有多年的教学和会计实践经验。本书由南京信息职业技术学院江南春担任主编,负责教材框架的制定、教材内容的编撰和全书的统稿工作;由南京信息职业技术学院张亚媛和孙晶任副主编。

作者

2011 年 8 月于南京

目录 Contents

第一章 总 论

学习目标

1. 了解会计的产生和发展
2. 重点掌握会计的概念和基本职能，理解会计的对象
3. 熟悉会计核算的基本前提
4. 理解和应用权责发生制，划分收益性支出与资本性支出，熟悉谨慎性原则和重要性原则

第一节 会计的定义

导入语：你认为会计是什么？是账房先生？是一种职业？还是一项与数字有关的活动？

一、会计的概念

物质资料的生产是人类存在和发展的基础，会计是适应人类生产实践和经营物质资料的生产管理的客观需要而产生并发展起来的。会计作为一种社会现象，作为一种记录、计算和汇总工作，它产生于管理的需要，并且一开始就以管理的形式出现。作为一种经济管理活动，会计与社会生产发展有着不可分割的联系，会计的产生和发展离不开人们对生产活动进行管理的客观需要，社会愈发展，会计愈重要。

在原始社会，人们为了计算生产成果和生活需要，逐步产生了计数和计算的要求。在文字产生以前，这种计算是以“结绳记事”、“刻木记事”或凭人们的记忆来进行的。在文字产生以后，人们对物质资料生产与消耗开始了文字记载，于是就产生了会计。奴隶社会和封建社会的会计主要是用来核算和监督政府开支，为官方服务。随着商品货币经济的发展，特别是在欧洲产业革命以后，由于资本主义生产的发展，生产日益社会化，生产规模日益扩大，更需要由会计从价值量上来全面、完整、系统地反映和监督生产经营的全过程。人类发展到现在，全球信息化、经济全球化使作为“国际商业公共语言”的会计内涵及外延不断丰富发展。现在会计概念可以表述为：会计是以货币作为主要计量单位，以凭证为依据，用一系列专门的技术方法，对一定主体的经济活动进行全面、综合、连续、系统的核算和监督，并向有关方面提供会计信息的一种经济管理活动。

小提问：从会计的定义中，你能了解什么信息？

二、会计的职能

从会计定义中我们可以看出会计是随着生产的发展，逐步从企业各项经营活动中分离出

来的一项以提高经济效益为目标的管理活动。会计在经济管理工作所具有的功能或能够发挥的作用,即会计的职能,包括核算、预测、参与决策、实行监督等。随着经济的发展和管理要求的提高,会计职能不断变化并且彼此联系。会计的基本职能是进行核算,实行监督。

(一)会计核算

会计核算是会计的首要职能,它是以货币为主要计量单位,对各种单位经济业务活动或者预算执行情况及其结果进行连续、系统、全面的记录和计量,并据以编制会计报表。它要求各单位必须根据实际发生的经济业务事项进行会计核算。其特点表现在如下的三个方面:

(1)会计核算主要是从价值量上反映各经济主体的经济活动状况。会计核算是对各单位的一切经济业务,以货币计量为主,进行记录、计算,以保证会计记录和反映的完整性。

(2)会计核算具有连续性、系统性和完整性。各单位必须对客观发生的所有经济业务,即涉及资金运动或资金增减变化的事项,采用系统的核算方法体系,按时间顺序,无一遗漏地进行记录。

(3)会计核算应对各单位经济活动的全过程进行反映。随着商品经济的发展,市场竞争日趋激烈,会计在对已经发生的经济活动进行事中、事后的记录、核算、分析,反映经济活动的现实状况及历史状况的同时,发展到事前核算、分析和预测经济前景。

(二)会计监督

会计监督职能,是指会计具有按照一定的目的和要求,利用会计反映职能所提供的经济信息,对企业和行政事业单位的经济活动进行控制,使之达到预期目标的功能。会计的控制职能主要具有以下特点:

(1)会计监督主要是通过价值量指标来进行监督工作的。由于基层单位进行的经济活动同时都伴随着价值运动,表现为价值量的增减和价值形态的转化,因此,会计通过价值指标可以全面、及时、有效地控制各个单位的经济活动。

(2)会计监督同样也包括事前、事中和事后的全过程的监督。

会计监督的依据有合法性和合理性两种。合法性的依据是国家的各项法令及法规,合理性的依据是经济活动的客观规律及企业自身在经营管理方面的要求。

会计核算与会计监督是相互作用、相辅相成的。核算是监督的基础,没有核算,监督就无从谈起;而监督是会计核算质量的保证。

三、会计目标

会计目标是指在一定的历史条件下,人们通过会计所要实现的目的或达到的最终结果。由于会计是整个经济管理的重要组成部分,会计目标当然从属于经济管理的总目标,或者说会计目标是经济管理总目标下的子目标。在将提高经济效益作为会计终极目标的前提下,我们还需要研究会计核算的目标,即向谁提供信息、为何提供信息和提供何种信息。

根据会计定义,我们可以得知会计核算的目标是向有关各方提供会计信息,以帮助决策。会计目标决定于会计资料使用者的要求,也受到会计对象、会计职能的制约。我国《企业会计准则》中对于会计核算的目标做了明确规定:会计目标是向财务会计报告使用者提供与企业财务状况、经营成果和现金流量等有关的会计信息,反映企业管理层受托责任履行情况,有助于财务会计报告使用者作出经济决策。

上述会计核算的目标,实质上是对会计信息质量提出的要求。它可以划分为两个方面:

第一方面是满足于对企业管理层的监管需要。如资金委托人对受托管理层是否很好管理其资金进行评价和监督；工会组织对管理层是否保障工人基本权益的评价；政府及有关部门对企业绩效评价和税收的监管；社会公众对企业履行社会职能的监督等等。

第二方面是满足于相关团体的决策需要。如满足潜在投资者投资决策需要；满足债权人是否进行借贷决策需要等等。

会计目标是会计管理运行的出发点和最终要求。会计目标决定和制约着会计管理活动的方向，在会计理论结构中处于最高层次；同时在会计实践活动中，会计目标又决定着会计管理活动的方向。随着社会生产力水平的提高，科学技术的进步，管理水平的改进及人们对会计认识的深化，会计目标会强烈地随着社会经济环境的变化而变化。

四、会计对象

会计对象即会计核算和监督的内容。凡是能够以货币表现的经济活动的特定对象，都是会计所核算和监督的内容。而以货币表现的经济活动，通常又称为价值运动或资金运用。

资金运用包括特定对象的资金的投入、资金的循环和周转、资金的退出等过程，而具体到企业、事业、行政单位又有较大的差异。下面以工业为例说明资金运用的过程。

(一)资金的投入

工业企业要进行生产经营，必须拥有一定的资金，这些资金的来源包括所有者投入的资金和债权人投入的资金两部分，前者属于企业所有者权益，后者属于企业债权人权益——企业负债。投入企业的资金要用于购买机器设备和原材料并支付职工的工资等。这样投入的资金最终构成企业流动资产、非流动资产和费用。

(二)资金的循环和周转

工业企业的经营过程包括供应、生产、销售三个阶段。在供应过程中，企业要购买原材料等劳动对象，发生材料买入价、运输费、装卸费等材料采购成本，与供应单位发生货款的结算关系。在生产过程中，劳动者借助于劳动手段将劳动对象加工成特定的产品，同时发生原材料消耗、固定资产磨损的折旧费、生产工人劳动耗费的人工费，使企业与职工之间发生工资结算关系，有关单位之间发生劳务结算关系等。在销售过程中，企业将生产的产品销售出去，发生支付销售费用、收回货款、交纳税金等业务活动，并同购货方发生货款结算关系、同税务机关发生税务计算关系。综上所述，资金的循环就是从货币资金开始依次转化为储备资金、生产资金、成品资金，最后又回到货币资金的过程。资金周而复始的循环称为资金的循环。

(三)资金的退出

会计对象是会计核算和监督的内容。企业的会计对象是企业的资金运动，包括偿还债务、上缴各项税金、向所有者分配利润等。这部分资金离开本企业，退出企业的资金循环与周转。其具体过程如图 1-1 所示。

上述资金运用的三阶段是相互支持、相互制约的统一体。没有资金的投入，就没有资金的循环与周转，也不会有债务的偿还、税金的上缴和利润的分配等；没有资金的退出，也不会有新一轮的资金投入，就不会有企业的进步发展。

小思考：知道了会计核算对象，就能详细反映不同经济业务给企业带来的影响吗？

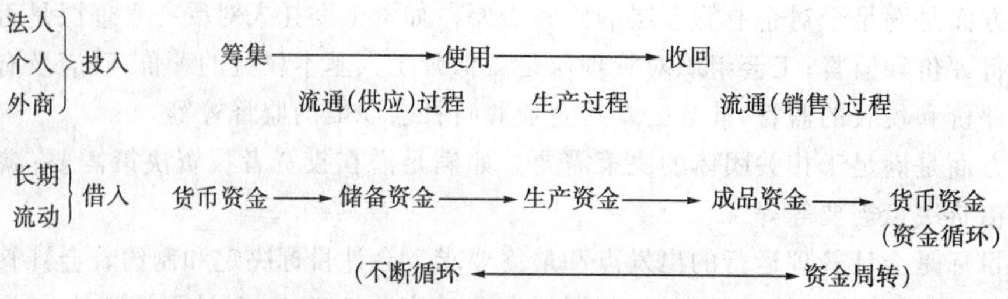

图 1-1　企业资金的循环过程

第二节　会计核算的基本前提

会计核算的基本前提是对会计核算所处的时间、空间环境所作的合理设定。会计核算的基本前提是为了保证会计工作的正常进行和会计信息的质量，对会计核算的范围、内容、基本程序和方法所作的假定，并在此基础上建立会计原则。国内外会计界多数人公认的会计核算的基本前提有以下四个。

导入语：假设 A 公司销售一批原材料给 B 公司，A 公司已经把货物发送到 B 公司仓库，B 公司尚未支付货款。请问，你如何反映这笔经济业务？是反映应收账款，还是应付账款？

一、会计主体(会计实体、会计个体)

会计主体是指会计信息所反映的特定单位，也称为会计实体、会计个体。会计所要反映的总是特定的对象，只有明确规定会计核算的对象，将会计所要反映的对象与其他经济实体区别开来，才能保证会计核算工作的正常开展，实现会计的目标。

会计主体作为会计工作的基本前提之一，为日常的会计处理提供了空间依据。第一，只有明确会计主体，才能划定会计所要处理的经济业务事项的范围和立场。如把 A 公司作为会计主体的话，只有那些影响 A 公司经济利益的经济业务事项才能加以确认和计量。与 A 公司经济业务无关的原材料资产增加、应付负债增加等要素的变化，A 公司都不予以反映。因此对于"导入语"那笔同样的经济业务，对于 A 公司来说，一方面是一笔收入，同时也增加一笔应收账款。对于 B 公司来说，在原材料资产增加的同时，应付账款负债也增加。第二，明确会计主体，将会计主体的经济活动与会计主体所有者的经济活动区分开来。无论是会计主体的经济活动，还是会计主体所有者的经济活动，都最终影响所有者的经济利益，但是为了真实反映会计主体的财务状况、经营成果和现金流量，必须将会计主体的经济活动与会计主体所有者的经济活动区别开来。

会计主体不同于法律主体。一般来说，法律主体往往是一个会计主体，例如，一个企业作为一个法律主体，应当建立会计核算体系，独立反映其财务状况、经营成果和现金流量。但是，会计主体不一定是法律主体，例如，在企业集团里，一个母公司拥有若干个子公司，这些子公司在企业集团母公司的统一领导下开展经营活动。为了全面反映这个企业集团的财务状况、经营成果和现金流量，就有必要将这个企业集团的财务状况、经营成果和现金流量予以综合反映。有时，为了内部管理需要，也对企业内部的部门单独加以核算，并编制出内部会计报表，企业内部划出的核算单位也可以视为一个会计主体,但它不是一个法律主体;而母公司既是法律主体,又是会计主体。

导入语:一个制造企业,花10万元购买一台生产机器的目的是什么?如果改变用途,把全新的机器用于破产抵债,这台机器还能值10万元吗?

二、持续经营

持续经营是指会计主体的生产经营活动将无限期地延续下去,在可以预见的将来,企业不会面临清算、解散、倒闭而不复存在。

企业是否持续经营对会计政策的选择、正确确定和计量财产计价、收益影响很大。例如,采用历史成本计价,是设定企业在正常的情况下运用它所拥有的各种经济资源和依照原来的偿还条件偿付其所负担的各种债务,否则,就不能继续采用历史成本计价。引用"导入语"中的例子,在持续经营的前提下,企业取得机器设备之时,能够确定这项资产在未来的生产加工活动中可以给企业带来经济利益,因此可以按支付的所有价款10万作为固定资产的账面成本,其磨损的价值,在5年内按一定折旧方法计提折旧,并将其磨损的价值计入成本费用。如果企业面临清算,这项固定资产,只能按当时的公允价值,进行抵偿债务了。

由于持续经营是根据企业发展的一般情况所作的设定,企业在生产经营过程中缩减经营规模乃至停业的可能性总是存在的。为此,往往要求定期对企业持续经营这一前提作出分析和判断。一旦判定企业不符合持续经营前提,就应当改变会计核算的方法。

导入语:如果你是A企业的相关利益人,你想了解企业的财务状况和经营成果,那你希望A企业在整个持续经营期间,是关门营业前提供一次相关会计信息给你,还是每年一次,或每月一次,或每旬,或每日?哪一种方式,更容易满足你及时做出相关决策?

三、会计分期(会计期间)

会计分期这一前提是从第二个基本前提——持续经营——引申出来的,可以说是持续经营的客观要求。会计分期是指将一个企业持续经营的生产经营活动划分为连续、相等的期间。会计分期又称为会计期间。

会计分期的目的是将持续经营的生产活动划分为连续、相等的期间,据以结算盈亏,按期编报财务报告,从而及时地向各方面提供有关企业财务状况、经营成果和现金流量的信息。

根据持续经营前提,一个企业要按当前的规模和状况继续经营下去,要最终确定企业的经营成果,只能等到一个企业在若干年后歇业之时才能核算其盈亏。但是,经营活动和财务经营决策要求及时得到有关信息,不能等到歇业时一次性地核算盈亏。为此,就要将持续不断的经营活动划分为一个个相等的期间,分期核算和反映。会计分期对会计原则和会计政策的选择有着重要影响。由于会计分期,产生了当期与其他期间的差别,从而出现权责发生制和收付实现制的区别,进而出现了应收、应付、递延、预提、待摊这样的会计方法。

会计分期一般可以按照日历时间划分,分为年、季、月。最常见的会计分期是一年,按年度编制的财务会计报表也称为年报。在我国,会计准则明确规定,会计分期采取公历年度,自每年1月1日起至12月31日止。此外,国际上会计分期可以按实际的经济活动周期来划分,其周期或长或短于公历年度。

会计分期划分的长短会影响损益的确定。一般来说,会计分期划分得越短,反映经济活动的会计信息质量就越不可靠,当然,会计分期的划分也不可能太长,这样会影响会计信息使用者及时使用会计信息,因此必须恰当地划分会计期间。

导入语:在会计报表中,如果资产有两种反映方式:A方式是500根灯管,2台机器设备,3项专利,3项长期投资;B方式是灯管3 000元,机器设备200 000元,专利100 000元,长期投资60 000元。你认为哪种计量方式更有利于综合反映企业财务状况,更有利于满足企业间对比?

四、货币计量

货币计量是指以货币作为计量单位,记录和反映企业的生产经营活动。

企业资产、负债和所有者权益,尤其是资产可以采取不同的计量属性,如数量计量(个、张、根等)、人工计量(工时等)、货币计量。而会计是对企业财务状况和经营成果全面系统的反映,为此,需要货币这样一个统一的量度。企业经济活动中凡是能够用货币这一尺度计量的,就可以进行会计反映;凡是不能用这一尺度计量的,则不必进行会计反映。当然,统一采用货币尺度,也有不利之处,许多影响企业财务状况和经营成果的一些因素,并不是都能用货币计量的,比如,企业经营战略、在消费者当中的信誉度、企业的地理位置、企业的技术开发能力等。为了弥补货币量度的局限性,要求企业采用一些非货币指标作为会计报表的补充。

在我国,要求采用人民币作为记账本位币,是对货币计量这一会计前提的具体化。考虑到一些企业的经营活动更多地涉及外币,因此规定业务收支以人民币以外的货币为主的单位,可以选定其中一种货币为记账本位币。当然,提供给境内的财务会计报告使用者的应当折算为人民币。

第三节 会计核算信息质量要求

导入语:你认为具有什么特征的会计信息,能满足会计信息使用者的需要?

会计核算的一般原则是进行会计核算的指导思想和衡量会计工作成败的标准,具体包括两个方面,即衡量会计信息质量方面的一般原则、确认和计量的一般原则。

一、衡量会计信息质量方面的一般原则

2006年2月财政部颁布的《企业会计准则——基本准则》,即对会计信息质量要求的原则,包括客观性、相关性、明晰性、可比性、实质重于形式、重要性、谨慎性、及时性。这些准则都是为了保证会计信息的质量而提出的,是会计确认、计量和报告质量的保证。

(一)客观性原则

客观性原则也称真实性原则,是指企业应当以实际发生的经济业务及证明经济业务发生的合法凭证为依据,如实反映财务状况、经营成果,做到内容真实、数字准确、资料可靠。这一原则是对会计工作的基本要求。

这一原则包括两个内容：一是会计必须根据审核无误的原始凭证，采用特定的专门方法进行记账、算账、报账，保证所提供的会计信息内容完整、真实可靠。如果会计核算不是以实际发生的交易或事项为依据，为使用者提供虚假的会计信息，会误导信息使用者，使之做出错误的决策。二是会计人员在进行会计处理时应保持客观，运用正确的会计原则和方法，得出具有可检验性的会计信息[①]。如果会计人员进行会计处理时不客观，同样不能为会计信息使用者提供真实的会计信息，也会导致信息使用者做出错误决策。

（二）相关性原则

这是指企业所提供的会计信息应与财务会计报告使用者的经济决策相关，有助于财务会计报告使用者对企业过去、现在或者未来的情况作出评价或预测。这里所说的相关，是指与决策相关，有助于决策。如果会计信息提供后，不能帮助会计信息使用者进行经济决策，就不具有相关性，因此，会计工作就不能完成会计所要达到的会计目标。

根据相关性原则，要求在收集、记录、处理和提供会计信息过程中能充分考虑各方面会计信息使用者决策的需要，满足各方面具有共性的信息需求。对于特定用途的信息，不一定都通过财务报告来提供，而可以采取其他形式加以提供。

（三）明晰性原则

这是指企业提供的会计信息应当清晰明了，便于财务会计报告使用者理解和使用。明晰性原则要求会计信息简明、易懂，能够简单明了地反映企业的财务状况、经营成果和现金流量，从而有助于会计信息使用者正确理解、掌握企业的情况。

根据明晰性原则，会计记录应当准确、清晰，填制会计凭证、登记会计账簿必须做到依据合法、账户对应关系清楚、文字摘要完整；在编制会计报表时，要做到项目勾稽关系清楚、项目完整、数字准确。

（四）可比性原则

这是指企业提供的会计信息应当具有可比性。这包括两个方面的质量要求：

一是信息的横向可比。即企业之间的会计信息口径一致，相互可比。企业可能处于不同行业、不同地区，经济业务发生在不同地点，为了保证会计信息能够满足经济决策的需要，便于比较不同企业的财务状况和经营成果，不同企业发生相同的或者相似的交易或事项，应当采用国家统一规定的相关会计方法和程序。

二是信息的纵向可比。即同一企业不同时期发生的相同或相似的交易或事项，应当采用一致的会计政策，不得随意改变，便于对不同时期的各项指标进行纵向比较。在此准则要求下，企业不得随意改变目前所使用的会计方法和程序[②]，一旦作出变更，也要在会计报告附注中作出说明。如存货的实际成本计算方法有先进先出法、加权平均法等。如果确有必要变更，应当将变更情况、变更原因及其对企业财务状况和经营成果的影响在财务会计报告附注中说明。

（五）实质重于形式原则

这是指企业应当按照以交易或事项的经济实质进行会计确认、计量和报告，而不应仅以交

① 会计信息的可检验性，通常是指不同的会计人员对于相同的交易或事项进行会计处理后应得出相同的结果。

② 根据可比性原则的要求，企业不得随意改变会计政策，但这并不意味着所选择的会计程序和方法不能作任何变更。一般来说，在两种情况下，可以变更会计政策：一是有关法规发生变化，要求企业改变会计政策；二是改变会计政策后能够更恰当地反映企业的财务状况和经营成果。

易或事项的法律形式作为依据。这里所讲的形式是指法律形式,实质是指经济实质。有时,经济业务的外在法律形式并不能真实反映其实质内容。为了真实反映企业的财务状况和经营成果,就不能仅仅根据经济业务的外在表现形式来进行核算,而要反映其经济实质。比如,法律可能写明商品的所有权已经转移给买方,但事实上卖方仍享有该资产的未来经济利益。如果不考虑经济实质,仅看其法律形式,就不能真实反映这笔业务对企业的影响。

(六)重要性原则

这是指企业提供的会计信息应当反映与企业财务状况、经营成果和现金流量等有关的所有重要交易或事项。在此原则下,企业在选择会计方法和程序时,要考虑经济业务本身的性质和规模,根据特定的经济业务决策影响的大小,来选择合适的会计方法和程序。如果一笔经济业务的性质比较特殊,不单独反映就有可能遗漏一个重要事实,不利于所有者以及其他方面全面掌握这个企业的情况,就应当严格核算,单独反映,提请注意;反之,如果一笔经济业务与通常发生的经济业务没有特殊之处,不单独反映,也不至于隐瞒某些事实,就不需要单独反映和提示。并且,如果一笔经济业务的金额在收入、费用或资产总额中所占的比重很小,就可以采用较为简单的方法和程序进行核算,甚至不一定严格采用规定的会计方法和程序;反之,如果金额在收入、费用或资产总额中所占的比重较大,就应当严格按照规定的会计方法和程序进行核算。

重要性原则与会计信息成本效益直接相关。坚持重要性原则,就能够使提供会计信息的收益大于成本。对于那些不重要的项目,如果也采用严格的会计程序,分别核算,分项反映,就会导致会计信息成本高于收益。

在评价某些项目重要性时,很大程度上取决于会计人员的职业判断。一般来说,应当从质和量两个方面来进行分析。从性质方面来说,当某一事项有可能对决策产生一定影响时,就属于重要项目;从数量方面来说,当某一项目的数量达到一定规模时,就可能对决策产生影响。

(七)谨慎性原则

谨慎性原则又称稳健性原则,是指企业对交易或事项进行确认、计量和报告应当保持应有的谨慎,即在存在不确定因素的情况下作出判断时,不应高估资产或者收益、低估负债或者费用。对于可能发生的损失和费用,应当加以合理估计。企业经营存在风险,实施谨慎性原则,对存在的风险加以合理估计,就能在风险实际发生之前化解风险,并防范风险,有利于企业作出正确的经营决策,有利于保护所有者和债权人的利益,有利于提高企业在市场上的竞争力。比如,在存货、有价证券等资产的市价低于成本时,相应地减记资产的账面价值,并将减记金额计入当期损益,就体现了谨慎性原则,也体现了谨慎性原则对历史成本原则的修正。当然,谨慎性原则并不意味着可以任意提取各种准备,否则,就属于谨慎性原则的滥用。

(八)及时性原则

这是指企业对于已经发生的交易或事项,应当及时进行会计确认、计量和报告,不得提前或延后。会计信息只有具有时效性,才能满足经济决策的及时需要,信息才有价值,所以为了实现会计目标,就必须遵循及时性原则。

根据及时性原则,要求及时收集会计数据,在经济业务发生后,应及时取得有关凭证;对会计数据及时进行处理,及时编制财务报告;将会计信息及时传递,按规定的时限提供给有关方面。

二、确认和计量的一般原则

导入语：A 企业 12 月 20 日销售商品 25 万元，货款在第二年的 1 月 10 日收到，请问应确认为 12 月收入？还是 1 月份收入？哪种更能准确反映企业当月的经营成果？如果 11 月 5 日预收了货款，12 月 20 日才发货，那什么时候确认收入？

（一）权责发生制原则

这是指收入和费用是否计入某会计期间，不是以是否在该期间内收到或付出现金为标志，而是依据收入是否归属该期间的成果、费用是否在该期间负担来确定。具体来说，凡在当期取得的收入或者应当负担的费用，不论款项是否已经收付，都应当作为当期的收入或费用；凡不属于当期的收入或费用，即使款项已经在当期收到或应在当期支付，都不能作为当期的收入或费用。因此，权责发生制原则，也称为应收应付原则。如在此原则下，“导入语”中 A 企业的销售行为是在 12 月发生，收入应由 12 份取得，即使没有收到款项，也应属于 12 月份的收入。而 11 月或 1 月即使收到款项，由于没有发生销售行为，也不能作为当月收入确认。

与权责发生制相对应的是收付实现制。收付实现制也称现收现付制，是以实际收到或付出款项作为确认收入或费用的依据。如在此原则下，“导入语”中 A 企业只要是在 1 月 10 日收到货款，不论这笔款项，是不是由本月业务实际发生，都作为 1 月份收入。

权责发生制与收付实现制都是会计核算的记账基础。由于会计分期前提，产生了本期与非本期的区别，因此在确认收入或费用时，就产生了上述两种不同的记账基础，而采用不同的记账基础会影响各期的损益。建立在权责发生制基础之上的会计处理可以正确地将收入与费用相配合，正确计算损益。因此，企业即营利组织一般采用权责发生制，而预算单位等常采用收付实现制。

小问题：A 企业 12 月销售自产商品取得收入 420 万元，这批商品成本 220 万元；同时 A 企业兼营运输劳务取得收入 16 万元，各种汽油费、过路费及税费等花费 7 万元；A 企业为维持 12 月份正常经营运转，支付管理人员工资 5 万，办公费 18 万，销售费用 20 万。请问 A 企业销售商品取得的利润是多少？A 企业运输劳务利润是多少？12 月份 A 企业利润总额是多少？

（二）配比原则

这是指将收入与对应的费用、成本进行对比，以结出损益。正确运用配比原则，将收入与相关的成本、费用进行对比，才能完整地反映特定时期的经营成果，从而有助于正确评价企业的经营业绩。因此当确定某一个会计期间已经实现收入之后，就必须确定与该收入有关的已经发生的费用，以正确确定该期间的损益。

配比原则包括两层含义。一是因果配比，即将收入与其相关的成本费用配比。在“小问题”中，将销售商品的主营业务收入与主营业务成本相配比，A 企业销售商品取得的利润是 200 万元；将兼营运输业务的其他业务收入与其他业务成本相配比，A 企业运输劳务利润是 9 万元。二是时间配比，即将一定时期的收入与同时期的费用相配比。如将当期的所有收入与当期应负担所有成本、费用（管理费用、销售费用等）相配比，12 月份 A 企业利润总额是 166 万元。

导入语：B 企业 12 月份收入 360 万元，经核查 12 月支出明细如下：管理人员工资 120 万元，购买固定设备 100 万元，报刊费 1 万元，电话费 4 万元，办公用品消耗 6 万元。因此当月的费用是 131 万元，利润是 229 万元。为什么同样是支出，固定设备支出不作为费用？与当期收入配比，固定设备支出与报刊费等其他支出有什么区别？

(三)划分收益性支出与资本性支出原则

这是指会计核算中合理划分收益性支出与资本性支出，将收益性支出计入当期的损益，将资本性支出计入资产的价值。对于一项支出，如果支出所带来的经济效益仅与当期有关，则这项支出就作为收益性支出；如果该支出的经济效益不仅与当期有关，而且与几个会计期间均有关，那么该支出就是资本性支出。划分收益性支出与资本性支出，有助于正确确认当期损益和资产价值，保持会计信息的客观性。如固定资产支出，可以提高企业生产运营能力，其使用期限超过一年或一个营业周期，所以其所带来的效益不仅与当期有关，而且与以后几个期间有关，因此属于资本性指出，应当计入固定资产价值，而不能与当期收入相配比。

导入语：2013 年 12 月购买的固定设备原值是 100 万元，预计使用 10 年。2014 年 12 月，该设备账面价值是 90 万元，如果继续使用 9 年该设备给企业带来的现金流入现值为 91 万元，但如果用此设备进行债务清偿，其公允价值为 95 万元，请问 2014 年 12 月如何确认该设备的价值，才能客观准确地反映企业的财务状况？

(四)历史成本原则

这是指将取得资产时发生的成本作为资产的入账价值，在资产处置前保持其入账价值不变。其后，如发生减值，应当按规定计提相应的减值准备。历史成本原则的依据是：成本是实际发生的，有客观依据，便于核查，也易于确定，比较可靠；历史成本数据比较容易取得。按照此原则，企业的资产应以取得时所耗费的一切成本作为入账和计价的基础，而且此成本也是其以后分摊转为费用的基础。

企业在对会计要素进行计量时，应当采用历史成本。也可以采用重置成本、可变现净值、现值、公允价值计量，但前提是，要保证所确定的会计要素金额能够取得并可靠计量。

第四节　会计方法

一、会计方法的概述

会计方法是指用何种手段去实现会计的任务，完成会计核算和监督的职能。会计的方法包括会计核算、会计分析、会计考核、会计预测和会计决策方法等。其中，会计核算方法是最基本、最主要的方法。本节只介绍会计核算的方法，它是初学者必须掌握的基础知识。至于会计预测、控制方法以及会计分析方法将在以后相关课程中，结合具体业务讲述。

二、会计核算方法

会计核算方法是对会计对象进行连续、系统、全面的核算和监督所应用的方法。会计核算方法主要包括以下七种专门方法：设置会计科目及账户、复式记账、填制和审核凭证、登记账簿、成本计算、财产清查、编制会计报表。这七种方法相互联系共同组成会计核算方法体系。

(一)设置会计科目及账户

设置会计科目及账户是对会计对象具体内容进行的分类反映和监督方法。会计对象包含的内容纷繁复杂,设置会计科目及账户就是根据会计对象具体内容的不同特点和经济管理的不同要求,选择一定的标准进行分类,并事先规定分类核算项目,在账簿中开设相应的账户,以取得所需要的核算指标。

正确、科学地设置会计科目及账户,细化会计对象,提供会计核算的具体内容,是满足经营管理需要,完成会计核算任务的基础。

(二)复式记账

复式记账是指对每一项经济业务都要在两个或两个以上的相互联系的账户中进行登记的一种方法。复式记账一方面能全面地、系统地反映经济业务引起资金运动增减变化的来龙去脉;另一方面通过账户之间的一种平衡关系,检查会计记录的正确性。例如,用银行存款 6 000 元购买材料,采用复式记账法就要同时在“原材料”账户和“银行存款”账户分别反映材料增加了 6 000 元,银行存款减少了 6 000 元。这样就能在账户中全面核算并监督会计对象。

(三)填制和审核凭证

各单位发生的任何会计事项都必须取得原始凭证,证明其经济业务的发生或完成。原始凭证要送交会计进行审核,审核其填制内容是否完备、手续是否齐全、业务的发生是否合理合法等,经审核无误后,才能编制记账凭证。记账凭证是记账的依据,原始凭证和记账凭证统称为会计凭证。审核和填制会计凭证是会计核算的一种专门方法,它能保证会计记录的完整、可靠,提高会计核算质量。

(四)登记账簿

账簿是具有一定格式,用来记账的簿籍。登记账簿就是根据会计凭证,采用复式记账法,把经济业务分门别类、内容连续地在有关账簿中进行登记的方法。借助于账簿,就能将分散的经济业务进行分类汇总,系统地提供每一类经济活动的完整资料,了解一类或全部经济活动发展变化的全过程,更加适应经济管理的需要。账簿记录的各种数据资料,也是编制财务报表的重要依据。所以,登记账簿是会计核算的主要方法。

(五)成本计算

成本计算是按照一定对象归集和分配生产经营过程中发生的各种费用,以便确定该对象的总成本和单位成本的一种专门方法。例如,工业企业要计算生产产品的成本,就要把企业进行生产活动所耗用的材料、支付的工资,以及发生的其他费用加以归集,并计算产品的总成本和单位成本。产品成本是综合反映企业生产经营活动的一项重要指标。正确地进行成本计算,可以考核生产经营过程的费用支出水平,同时又是确定企业盈亏和制定产品价格的基础,并为企业进行经营决策提供重要数据。

(六)财产清查

财产清查就是通过对各项财产物资、货币资金进行实物盘点,对往来款项进行核对,以查明实存数同账存数是否相符的一种专门方法。在财产清查中发现有财产、资金账面数额与实存数额不符的情况,应该及时调整账簿记录,使账存数与实存数一致,并查明账实不符的原因,明确责任。通过财产清查,可以查明各项财产物资、债权债务、所有者权益的情况,可以促进企业加强物资管理,保证财产的完整,并能为编制会计报表提供真实、准确的资料。

(七)编制会计报表

编制会计报表是根据账簿记录的数据资料，采用一定的表格形式，概括、综合地反映各单位在一定时期内经济活动过程和结果的一种方法。编制会计报表是对日常核算工作的总结，是在账簿记录基础上对会计核算资料的进一步加工整理。会计报表提供的资料是进行会计分析、会计检查的重要依据。

从填制会计凭证到登记账簿、编制会计报表，一个会计期间(一般指一个月)的会计核算工作即告结束，然后按照上述程序进入新的会计期间，如此循环往复，持续不断地进行下去，这个过程也称为会计循环。

上述会计核算方法相互联系、密切配合，构成了一个完整的核算方法体系。这些方法相互配合运用的程序是：①经济业务发生后，取得和填制会计凭证；②按会计科目对经济业务进行分类核算，并运用复式记账法在有关会计账簿中进行登记；③对生产经营过程中各种费用进行成本计算；④对账簿记录通过财产清查加以核实，保证账实相符；⑤期末，根据账簿记录资料和其他资料，进行必要的加工计算，编制会计报表。它们之间的联系如图 1-2 所示：

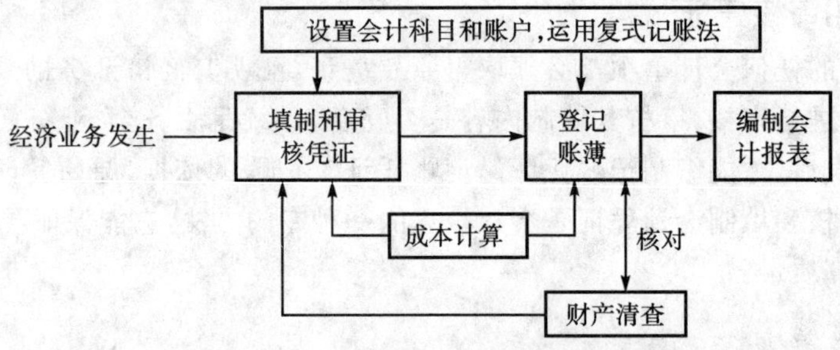

图 1-2　会计核算的方法体系

本章思考题

一、单项选择题

1. 下列项目中，属于会计基本职能的是(　　)

A. 计划职能、核算职能

B. 预测职能、监督职能

C. 核算职能、监督职能

D. 决策职能、监督职能

2. 会计对经济活动进行综合反映，主要是利用(　　)

A. 实物量度

B. 劳动量度

C. 货币量度

D. 工时量度

3. 会计核算的一般原则中，要求会计指标口径一致，以便于不同企业之间进行横向比较的会计原则(　　)

A. 一贯性
B. 可比性
C. 配比性
D. 权责发生制

4. 对应收账款计提坏账准备遵循的会计原则是( )
A. 历史成本
B. 收付实现制
C. 谨慎性
D. 配比性

5. 会计循环的顺序是( )
A. 填制和审核凭证——编制会计报表——登记账簿
B. 编制会计报表——登记账簿——填制和审核凭证
C. 填制和审核凭证——登记账簿——编制会计报表
D. 登记账簿——填制和审核凭证——编制会计报表

6. 在社会主义市场经济条件下,会计对象是社会再生产过程中的( )
A. 全部经济活动
B. 商品运动
C. 以货币表现的经济活动
D. 财产物资运动

7. 会计期间的前提是( )
A. 会计主体
B. 持续经营
C. 会计分期
D. 货币计量

8. 复式记账法的问世标志着( )
A. 现代会计的开端
B. 近代会计的形成
C. 会计成为一种独立的职能
D. 会计学科的不断完善

9. 将一个会计期间的收入与其相关的成本、费用相互配合进行比较的原则是( )
A. 可比性
B. 一贯性
C. 清晰性
D. 配比性

10. 会计对象是企事业单位的( )
A. 资金运动
B. 经济活动
C. 经济资源
D. 劳动成果

11.(　　)是将一个会计主体持续经营的生产经营活动人为划分成若干个相等的会计期间。

A. 会计时段

B. 会计分期

C. 会计区间

D. 会计年度

12. 会计是以(　　)为主要计量单位,反映与监督一个单位的经济活动的一种经济管理工作。

A. 实物

B. 货币

C. 工时

D. 劳动耗费

二、多项选择题

1. 按照权责发生制原则的要求,下列经济业务中应计入本期收入或费用的有(　　)

A. 预收货款

B. 预付财产保险费

C. 摊销固定资产修理费

D. 预提短期借款利息

E. 销售产品,款已预收

2. 下列会计事项中,体现谨慎原则的是(　　)

A. 存货计价采用先进先出法

B. 预提借款利息

C. 对应收账款计提坏账准备

D. 固定资产折旧采用直线法

E. 固定资产折旧采用加速折旧法

3. 下列方法中,属于会计核算方法的是(　　)

A. 成本计算

B. 财产清查

C. 复式记账

D. 登记账簿

E. 会计报表分析

4. 在权责发生制下,下列贷款中应列作本期收入的是(　　)

A. 本月销售产品,货款尚未收到

B. 本月预收下月货款,存入银行

C. 本月收到上月应收账款,存入银行

D. 本月收到上月多付给供货方的预付货款,存入银行

E. 本月销售产品,收到货款,存入银行

5. 会计核算的基本前提是(　　)

A. 会计主体

B. 会计准则
C. 持续经营
D. 会计分期
E. 货币计量

三、计算题

根据下列经济业务内容，按权责发生制和收付实现制计算企业本月(7 月)的收入和费用，并填写在表格中。

资料：

(1)销售产品 4 000 元，货款存入银行。

(2)销售产品 10 000 元，货款尚未收到。

(3)预付 7—12 月份的租金 6 000 元。

(4)本月应计提银行借款利息 1 000 元。

(5)收到上月份应收的销货款 4 000 元。

(6)收到购货单位预付货款 8 000 元，下月交货。

业务号	权责发生制		收付实现制	
	收入	费用	收入	费用
1				
2				
3				
4				
5				
6				
合计				

第二章 会计要素和会计等式

学习目标

1. 掌握会计要素的含义及内容
2. 掌握会计要素的关系及会计恒等式，通过对经济业务类型的分析，重点掌握会计恒等式所表示的平衡关系

第一节 会计要素

导入语：会计对象是什么？要系统地反应会计对象的经济业务内容就要对其内容进行分类，这个分类是层层进行的，其最基本分类的结果就是会计要素。

会计要素是会计核算对象的基本分类，是设定会计报表结构和内容，也是进行确认和计量的依据。《企业财务报告条例》对会计要素加以严格定义，就能为会计核算奠定坚实的基础。会计要素包括资产、负债、所有者权益、收入、费用和利润等。

会计要素也称财务报告要素或会计报表要素，是对会计内容的基本分类。凡是与价值运动有关的经济活动，都构成会计要素的内容；凡是与价值运动无关的经济活动，则不属于会计要素的内容。我国《企业会计准则》将会计要素分为资产、负债、所有者权益、收入、费用和利润。这些会计要素可以划分为两大类，如图 2-1 所示，即反映财务状况的会计要素和反映经营成果的会计要素。反映财务状况的会计要素包括资产、负债和所有者权益；反映经营成果的会计要素包括收入、费用和利润。

- 会计要素
  - 反映财务状态
    - 资产
    - 负债
    - 所有者权益
  - 反映经营成果
    - 收入
    - 费用
    - 利润

图 2-1　会计要素的分类

一、资产

资产是指企业过去的交易或事项形成的、由企业拥有或控制的、预期会给企业带来经济利益的资源。

一个企业从事生产经营活动，必须具备一定的物质资源，或者说物质条件。在市场经济条件下，这些必须的物质条件表现为货币资金、厂房场地、机器设备、原料、材料等等，统称为资产，它们是企业从事生产经营活动的物质基础。除以上的货币资金以及具有物质形态的资产以外，资产还包括那些不具备物质形态，但有助于生产经营活动的专利、商标等无形资产，也包括对其他单位的投资。

资产具有如下特点：第一，资产是过去的交易或事项形成的。这就是说，作为企业资产，必须是现实的而不是预期的资产，它是企业过去已经发生的交易或事项所产生的结果，包括购置、生产、建造等行为或其他交易或事项。预期在未来发生的交易或事项不形成资产，如计划购入的机器设备等。第二，资产是由企业拥有或控制的。企业拥有资产，从而就能够从资产中获得经济利益；有些资产虽然不为企业所拥有，但在某些条件下，对一些由特殊方式形成的资产，企业虽然不享有所有权，但能够被企业所控制，而且同样能够从资产获取经济利益，也可以作为企业资产（如融资性租入固定资产）。而企业没有买下使用权的矿藏、工厂周围的控制，都不能作为企业的资产确认。第三，资产能够给企业带来经济利益。如货币资金可以用于购买所需要的商品或用于利润分配；厂房机器、原材料等可以用于生产经营过程；制造商品或提供劳务，出售后回收货款，货款即为企业所获得的经济利益。

对资产可以作多种分类，通常是按流动性分类。按流动性进行分类，可以分为流动资产和非流动资产。流动资产是指那些在一年内变现的资产，如应收账款、存货等。有些企业经营活动比较特殊，其经营周期可能长于一年，例如，造船、大型机械制造，从购料到销售商品直到收回货款，周期比较长，往往超过一年，在这种情况下，就不能把一年内变现作为划分流动资产的标志，而是将经营周期作为划分流动资产的标志。长期投资、固定资产、无形资产的变现周期往往在一年以上，所以称为非流动资产。按流动性对资产进行分类，有助于掌握企业资产的变现能力，从而进一步分析企业的偿债能力和支付能力。一般来说，流动资产所占比重越大，说明企业资产的变现能力越强。流动资产中，货币资金、短期投资比重越大，则支付能力越强。

小思考：假如我们进入企业，见到的有哪些？见不到的又有哪些？员工、办公楼、设备、专利等都是企业资产吗？

二、负债

负债是指过去的交易或事项形成的现时义务，履行该义务预期将会导致经济利益流出企业。如果把资产理解为企业的权利，那么负债就可以理解为企业所承担的义务。

负债具有如下特点：第一，负债是由于过去的交易或事项形成的偿还义务。潜在的义务，或预期在将来要发生的交易或事项可能产生的债务不能确认为负债。第二，负债是现时义务。负债是企业目前实实在在的偿还义务，要由企业在未来某个时日加以偿还。第三，为了偿还债务，与该义务有关的经济利益很可能流出企业。一般来说，企业履行偿还义务时，关系到企业会有经济利益的流出，如支付现金、提供劳务、转让其他财产等。同时，未来流出的经济利益的金额能够可靠计量。

按偿还期限的长短，一般将负债分为流动负债和非流动负债。预期在一年或一个经营周期内到期清偿的债务属于流动负债。除以上情形以外的债务，即为非流动负债，一般包括长期借款、应付债券、长期应付款等。

小思考：企业一年内到期的长期借款属于流动负债还是长期负债？

三、所有者权益

所有者权益是指企业资产扣除负债后,由所有者享有的剩余权益。所有者权益是所有者在企业资产中享有的经济利益,其金额为资产减去负债后的余额,又称为净资产。

企业资产形成的资金来源,包括债权人借入和所有者直接投入两个方面。债权人借入的资金,形成企业的负债;所有者投入的资金,形成所有者权益。

所有者权益相对于负债而言,具有以下特点:第一,所有者权益不像负债那样需要偿还,除非发生减值、清算等情况,否则企业不需要偿还所有者。第二,企业清算时,负债往往优先清偿,而所有者权益只有在清偿所有的负债之后才返还给所有者。第三,所有者权益能够分享利润,而负债则不能参与利润分配。所有者权益在性质上体现为所有者对企业资产的剩余收益,在数量上也就体现为资产减去负债后的余额。所有者权益包括实收资本、资本公积、盈余公积和未分配利润四个项目,其中,前两项属于投资者的初始投入资本,后两项属于企业留存收益。

小思考:所有者权益与负债的联系和区别是什么?

四、收入

收入是企业在日常活动中形成的,会导致所有者权益增加的,与所有者投入资本无关的经济利益的总流入。根据收入的定义,确认收入的条件是:

(1)由日常活动形成。日常活动应理解为企业为完成其经营目标所从事的经常性活动以及与之相关的活动。如工业企业销售产品;流通企业销售商品;服务企业提供劳务,出租、出售原材料,对外投资(收取利息、现金股利)等日常活动。

(2)经济利益总流入。经济利益是指现金或最终能转化为现金的非现金资产。收入只是在经济利益的流入,从而导致资产增加或者负债减少,经济利益的流入额能够可靠计量时才能予以确认。经济利益总流入是指本企业经济利益的流入,包括销售商品收入、劳务收入、使用费收入、租金收入、股利收入等主营业务和其他业务收入,不包括为第三方或客户代收的款项。

小思考:出售固定资产净收益是企业的收入吗?

五、费用

费用是指企业在日常活动中发生的,会导致所有者权益减少的,与向所有者分配利润无关的经济利益的总流出。费用与收入相配比,即为企业经营活动中取得的盈利。根据费用的定义,确认费用的条件是:

(1)在日常活动中发生。企业在销售商品、提供劳务等日常活动中所发生的费用,可划分为两类:一类是企业为生产产品、提供劳务等发生的费用,应计入产品成本、劳务成本,包括直接材料、直接人工和制造费用;另一类是不应计入成本而直接计入当期损益的相关费用,包括管理费用、财务费用、销售费用、资产减值损失。计入产品成本、劳务成本等费用,应当在确认产品销售收入、劳务收入等时将已销售产品、已提供劳务的成本计入当期损益。

(2)经济利益流出。费用与收入相反,收入是资金流入企业时形成的,会增加企业所有者权益;而费用则是企业资金的付出,会减少企业所有者权益,其实质就是一种资产流出,最终导致企业资源减少。费用只有在经济利益很可能流出,从而导致企业资产减少或负债增加,而且经济利益的流出额能够可靠计量时才能予以确认。

六、利润

利润是指企业在一定会计期间的经营成果。利润包括收入减去费用后的净额、直接计入当期利润的利得和损失等。直接计入当期利润的利得和损失是指应当计入当期损益,会导致所有者权益发生增减变化的、与所有者投入资本或向所有者分配利润无关的利得和损失。

利润为营业利润和营业外收支净额等两个项目的总额减去所得税费用之后的余额。营业利润是企业在销售商品、提供劳务等日常活动中产生的利润;营业外收支净额是与企业的日常经营活动没有直接关系的各项收入和支出。其中,营业外收入项目主要有捐赠收入、固定资产盘盈、处置固定资产净收益、罚款收入等;营业外支出项目主要有固定资产盘亏、处置固定资产净损失等。其有关公式表示如下:

营业利润＝营业收入－营业成本－营业税金及附加－销售费用－管理费用－财务费用－资产减值损失＋公允价值变动净收益＋投资净收益

营业收入＝主营业务收入＋其他业务收入

营业成本＝主营业务成本＋其他业务成本

投资净收益＝投资收益－投资损失

公允价值变动净收益＝公允价值变动收益－公允价值变动损失

利润总额＝营业利润＋营业外收支净额

净利润＝利润总额－所得税费用

以上各要素中,资产、负债及所有者权益能够反映企业在某一个时点的财务状况,如在2014年12月31日这一天,企业有120万元的资产,50万元的负债,70万元的所有者权益,这三个要素属于静态要素,在资产负债表中予以列示;收入、费用及利润能够反映企业在某一个期间的经营成果,如在2014年企业实现了100万元的收入,扣除60万元的成本费用,因此在2014年这一年内,企业实现了40万元的利润,这三个要素属于动态要素,在利润表中列示。

第二节　会计等式

一、资产、负债及所有者权益间的关系

由上文可知,资金运动在静态情况下,资产、负债及所有者权益三个要素之间存在平衡关系。资产主要包括两部分:

(1)向外部所借之债,即负债。

(2)投资人的投入及其增值部分,即所有者权益。

我们可以认为债权人和投资者将其拥有的资本供给企业使用,对企业运用这些资本所获得的各项资产就相应享有一种权益,即为“相应的权益”。资产与权益相互依存,有一定数额的资产,必然有相应数额的权益;反之亦然。由此可以推出:

资产＝权益

资产＝负债＋所有者权益　　　　(等式1)

该等式反映了资产的归属关系,是会计对象的公式化,其经济内容和数学上的等量关系,既是资金平衡的理论依据,也是设置账户、复式记账和编制资产负债表的理论依据。因此,会

计上又称为基本会计等式。

二、收入、费用与利润间的关系

资金运动在动态情况下，其循环周转过程中发生的收入、费用和利润，也存在着平衡关系，其平衡公式如下：

收入－费用＝利润　　　　（等式 2）

若利润为正，则企业盈利；若利润为负，则企业亏损。

三、综合等式

企业在经营过程中，或盈利，或亏损。在某一时点，“收入－费用＝利润”，利润为正，这个利润就表明经济利益流入大于经济利益流出，即企业资产增多。由此可见：

新的所有者权益＝旧的所有者权益＋利润＝旧的所有者权益＋收入－费用

新资产＝负债＋新的所有者权益

新资产＝负债＋旧所有者权益＋收入－费用　　　　（等式 3）

四、会计等式的恒等性

由上面分析可以看出，等式 1 反映企业资金运动整体情况，也就是企业经营中的某一天，一般是开始日或结算日情况。等式 2 反映企业资金运动状况，资产加以运用取得收入后，资产便转化为费用，收入减去费用后即为利润，该利润作为资产用作下一轮经营，于是便产生等式 3。当利润分配后，等式 3 便消失，又回到等式 1。所以不管六大要素如何相互转变，最终均要回到“资产＝负债＋所有者权益”。下面举例说明该等式的恒等性。

东方化工厂 2014 年 12 月 31 日拥有 2 000 万元资产，其中现金 0.4 万元，银行存款 57.6 万元，应收账款 282 万元，存货 960 万元，固定资产 700 万元。该工厂接受投资形成实收资本 1 100 万元，银行借款 400 万元，应付账款 400 万元，尚未支付的职工薪酬 100 万元。反映资产、负债、所有者权益间的平衡关系见表 2－1。

表 2－1　资产负债表　　单位：万元

资产		负债及所有者权益	
现金	0.4	银行借款	400
银行存款	57.6	应付账款	400
应收账款	282	应付职工薪酬	100
存货	960	实收资本	1 100
固定资产	700		
合计	2 000	合计	2 000

上例中，资产总额（2 000 万元）＝负债及所有者权益（2 000 万元），反映某一时点上企业会计要素之间的平衡关系，这是一种静态关系。

当企业在继续经营时，发生的经济业务会引起各个会计要素额的增减变化，这些变化不外乎以下四种类型(具体可以划分为九类[①])：

(1)资金进入企业:资产和权益等额增加，即资产增加，负债及所有者权益增加，会计等式保持平衡。

【例 2-1】东方化工厂 2015 年 1 月份从银行取得贷款 800 万元，现已办妥手续，款项已划入本企业存款账户。这项经济业务对会计恒等式的影响为：

资产+银行存款增加=(负债+所有者权益)+银行借款增加

⇒2 000 万元+800 万元=2 000 万元+800 万元

⇒资产 2 800 万元=(负债+所有者权益)2 800 万元

可以看出，会计等式两方等额增加 800 万元，等式没有破坏。

(2)资金退出企业:资产和权益等额减少，即资产减少，负债及所有者权益减少，会计等式保持平衡。

【例 2-2】东方化工厂支付上年未偿还的应付货款，已从企业账户中开出转账支票 300 万元，该经济业务对会计等式的影响为：

资产-银行存款减少额=(负债+所有者权益)-应付账款减少额

⇒2 800 万元-300 万元=2 800 万元-300 万元

⇒资产 2 500 万元=(负债+所有者权益)2 500 万元

可以看出，会计等式两方等额减少 300 万元，等式没有破坏。

(3)资产形态变化:一种资产项目增加，另一种资产项目等额减少，会计等式保持平衡。

【例 2-3】东方化工厂开出现金支票 2 万元，以备日常开支使用。该项经济业务对会计等式的影响为：

资产-银行存款减少额+现金增加额=负债+所有者权益

⇒2 500 万元-2 万元+2 万元=2 500 万元

⇒资产 2 500 万元=(负债+所有者权益)2 500 万元

(4)权益类别转化:一种权益项目增加，另一种权益项目等额减少，即负债类内部项目之间、权益类内部项目之间或者负债类项目与权益类项目之间此增彼减，会计等式也保持平衡。

【例 2-4】东方化工厂应付给三洋公司的应付账款 100 万元，经协商同意转作三洋公司对东方化工厂的投资款。该项经济业务对会计等式影响为：

资产=负债+所有者权益-应付账款+接受长期投资

⇒2 500 万元=2 500 万元-100 万元+100 万元

⇒资产 2 500 万元=(负债+所有者权益)2 500 万元

可以看出，东方化工厂的负债类项目减少 100 万元，所有者权益项目增加 100 万元，等式右方总额没有变化，等式没有破坏。

经过上述变化后的资产负债如表 2-2 所示。

---

① 具体九类为:①资产内项目的一增一减;②负债内项目的一增一减;③所有者权益内项目的一增一减;④负债项目增加，所有者权益项目减少;⑤负债项目减少，所有者权益项目增加;⑥资产项目增加，负债项目增加;⑦资产项目增加，所有者权益项目增加;⑧资产项目减少，负债项目减少;⑨资产项目减少，所有者权益项目减少。

表 2-2 资产负债表 单位:万元

资产		负债及所有者权益	
现金	0.4+2=2.4	银行借款	400+800=1 200
银行存款	57.6+800-300-2=555.6	应付账款	400-300-100=0
应收账款	282	应付职工薪酬	100
存货	960	实收资本	1 100+100=1 200
固定资产	700		
合计	2 500	合计	2 500

本章思考题

一、单项选择题

1.对会计对象的具体内容分类进行核算的方法是(　　)

A.设置会计科目

B.复式记账

C.登记账簿

D.会计科目

2.企业期初资产总额200万元,本月收回应收账款50万元,从银行借入短期借款30万元,用银行存款归还应付账款20万元,企业期末的资产总额为(　　)

A.210万元

B.260万元

C.220万元

D.300万元

3.预收账款和预付账款是一项(　　)

A.收支期在先,归属期在后的账项

B.收支期在后,归属期在先的账项

C.收支期和归属期一致的账项

D.无法判断的账项

4.某企业月初资产总额500万元,月末资产总额900万元,本月增加所有者权益100万元,该企业本月负债增加额为(　　)

A.300万元

B.400万元

C.800万元

D.1 000万元

5.构成资产负债表的三个要素是(　)

A.资产、负债、收入

B.资产、费用、利润

C.资产、负债、费用

D. 资产、负债、所有者权益

6. 下列项目，属于非流动资产的是（　　）

A. 存货

B. 短期有价证券

C. 在建工程

D. 银行存款

7. 会计科目是（　　）

A. 报表的项目

B. 会计的内容

C. 账户的名称

D. 会计的对象

8. 所有者权益是指投资人对企业（　　）

A. 资产的所有权

B. 实收资本的所有权

C. 净资产的所有权

D. 未分配利润的所有权

9. 企业的未分配利润属于（　　）

A. 所有者权益

B. 流动负债

C. 长期负债

D. 资本公积

10. 预付给供货单位的购货款是企业的一项（　　）

A. 资产

B. 费用

C. 支出

D. 负债

11. 下列（　　）属于企业的流动资产。

A. 预收账款

B. 机器设备

C. 专利权

D. 库存商品

12. 某公司某会计期间期初资产总额为 200 000 元，当期期末负债总额比期初减少 20 000 元，期末所有者权益比期初增加 60 000 元，则该企业期末资产总额为（　　）元。

A. 180 000

B. 200 000

C. 240 000

D. 260 000

13. 下列经济业务会引起资产类项目和负债类项目同时减少的是（　　）

A. 从银行提取现金

B. 赊购原材料

C. 用银行存款归还企业的银行短期借款

D. 接受投资者投入的现金资产

二、多项选择题

1. 以下内容不属于流动资产的项目是(　　)

A. 应收账款

B. 无形资产

C. 应付账款

D. 长期借款

E. 实收资本

2. 下列业务中,应确认为债权的是(　　)

A. 预收销货款

B. 预付购货款

C. 应收销货款

D. 应付购货款

E. 预支差旅费

3. 企业购入固定资产,价值 3 000 元,误记入"管理费用"账户,其结果会导致(　　)

A. 费用多计 3 000 元

B. 资产多计 3 000 元

C. 净收益多计 3 000 元

D. 净收益少计 3 000 元

E. 资产少计 3 000 元

4. 以下所列经济内容属于流动负债项目的是(　　)

A. 预收的销货款

B. 预付的购货款

C. 应收的销货款

D. 应付的购货款

三、计算题

某工厂创办时,取得国家以固定资产形式进行的投资 900 000 元,以流动资产方式进行的投资 720 000 元,其中原材料 452 000 元,其余均为银行存款。另外,取得长期借款 160 000 元,已存入银行。

要求:

(1)计算该厂资产总额是多少?其中流动资产是多少?非流动资产是多少?

(2)计算该厂负债总额和所有者权益总额。

第三章　会计科目和会计账户

学习目标

1. 了解会计科目设置原则和常用会计科目
2. 掌握会计科目的概念和分类
3. 理解账户的设置和结构

第一节　会计科目

导入语：固定资产与现金都属于资产，如果要你选择一项资产，你会选择什么？目前公司资金短缺，但急需购入原材料，你可以选择利用商业信用赊购或向银行贷款，你会选择什么？

一、会计科目的概念

企业在经营过程中发生的各种各样的经济业务，会引起各项会计要素发生增减变化。由于企业的经营业务错综复杂，即使涉及同一种会计要素，也往往具有不同性质和内容。例如，固定资产和现金虽然都属于资产，但他们的经济内容以及在经济活动中的周转方式和所起的作用各不相同。又如，应付账款和长期借款，虽然都是负债，但他们的形成原因和偿付期限也是各不相同的。再如，所有者投入的实收资本和企业的利润，虽然都是所有者权益，但它们的形成原因与用途不大一样。为了实现会计的基本职能，要从数量上反映各项会计要素的增减变化，就不但需要取得各项会计要素增减变化及其结果的总括数字，而且要取得一系列更加具体的分类和数量指标。因此为了满足所有者对利润构成及其分配情况、负债及构成情况了解的需要，为了满足债务人了解流动比率、速动比率等有关指标并判断其债权人的安全情况的需要，为了满足税务机关了解企业欠缴税金的详细情况的需要，还要对会计要素作进一步的分类。这种对会计要素对象的具体内容进行分类核算的项目称为会计科目。

会计科目是进行各项会计记录和提供各项会计信息的基础，设置会计科目是复式记账中编制、整理会计凭证和设置账簿的基础，并能提供全面、统一的会计信息，便于投资人、债权人以及其他会计信息使用者掌握和分析企业的财务情况、经营成果和现金流量。

二、设置会计科目的原则

会计科目作为反映会计要素的构成情况及其变化情况，为投资者、债权人、企业管理者等提供会计信息的重要手段，在其设置过程中应努力做到科学、合理、实用，因此在设置会计科目时应遵循下列基本原则：

(1)设置会计科目要符合国家的会计法规体系的规定。国家的会计法规体系①体现了国家对财务会计工作的要求,因此,设计会计科目首先要以此为依据,设置的会计科目应尽量符合《会计法》以及《企业会计准则》等规定,以便编制会计凭证,登记账簿,查阅账目,实行会计电算化。

(2)设置会计科目要结合所反映会计要素的特点,具有一定的灵活性。设置会计科目必须对会计要素的具体内容进行分类,以分门别类地反映和监督各项经营业务,不能有任何遗漏,即所设置的会计科目应能覆盖企业所有的要素。例如,有些公司主要制造工业产品,根据这一业务特点就必须设置反映和监督其经营情况和生产过程的会计科目,如"主营业务收入"、"生产成本";而农业企业就可以设置"消耗性生物资产"、"生产性生物资产"等科目;金融企业则应设置反映、监督吸收和贷出存款相关业务,可以设置"利息收入"、"利息支出"等科目。此外,为了便于发挥会计的管理作用,企业可以根据实际情况自行增设、减少或合并某些会计科目的明细科目。

(3)设置会计科目要全面反映企业经济业务内容。在会计要素的基础上对会计对象的具体内容做进一步分类时,为了全面而概括地反映企业生产经营活动情况,会计科目的设置要保持会计指标体系的完整。企业所有能用货币表现的经济业务,都能通过所设置某一会计科目进行核算。

(4)会计科目名称力求简明扼要,内容确切。每一科目原则上反映一项内容,各科目之间不能相互混淆。企业可以根据本企业具体情况,在不违背会计科目使用原则的基础上,确定适合本企业的会计科目名称。

三、会计科目的内容和级别

(一)会计科目的内容

目前,财政部颁布的《企业会计准则——应用指南》统一规定了企业实际工作中需要使用的会计科目,如表 3-1 所示。

表 3-1 《企业会计准则——应用指南》会计科目名称表

序号	编号	会计科目名称	序号	编号	会计科目名称	序号	编号	会计科目名称
		一、资产类	34	1604	在建工程	65	3202	被套期项目
1	1001	库存现金	35	1605	工程物资			四、所有者权益类
2	1002	银行存款	36	1606	固定资产清理	66	4001	实收资本
3	1015	其他货币资金	37	1701	无形资产	67	4002	资本公积
4	1101	交易性金融资产	38	1702	累计摊销	68	4101	盈余公积
5	1121	应收票据	39	1703	无形资产减值准备	69	4103	本年利润
6	1122	应收账款	40	1711	商誉	70	4104	利润分配

① 我国的会计法规体系从法律来源上划分为下列三个层次:一是由全国人民代表大会统一制定的会计法律,如《会计法》,它是一部规范我国会计活动的基本会计法规;二是由国务院(或财政部)制定的会计行政法规,如《企业会计准则》,它是按照基本法规的要求制定的专项会计法规,是制定会计制度的依据;三是由企业根据《企业会计准则》的规定,结合企业具体情况制定的会计核算办法。

续表 3-1

序号	编号	会计科目名称	序号	编号	会计科目名称	序号	编号	会计科目名称
7	1123	预付账款	41	1801	长期待摊费用	71	4201	库存股
8	1131	应收股利	42	1811	递延所得税资产			五、成本类
9	1132	应收利息	43	1901	待处理财产损溢	72	5001	生产成本
10	1231	其他应收款			二、负债类	73	5101	制造费用
11	1241	坏账准备	44	2001	短期借款	74	5103	待摊进货费用
12	1321	代理业务资产	45	2101	交易性金融负债	75	5201	劳务成本
13	1401	材料采购	46	2201	应付票据	76	5301	研发支出
15	1402	在途物资	47	2202	应付账款			六、损益类
16	1403	原材料	48	2205	预收账款	77	6001	主营业务收入
17	1404	材料成本差异	49	2211	应付职工薪酬	78	6051	其他业务收入
18	1406	库存商品	50	2221	应交税费	79	6101	公允价值变动损益
19	1407	发出商品	51	2231	应付利息	80	6111	投资损益
20	1411	委托加工物资	52	2232	应付股利	81	6301	营业外收入
21	1412	包装物及低值易耗品	53	2241	其他应付款	82	6401	主营业务成本
22	1461	存货跌价准备	54	2314	代理业务负债	83	6402	其他业务支出
23	1501	持有至到期投资	55	2401	递延收益	84	6403	营业税金及附加
24	1502	持有至到期投资减值准备	56	2501	长期借款	85	6601	销售费用
25	1503	可供出售金融资产	57	2502	应付债券	86	6602	管理费用
26	1511	长期股权投资	58	2701	长期应付款	87	6603	财务费用
27	1512	长期股权投资减值准备	59	2702	未确认融资费用	88	6604	勘探费用
28	1521	投资性房地产	60	2711	专项应付款	89	6701	资产减值损失
29	1531	长期应收款	61	2801	预计负债	90	6711	营业外支出
30	1541	未实现融资收益	62	2901	递延所得税负债	91	6801	所得税费用
31	1601	固定资产			三、共同类	92	6901	以前年度损益调整
32	1602	累计折旧	63	3101	衍生工具			
33	1603	固定资产减值准备	64	3201	套期工具			

(二)会计科目的级别

各个会计科目并不是彼此孤立的,而是相互联系、相互补充,组成一个完整的会计科目体系。通过这些会计科目,可以全面、系统、分类地反映和监督会计要素的增减变动情况及其结果,为经营管理提供所需要的一系列核算指标。在生产经营过程中,由于经济管理的要求不同,所需要的核算指标的详细程度也就不同。根据经济管理的要求,既需要设置提供总括核算指标的总账科目,又需要设置提供详细核算资料的二级明细科目和三级明细科目。

(1)总账科目。总账科目即一级科目,也称总分类会计科目,是对会计要素的具体内容进行总括分类的会计科目,是进行总分类核算的依据。为了满足会计信息使用者对信息质量的要求,总账科目是由财政部《企业会计准则——应用指南》统一规定的。

(2)明细科目。明细科目也称为明细分类会计科目、细目,是在总账科目的基础上,对总账科目所反映的经济内容进行进一步详细分类,以提供更详细、更具体会计信息的科目。如在"原材料"科目下,按材料类别开设"原料及主要材料"、"辅助材料"、"燃料"等二级科目。明细科目的设置,除了要符合财政部统一规定外,一般根据经营管理需要,由企业自行设置。对于明细科目较多的科目,可以在总账科目和明细科目设置二级或多级科目。如在"原料及主要材料"下,再根据材料规格、型号等开设三级明细科目。

实际工作中,并不是所有的总账科目都需要开设二级和三级明细科目,根据会计信息使用者所需不同信息的详细程度,有些只需设一级总账科目,有些只需要设一级总账科目和二级明细科目,不需要设置三级科目。会计科目的级别如表 3-2 所示。

表 3-2 "原材料"总账和明细账会计科目

总账科目（一级科目）	明细科目	
	二级科目(子目)	三级科目(细目)
原材料	原料及主要材料	圆钢、角钢
	辅助材料	润滑剂、石炭酸
	燃 料	汽油、原煤

注:(1)会计科目表中共同类项目的特点既可能是资产也可能是负债。在某些条件下的一项权益,形成经济利益的流入,就是资产;在某些条件下的一项义务,导致经济利益的流出,就是负债。

(2)损益类项目的特点是该项目是形成利润的要素。如反映收益类科目的"主营业务收入",反映费用类科目的"主营业务成本"。

(三)会计科目的运用举例

(1)从银行提取现金 300 元。

该项业务应设置"银行存款"和"库存现金"科目。

(2)购买材料 7 000 元,料款尚未支付。

该项业务应设置"原材料"和"应付账款"科目。

(3)某投资者投入设备一台,价值 300 000 元。

该项业务应设置"实收资本"和"固定资产"科目。

(4)某企业销售产品一批,价值 3 000 元,货款尚未收到。

该项业务应设置"主营业务收入"和"应收账款"科目。

第二节 会计账户

导入语:会计科目只是对会计要素进行具体分类的项目和提供会计核算所需要运用的内容,但如何反映某一类经济项目变化情况及变化结果?如"银行存款"反映企业存放在金融机构的款项，涉及到“银行存款”的业务很多，如提取现金、存款、支付货款等，经过这些频繁、复杂的经济业务后，又如何反映银行存款在一定会计期间增加多少？减少多少？期末结余多少？

一、会计账户的概念

会计科目只是对会计对象的具体内容(会计要素)进行分类的项目。为了能够分门别类地对各项经济业务的发生所引起会计要素的增减变动情况及其结果进行全面、连续、系统、准确的反映和监督，为经营管理提供需要的会计信息，必须设置一种方法或手段，以核算指标的具体数字资料。因此必须根据会计科目开设会计账户。所谓会计账户，是指具有一定格式，用来分类、连续地记录经济业务，反映会计要素增减变动及其结果的一种核算工具。所以设置会计科目以后，还要根据规定的会计科目开设一系列反映不同经济内容的账户。每个账户都有一个科学而简明的名称，账户的名称就是会计科目。会计账户是根据会计科目设置的。设置账户是会计核算的一种专门方法，运用账户，把各项经济业务的发生情况及由此引起的资产、负债、所有者权益、收入、费用和利润各要素的变化，系统地、分门别类地进行核算，以便提供所需要的各项指标。

会计账户是对会计要素的内容所作的科学再分类。会计科目与会计账户是两个既相区别，又有联系的不同概念。它们的共同点是：会计科目是设置会计账户的依据，是会计账户的名称，会计账户是会计科目的具体运用，会计科目所反映的经济内容，就是会计账户所要登记的内容。它们之间的区别在于：会计科目只是对会计要素具体内容的分类，本身没有结构；会计账户则有相应的结构，是一种核算方法，能具体反映资金运用状况。因此，会计账户比会计科目分户更为明细，内容更为丰富。

二、会计账户的结构和内容

账户用来记录经济业务，必须具有一定的结构和内容。作为会计核算的会计对象，是随着经济业务的发生在数量上进行增减变化，并相应产生变化结果。因此，用来分类记录经济业务的账户必须确定账户的基本结构：增加的数额记在哪里，减少的数额记在哪里，增减变动后的结果记在哪里。

采用不同记账方法，账户的结构是不同的，即使采用同一的记账方法，不同性质的账户结构也是不同的。但是，不管采用何种记账方法，也不论是何种性质的账户，其基本结构总体相同。具体归纳如下：

(1)任何账户一般可以划分为左右两方。每一方再根据实际需要分成若干栏次，用来分类登记经济业务及其会计要素的增加与减少，以增减变动的结果。账户的格式设计一般应包括以下内容：①账户的名称，即会计科目；②日期和摘要，即经济业务发生的时间和内容；③凭证号数，即账户记录的来源和依据；④增加和减少的金额；⑤余额。下面以借贷记账法下账户结构为例，说明账户结构，如表 3－3 所示。

表 3－3　会计科目(账户名称)

日期	凭证号数	摘要	借方	贷方	余额

注：借贷记账法下，以借或贷来表示增加或减少方向。

(2)账户的左右两方是按相反方向来记录增加额和减少额。也就是说,如果规定在左方记录增加额,就应该在右方记录减少额;反之,如果在右方记录增加额,就应该在左方记录减少额。在具体账户的左右两个方向中究竟哪一方记录增加额,哪一方记录减少额,取决于账户所记录的经济内容和所采用的记账方法。

(3)账户的余额一般与记录的增加额在同一方向。

(4)在账户所记录的主要内容满足下面一个恒等关系。

本期期末余额=期初余额+本期增加额-本期减少额。

本期增加额和本期减少额是指在一定会计期间内(月、季或年),账户在左右两方分别登记的增加金额合计数和减少金额合计数,又可以将其称为本期增加发生额和本期减少发生额。本期增加发生额和本期减少发生额相抵后的差额,就是本期期末余额。如果将本期期末余额转入下一期,就是下一期的期初余额。

为了教学方便,在教科书中经常采用简化格式"丁"字账来说明账户结构。这时,账户就省略了有关栏次。"丁"字账的格式如表 3-4 及 3-5 所示。

表 3-4 "丁"字账(一)

左方	账户名称(会计科目) 右方
期初余额 a+b-c-d	
增加额 a	减少额 c
增加额 b	减少额 d
本期增加发生额 a+b	本期减少发生额 c+d
期末余额 a+b-c-d	

表 3-5 "丁"字账(二)

左方	账户名称(会计科目) 右方
	期初余额 a+b-c-d
减少额 c	增加额 a
减少额 d	增加额 b
本期减少发生额 c+d	本期增加发生额 a+b
	期末余额 a+b-c-d

注:如果上表属费用、成本账户或收入、利润账户,在通常情况下,期末没有余额。

三、总分类账和明细分类账

设置会计账户是会计核算的一种专门方法。会计账户的设置应与会计科目的设置相适应,会计科目按提供核算资料的详细程度分为总账科目、二级明细科目和三级明细科目,会计账户也相应地分为总分类账户(一级账户)和明细分类账户(二级、三级账户)。通过总分类账户对经济业务进行的核算称为总分类核算。总分类核算只能用货币度量。通过明细分类账户对经济业务进行的核算称为明细分类核算。明细分类核算除了能用货币度量外,有些账户还要用实物度量。总分类账户统驭明细分类账户,明细分类账户则对总分类账户起着进一步补充说明的作用。总分类账与明细分类账户如表 3 - 6 所示。

表 3 - 6　“原材料”总分类账户和明细分类账户

总分类账户（一级账户）	明细分类账户	
	二级明细分类账户	三级明细分类账户
原材料	原料及主要材料	圆钢、角钢
	辅助材料	润滑剂、石炭酸
	燃　料	汽油、原煤

四、账户运用举例

(1)从银行提取现金 300 元。

库存现金	
借	贷
300	

银行存款	
借	贷
	300

(2)购买材料 7 000 元,料款尚未支付。

原材料	
借	贷
7 000	

应付账款	
借	贷
	7 000

(3)某投资者投入设备一台,价值 300 000 元。

实收资本	
借	贷
	300 000

固定资产	
借	贷
300 000	

(4)某企业销售产品一批,价值 3 000 元,货款尚未收到。

应收账款	
借	贷
3 000	

主营业务收入	
借	贷
	3 000

本章思考题

1. 资料:某企业2014年8月31日资产、负债与所有者权益的有关项目如下表所示。

要求:根据资料内容,判断其属于哪个要素并打上√,同时确定会计科目,分别计算有关项目,检验会计等式是否成立。

顺序号	资料内容	资产	负债	所有者权益	会计科目
1	存在银行的存款250 000元				
2	从银行取得短期借款120 000元				
3	由出纳员保管的现金3 000元				
4	应收某企业的货款7 000元				
5	库存的生产用材料60 000元				
6	库存的完工产品15 000元				
7	机器设备共计150 000元				
8	应付给职工的工资100 000元				
9	投资人投入的资本240 000元				
10	企业提取的盈余公积金25 000元				

①流动资产=　　　　②资产=

③流动负债=　　　　④负债=　　　　⑤权益=

2. 计算账户中的有关数据。

账户名称	期初余额	本期借方发生额	本期贷方发生额	期末余额
银行存款	430 000	450 000	380 000	
原材料	48 000	60 000		70 000
无形资产	400 000		496 000	520 000
短期借款		160 000	260 000	300 000
应交税费	230 000		200 000	55 000
实收资本	3 800 000	————	100 000	
应收账款	————	80 000	80 000	

第四章 借贷记账法

学习目标

1. 掌握复式记账的概念和特点
2. 掌握借贷记账法的基本内容及其会计分录的编制
3. 理解试算平衡的内涵

第一节 复式记账法

导入语:为了详细核算和监督会计对象,揭示会计对象之间的本质联系,可以设置会计科目,并根据会计科目开设会计账户,以便连续、系统地反映特定会计主体的经济结果及其活动。账户仅仅是记录经济业务的工具,但要怎样记录,用怎样的记账方法,才能把经济业务所引起的会计要素增减变化登记在账簿中,以取得经营所需资料呢?

一、记账方法

记账方法,就是账簿登记经济业务的方法,即根据一定的记账原则、记账符号、记账规则,采用一定的计量单位,利用文字和数字把经济业务记到账簿中去的一种专门方法。记账方法按记录方式不同,可分为单式记账法①和复式记账法。

二、复式记账法

复式记账法是指对每一笔经济业务,都要用相等的金额,在两个或两个以上相互联系的账户中进行记录的记账方法。如“以银行存款 1 000 元购买原材料”,这笔业务在记账时,不仅记“银行存款”减少 1 000 元,同时还要记“原材料”增加 1 000 元。所以,在复式记账法下,有科学的账户体系,通过对应账户的双重等额记录,能反映经济活动的来龙去脉,并能运用账户体系的平衡关系来检查全部会计记录的正确性。所以,复式记账法作为科学的记账方法一直被广泛地运用。目前,我国的企业和行政、事业单位所采用的记账方法,都属于复式记账法。

复式记账法根据记账符号、记账规则等不同,又可分为借贷记账法、增减记账法和收付记账法等。其中,借贷记账法是世界各国普遍采用的一种记账方法,也是我国应用最广泛的一种记账方法,我国颁布的《企业会计准则》明文规定中国境内的所有企业都应该采用借贷记账法记账。采用借贷记账法在相关账户中记录各项经济业务,可以清晰地表明经济业务的来龙去

① 具体介绍请参看课后阅读材料。

脉，同时也便于试算平衡和检查账户记录的正确性。下面我们重点说明借贷记账法。

第二节　借贷记账法概述

借贷记账法是以"借"、"贷"二字作为记账符号，记录会计要素增减变动情况的一种复式记账法。下面分别从理论基础、记账符号、账户结构和记账规则几方面进行介绍。

一、理论基础

借贷记账法的对象是会计要素的增减变动过程及其结果。这个过程及结果可用公式表示：资产＝负债＋所有者权益。这一恒等式揭示了三个方面的内容：

第一，会计主体各要素之间的数字平衡关系。有一定数量的资产，就必然有相应数量的权益(负债和所有者权益)与之对应，任何经济业务所引起的要素增减变动，都不会影响这个等式的平衡。如果把等式的"左"、"右"两方，用"借"、"贷"两方来表示的话，就可表明：每一次记账的借方和贷方是平衡的；一定时期账户的借方、贷方的金额是平衡的；所有账户的借方、贷方余额的合计数是平衡的。

第二，各会计要素增减变化的相互联系。从上一章可以看出，任何经济业务(四类经济业务)都会引起两个或两个以上相关会计项目发生金额变动，因此当经济业务发生后，在一个账户中记录的同时必然要有另一个或两个以上账户的记录与之对应。

第三，等式有关因素之间是对立统一的。资产在等式的左边，当移到等式右边时，就要以"－"表示，负债和所有者权益也具有同样情况。也就是说，当我们用左边(借方)表示资产类项目增加时，就要用右边(贷方)来记录资产类项目减少。与之相反，当我们用右方(贷方)记录负债和所有者权益的增加额时，就需要通过左方(借方)来记录负债和所有者权益的减少额。

这三个方面的内容贯穿了借贷记账法的始终。会计等式对记账方法的要求决定了借贷记账法的账户结构、记账规则、试算平衡的基本理论，因此会计恒等式是借贷记账法的理论基础。

二、记账符号和账户结构

(一)记账符号

"借"和"贷"是借贷记账法的标志。这是一对记账符号。这对记账符号，要同借贷记账法的账户结构统一起来应用，才能真正反映出它们分别代表的会计对象要素增减变动的内容。

(二)账户结构

在借贷记账法中，账户的基本结构是：左方为借方，右方为贷方。但哪一方登记增加，哪一方登记减少，则可以从会计要素的静态恒等式"资产＝负债＋所有者权益"，及动态平衡方程"资产＋费用＝负债＋所有者权益＋收入"来分析。

(1)资产类账户。由于借贷记账法"借"在左方，"贷"在右方，因此可确定会计要素平衡等式的借方记录资产增加，反之其减少就一律登记在贷方。其形式如表 4－1 所示。

表 4-1 资产类账户

借方	资产类账户名称	贷方
期初余额 a+b-c-d		
增加额 a		减少额 c
增加额 b		减少额 d
本期增加发生额 a+b		本期减少发生额 c+d
期末余额 a+b-c-d		

该账户的发生额和余额之间的关系表示为：

资产类账户期末余额＝借方期初余额＋本期借方发生额－本期贷方减少额

(2)负债及所有者权益类账户。由于负债及所有者权益与资产分别处于等式的两边，为了保持会计恒等式的平衡，等式右边贷方记录负债、所有者权益和收入的增加，其减少一律登记在左边借方。其形式如表 4-2 所示。

表 4-2 负债及所有者权益类账户

借方	负债及所有者权益账户名称	贷方
		期初余额 a+b-c-d
减少额 c		增加额 a
减少额 d		增加额 b
本期减少发生额 c+d		本期增加发生额 a+b
		期末余额 a+b-c-d

该账户的发生额和余额之间的关系表示为：

负债及所有者权益类账户期末余额＝贷方期初余额＋本期贷方发生额－本期借方减少额

(3)费用成本类账户。企业在生产经营过程中要有各种耗费，即有成本费用发生，在费用成本抵消收入以前，可以将其看做一种资产。如“生产成本”归集在生产过程中某产品所发生的所有耗费，但在尚未完工结转入库时，该账户反映在产品的金额。同时费用成本与资产同处于等式的左方，因此其结构与资产类账户的结构基本相同，只是由于借方记录的费用成本的增加额一般都要通过贷方转出，所以账户通常没有期末余额。如果因某种情况有余额，则表现为借方余额。其形式如表 4-3 所示。

表 4-3 成本费用类账户

借方	成本费用类账户名称	贷方
增加额 a		减少额 c
增加额 b		转出额 a+b-c
本期增加发生额 a+b		本期减少发生额 a+b

(4)收入类账户。收入类账户的结构则与负债及所有者权益类账户的结构一样，收入的增加额计入账户的贷方，收入的转出额(减少额)则应计入账户的借方，由于贷方记录的收入增加

额一般要通过借方转出，所以该类账户通常也没有期末余额。其形式如表 4－4 所示。

表 4－4　收入类账户

借方	收入类账户名称　　　　贷方
减少额 c	增加额 a
转出额 a＋b－c	增加额 b
本期减少发生额 a＋b	本期增加发生额 a＋b

综上所述可以看出，“借”、“贷”二字作为记账符号所表示的经济含义是不一样的，如表 4－5所示。

表 4－5　借贷方向

借	贷
资产增加	资产减少
负债及所有者权益减少	负债及所有者权益增加
费用成本增加	费用成本转出
收入类转出	收入类增加

三、记账规则

记账规则是进行会计记录和检查账簿登记是否正确的依据和规律。不同的记账方法，具有不同的记账规则。借贷记账法的记账规则可以用一句话概括：“有借必有贷，借贷必相等。”这一记账规则要求对每项经济业务都要以相等的金额、相反的方向，登记在两个或两个以上的账户中。

第三节　借贷记账法的运用

一、运用方法

我们在实际运用借贷记账法的记账规则登记经济业务时，一般要按三个步骤进行。

首先，根据发生的经济业务设置相应的会计科目和账户并判断其增加还是减少。

其次，根据上述分析，确定所涉及的账户的性质：是资产要素的变化，还是负债或所有者权益的变化；哪些要素增加，哪些要素减少；或都是增加，都是减少；等等。

最后，决定该账户的结构，即应记录的方向是借方还是贷方以及各账户应计金额。凡涉及资产及费用成本的增加、负债及所有者权益的减少、收入的减少转出，都应计入各该账户的借方；凡是涉及资产及费用成本的减少、负债及所有者权益的增加、收入的增加，都应计入各该账户的贷方。

二、案例运用

中信公司 2014 年 12 月 31 日资产、负债及所有者权益各账户的期末余额如表 4－6 所示

(金额单位:元)。

表 4-6 中信公司资产负债表

资产类账户	金 额	负债及所有者权益类账户	金 额
库存现金	1 000	短期借款	150 000
银行存款	49 000	应付账款	100 000
应收账款	80 000	应付职工薪酬	30 000
原材料	220 000	应付利润	40 000
固定资产	230 000	实收资本	180 000
		资本公积	80 000
总计	580 000	总计	580 000

从上表中,我们可以看到资产 580 000＝负债 320 000＋所有者权益 260 000。

中信公司 2015 年 1 月份,发生以下业务:

【例 4-1】中信公司 2015 年 1 月投资者继续投入货币资金 200 000 元,手续已办妥,款项已转入本公司的存款户头。

该项业务的发生说明,中信公司在拥有 260 000 元资本金的前提下,继续扩大规模,投入货币资金 200 000 元。这样对于中信公司来讲,一方面使公司"银行存款"增加,另一方面使公司"实收资本"的规模扩大。经进一步分析,"银行存款"属于资产类账户,"实收资本"属于所有者权益类账户。根据借贷记账法下的账户结构:资产的增加,通过账户的借方反映;所有者权益的增加,通过账户的贷方反映。最后确定,借记"银行存款"200 000 元,贷记"实收资本"200 000 元。该业务属于等式两边资产与所有者权益等额增加业务。

借	银行存款 贷
(1)200 000	

借	实收资本 贷
	(1)200 000

【例 4-2】中信公司向新乐公司购买所需原材料,但由于资金周转紧张,料款 70 000 元尚未支付。

该项业务的发生说明,由于购料款未付,一方面使公司"原材料"增加,另一方面使公司欠款"应付账款"增加。经分析,"原材料"属于资产类账户,"应付账款"属于负债类账户。根据借贷记账法下的账户结构:资产的增加,通过账户的借方反映;负债的增加,通过账户的贷方反映。最后确定,借记"原材料"70 000 元,贷记"应付账款"70 000 元。该业务属于等式两边资产与负债等额增加业务。

借	原材料 贷
(2)70 000	

借	应付账款 贷
	(2)70 000

【例 4-3】中信公司通过银行转账支付给银行于本月到期的银行借款 80 000 元。

该项业务的发生说明，由于归还以前的银行贷款，一方面使公司属于资产项目的“银行存款”减少 80 000 元，另一方面使属于负债项目的“短期借款”减少 80 000 元。“银行存款”属于资产类账户，“短期借款”属于负债类账户。根据借贷记账法下的账户结构：资产的减少，通过账户的贷方反映；负债的减少，通过账户的借方反映。最后确定，借记“短期借款”80 000 元，贷记“银行存款”80 000 元。该业务属于等式两边的资产与负债同时等额减少业务。

借　短期借款	贷	借　银行存款	贷
(3)80 000			(3)80 000

【例 4－4】上级主管部门按法定程序将一台价值 100 000 元的设备调出，以抽回国家对中信公司的投资。

该项业务的发生说明，由于国家调出设备，抽回投资，一方面使公司固定资产减少 100 000 元，另一方面使属于所有者权益项目的实收资本减少 100 000 元。“固定资产”属于公司的资产类账户，“实收资本”属于所有者权益类账户。根据借贷记账法下的账户结构：资产的减少，通过账户的贷方反映；所有者权益的减少，通过账户的借方反映。最后确定，借记“实收资本”100 000元，贷记“固定资产”100 000 元，从而导致等式两边的资产与所有者权益同时等额减少。

借　实收资本	贷	借　固定资产	贷
(4)100 000			(4)100 000

【例 4－5】中信公司开出转账支票 40 000 元，购买一台电子仪器。

该项业务的发生说明，由于购买仪器设备款已付，一方面使公司新的电子仪器固定资产增加 40 000 元，另一方面使银行存款减少 40 000 元。“固定资产”和“银行存款”都属于公司的资产账户。根据借贷记账法下的账户结构：资产的增加，通过账户的借方反映；资产的减少，通过账户的贷方反映。最后确定，借记“固定资产”40 000 元，贷记“银行存款”40 000 元。该业务属于等式左边的资产内一增一减业务。

借　固定资产	贷	借　银行存款	贷
(5)40 000			(5)40 000

【例 4－6】中信公司开出一张面值为 50 000 元的商业汇票，以抵偿原欠新乐公司的料款。

该项业务的发生说明，由于商业汇票抵偿原欠料款，一方面使公司的应付票据增加了50 000元的金额，另一方面属于公司的债务应付账款减少 50 000 元。“应付票据”和“应付账款”都属于公司的负债类账户。根据借贷记账法下的账户结构：负债的增加，通过账户的贷方反映；负债的减少，通过账户的借方反映。最后确定，借记“应付账款”50 000 元，贷记“应付票据”50 000元。该业务属于等式右边的负债内一增一减业务。

借 应付账款	贷	借 应付票据	贷
(6)50 000			(6)50 000

【例 4-7】中信公司按法定程序将资本公积 60 000 元转增资本金。

该项业务的发生说明,由于将资本公积 60 000 元转增资本金,一方面使公司的实收资本增加 60 000 元,另一方面使资本公积减少 60 000 元。“资本公积”和“实收资本”都属于所有者权益类账户。根据借贷记账法下的账户结构:所有者权益的增加,通过账户的贷方反映;所有者权益的减少,通过账户的借方反映。最后确定,借记“资本公积”60 000 元,贷记“实收资本”60 000 元。该业务属于等式右边的所有者权益内一增一减业务。

借 资本公积	贷	借 实收资本	贷
(7)60 000			(7)60 000

【例 4-8】中信公司按法定程序将应支付给投资者的利润 20 000 元转增资本金。

该项业务的发生说明,由于将应付利润转增资本金,一方面使公司实收资本增加 20 000 元,另一方面使应付利润减少 20 000 元。“实收资本”属于所有者权益类账户,“应付利润”属于负债类账户。根据借贷记账法下的账户结构:所有者权益的增加,通过账户的贷方反映;负债的减少,通过账户的借方反映。最后确定,借记“应付利润”20 000 元,贷记“实收资本”20 000元。该业务属于等式右边的所有者权益增加与债权人权益等额减少的业务。

借 应付利润	贷	借 实收资本	贷
(8)20 000			(8)20 000

【例 4-9】中信公司已承诺代甲公司偿还甲公司前欠乙公司的贷款 90 000 元,但款项尚未支付。与此同时,办妥相关手续,冲减甲公司在中信公司的投资。

该项业务的发生说明一方面由于中信公司已承诺但未支付一笔欠款,使公司的应付账款增加 90 000 元,另一方面由于代甲公司支付此项欠款的同时减少甲公司在本公司的投资,使本公司的实收资本减少 90 000 元。“实收资本”属于所有者权益类账户,“应付账款”属于负债类账户。根据借贷记账法下的账户结构:负债的增加,通过账户的贷方反映;所有者权益的减少,通过账户的借方反映。最后确定,“借记实收”资本 90 000 元,贷记“应付账款”90 000 元。该业务属于等式右边的负债及所有者权益类项目之间有增有减的业务。

借 实收资本	贷	借 应付账款	贷
(9)90 000			(9)90 000

以上举例,已经概括了企业的所有业务类型,而无论哪种类型的经济业务,都是以相等的金额同时记入有关账户的借方和另一账户的贷方。这样就可以归纳出借贷记账法的记账规则

为“有借必有贷,借贷必相等”。

借贷记账法的账户结构要求对发生的任何经济事项,都要按借贷相反的方向进行记录,如果在一个账户中记借方,必然在另一账户中记贷方,即有借必有贷。复式记账要求对发生的任何经济事项,都要等额地在相关账户中进行登记,如果采用“借”和“贷”作为记账符号时,借贷的金额一定是相等的。因此,借贷记账法的记账规则是有理论依据的。

三、借贷记账法下的会计分录

(一)账户的对应关系和对应账户

从以上举例可以看出,运用借贷记账法进行核算时,在有关账户之间存在着应借、应贷的相互关系,账户之间的这种相互关系称为账户的对应关系。存在对应关系的账户称为对应账户。例如,用现金500元购买原材料,就要在“原材料”账户的借方和“现金”账户的贷方进行记录。这样“原材料”与“现金”账户就发生了对应关系,两个账户也就成了对应账户。掌握账户的对应关系很重要,通过账户的对应关系可以了解经济业务的内容,检查对经济业务的处理是否合理合法。

(二)会计分录

在借贷记账法下,会计分录是指标明某项经济业务应借、应贷方向,科目名称和金额的记录。会计分录有简单分录与复合分录两种。只涉及两个账户的会计分录就是简单会计分录。以上列举的九笔会计分录都是简单会计分录。将以上的例子核算事项用会计分录表示为:

(1)借:银行存款 200 000
　　贷:实收资本 200 000

(2)借:原材料 70 000
　　贷:应付账款 70 000

(3)借:短期借款 80 000
　　贷:银行存款 80 000

(4)借:实收资本 100 000
　　贷:固定资产 100 000

(5)借:固定资产 40 000
　　贷:银行存款 40 000

(6)借:应付账款 50 000
　　贷:应付票据 50 000

(7)借:资本公积 60 000
　　贷:实收资本 60 000

(8)借:应付利润 20 000
　　贷:实收资本 20 000

(9)借:实收资本 90 000
　　贷:应付账款 90 000

凡涉及两个以上账户的会计分录就是复合分录。在实际工作中,不允许将多项经济业务合并编制为复合会计分录,但若是一项经济业务时可编制复合会计分录。对复合会计分录举例如下:

【例4-10】某公司购买原材料一批,价值98 000元,其中银行存款支付48 000元,其余款项尚未支付。

该项业务涉及到资产类账户的“原材料”账户、“银行存款”账户和负债类账户的“应付账款”账户，编制复合会计分录如下：

借：原材料 98 000

贷：银行存款 48 000

应付账款 50 000

(三)过账

各项经济业务编制会计分录以后，即应计入有关账户，这个记账步骤通常称为“过账”。过账以后，一般要在月末进行结账，即结算出各账户的本期发生额合计和期末余额，现将中信公司2006年1月发生以上经济业务的会计分录计入下列各账户。

借 库存现金 贷

借	贷
期初余额 1 000	
本期发生额 —	本期发生额 —
期末余额 1 000	

借 应付职工薪酬 贷

借	贷
	期初余额 30 000
本期发生额 —	本期发生额 —
	期末余额 30 000

借 银行存款 贷

借	贷
期初余额 49 000	
(1)200 000	(3)80 000
	(5)40 000
本期发生额 200 000	本期发生额 120 000
期末余额 129 000	

借 应付账款 贷

借	贷
	期初余额 100 000
(6)50 000	(2)70 000
	(9)90 000
本期发生额 50 000	本期发生额 160 000
	期末余额 210 000

借 原材料 贷

借	贷
期初余额 22 000	
(2)70 000	
本期发生额 70 000	本期发生额 —
期末余额 92 000	

借 短期借款 贷

借	贷
	期初余额 150 000
(3)80 000	(2)70 000
本期发生额 80 000	本期发生额 70 000
	期末余额 140 000

借 固定资产 贷

借	贷
期初余额 230 000	
(5)40 000	(4)100 000
本期发生额 40 000	本期发生额 100 000
期末余额 170 000	

借 应付票据 贷

借	贷
	期初余额 0
	(6)50 000
本期发生额 —	本期发生额 50 000
	期末余额 50 000

借 应付利润 贷

借	贷
	期初余额 40 000
(8)20 000	
本期发生额 20 000	本期发生额 —
	期末余额 20 000

借 资本公积 贷

借	贷
	期初余额 80 000
(7)60 000	
本期发生额 60 000	本期发生额 —
	期末余额 20 000

借	应收账款 贷
期初余额 80 000	
本期发生额 —	本期发生额 —
期末余额 80 000	

借	实收资本 贷
	期初余额 180 000
(4)100 000	(1)200 000
(9)90 000	(7)60 000
	(8)20 000
本期发生额 190 000	本期发生额 280 000
	期末余额 270 000

第四节　试算平衡

企业对日常发生的经济业务都要计入有关账户，内容庞杂，次数繁多，记账稍有疏忽，便有可能发生差错。因此，对全部账户的记录必须定期进行试算，借以验证账户记录是否正确。所谓试算平衡是指根据会计恒等式“资产＝负债＋所有者权益”以及借贷记账法的记账规则，通过汇总、检查和验算确定所有账户记录是否正确的过程。它包括发生额试算平衡和余额试算平衡。

一、发生额试算平衡

发生额试算平衡包括两方面的内容：一是每笔会计分录的发生额平衡，即每笔会计分录的借方发生额必须等于贷方发生额，这是由借贷记账法的记账规则决定的；二是本期发生额的平衡，即本期所有账户的借方发生额合计必须等于所有账户的贷方发生额合计。因为本期所有账户的借方发生额合计，相当于把复式记账的借方发生额相加；所有账户的贷方发生额合计，相当于把复式记账的贷方发生额相加，二者必然相等。这种平衡关系用公式表示为：

第一笔会计分录的借方发生额＝第一笔会计分录的贷方发生额

⋮　　　　　　　　⋮

第 n 笔会计分录的借方发生额＝第 n 笔会计分录的贷方发生额

$\sum$所有业务借方发生额＝$\sum$所有业务贷方发生额

⇒　本期全部账户借方发生额合计＝本期全部账户贷方发生额合计

发生额试算平衡是根据上面两种发生额平衡关系，来检验本期发生额记录是否正确的方法。在实际工作中，本项工作是通过编制发生额试算平衡表进行的，如表 4－7 所示。

表 4－7　发生额试算平衡表　　单位：元

会计科目	本期发生额	
	借方	贷方
库存现金		
银行存款	200 000	120 000
应收账款	250 000	
原材料	70 000	

续表 4－7

固定资产	40 000	100 000
短期借款	80 000	30 000
应付票据		50 000
应付账款	50 000	160 000
应付职工薪酬		
应付利润	20 000	
实收资本		190 000
资本公积		60 000
合计	710 000	710 000

二、余额试算平衡

余额平衡是指所有账户的借方余额之和与所有账户的贷方余额之和相等。余额试算平衡就是根据此恒等关系，来检验本期记录是否正确的方法。这是由“资产＝负债＋所有者权益”的恒等关系决定的。在某一时点上，有借方余额的账户应是资产类账户，有贷方余额的账户应是权益类账户，分别合计其金额，即是具有相等关系的资产与权益总额。根据余额的时间不同，可分为期初余额平衡和期末余额平衡。本期的期末余额平衡，结转到下一期，就成为下一期的期初余额平衡。这种关系也可用下列公式表示：

资产＝负债＋所有者权益

⇒本期期末资产借方余额＝本期期末负债贷方余额＋本期期末所有者权益贷方余额

⇒本期期末全部账户的借方余额合计＝本期期末全部账户的贷方余额合计

在实际工作中，本项工作是通过编制余额试算平衡表进行的，如表 4－8 所示。

表 4－8　余额试算平衡表　　单位：元

会计科目	期末余额	
	借方	贷方
库存现金	1 000	
银行存款	129 000	
应收账款	80 000	
原材料	290 000	
固定资产	170 000	
短期借款		70 000
应付票据		50 000
应付账款		210 000
应付职工薪酬		30 000
应付利润		20 000

续表 4-8

实收资本		270 000
资本公积		20 000
合计	670 000	670 000

在实际工作中也可将发生额试算平衡表及余额试算平衡表合并编表,如表 4-9 所示。

表 4-9　发生额及余额试算平衡表　　单位:元

会计科目	期初余额		本期发生额		期末余额	
	借方	贷方	借方	贷方	借方	贷方
库存现金	1 000				1 000	
银行存款	49 000		200 000	120 000	129 000	
应收账款	80 000				80 000	
原材料	220 000		70 000		290 000	
固定资产	230 000		40 000	100 000	170 000	
短期借款		150 000	80 000			70 000
应付票据				50 000		50 000
应付账款		100 000	50 000	160 000		210 000
应付职工薪酬		30 000				30 000
应付利润		40 000	20 000			20 000
实收资本		180 000	190 000	280 000		270 000
资本公积		80 000	60 000			20 000
合计	580 000	580 000	710 000	710 000	670 000	670 000

应该看到,试算平衡表只是通过借贷金额是否平衡来检查账户记录是否正确,而有些错误对于借贷双方的平衡并不发生影响。因此,在编制试算平衡表时对以下问题引起注意:

(1)必须保证所有账户的余额均已计入试算平衡表。因为会计等式是对六项会计要素整体而言,缺少任何一个账户的余额,都会造成期初或期末借方与贷方余额合计不相等。

(2)如果借贷不平衡,账户记录必然出现错误,应认真查找,直到实现平衡为止。

(3)如果借贷平衡,则并不能说明账户记录绝对正确,因为有些错误对于借贷双方的平衡并不发生影响。例如:

①某项经济业务,将使本期借贷双方的发生额减少,借贷仍然平衡;

②重记某项经济业务,将使本期借贷双方的发生额发生等额虚增,借贷仍然平衡;

③某项经济业务记错有关账户,借贷仍然平衡;

④某项经济业务颠倒了记账方向,借贷仍然平衡;

⑤借方或贷方发生额中,偶然一多一少并相互抵消,借贷仍然平衡。

本章思考题

一、单项选择题

1. 借贷记账法“借”、“贷”的含义是(　　)
   A. 债权和债务
   B. 标明记账方向
   C. 增加和减少
   D. 收入和付出
2. 下列会计分录中属于复合会计分录的是(　　)

A. 借:生产成本——A 产品　　30 000
　　贷:材料——甲材料　　10 000
　　　　——乙材料　　20 000

B. 借:制造费用——办公费　　300
　　　　——邮电费　　600
　　贷:库存现金　　900

C. 借:制造费用——折旧费　　2 000
　　管理费用——折旧费　　1 000
　　贷:累计折旧　　3 000

D. 借:银行存款　　100 000
　　贷:应收账款——A 公司　　40 000
　　　　——B 公司　　60 000

3. 在借贷记账法下,账户哪一方登记增加,哪一方登记减少,取决于(　　)
   A. 账户结构
   B. 账户所记录的经济业务内容
   C. 账户的用途
   D. 账户的具体格式
4. 借贷记账法试算平衡所依据的基本原理是(　　)
   A. 平行登记
   B. 会计基本前提
   C. 会计等式
   D. 一贯性原则
5. 不单独设置“预收账款”账户的企业,发生预收账款业务时应计入的账户是(　　)
   A. 应收账款
   B. 应付账款
   C. 其他应收款
   D. 其他应付款
6. 以下所列账户发生增加变化时,应记借方(　　)
   A. 生产成本

B. 应付账款

C. 实收资本

D. 本年利润

7. 所有账户的借方余额合计等于所有账户的贷方余额合计，其基本依据是(　　)

A. 平行登记

B. 试算平衡

C. 会计等式

D. 记账规则

8. 所有账户的借方发生额合计等于所有账户的贷方发生额合计，其基本依据是(　　)

A. 平行登记

B. 试算平衡

C. 会计等式

D. 记账规则

9. 借贷记账法的记账符号是(　　)

A. 借记增加，贷记减少

B. 贷记增加，借记减少

C. 资产增加记借，减少记贷；权益增加记贷，减少记借

D. 资产增加记贷，减少记借；权益增加记借，减少记贷

10. 借贷记账法，借记增加，贷记减少，适用的经济内容是(　　)

A. 管理费用

B. 应付账款

C. 应交税费

D. 预提费用

二、多项选择题

1. 借贷记账法的"贷方"，记录下列账户的(　　)

A. 资产增加

B. 费用减少

C. 利润减少

D. 收入增加

E. 负债减少

2. 所有总账户试算平衡后，并不能保证账户记录无错误，这是因为存在着(　　)

A. 重记会计分录

B. 漏记会计分录

C. 会计分录用错账户

D. 记账时抄反了方向

E. 两次错误方向相反金额相等

3. 以下所列账户，期末结转后，应无余额的有(　　)

A. 主营业务收入

B. 管理费用

C. 生产成本

D. 原材料

E. 短期借款

4. 借贷记账法中借贷的含义是(　　)

A. 增加记借，减少记贷

B. 资产减少记贷

C. 负债增加记贷

D. 费用增加记借

E. 所有者权益减少记贷

5. 以下说法是对复式记账描述的有(　　)

A. 复式记账就是记两次账

B. 复式记账就是重复记账

C. 复式记账对于每笔业务要求在对应账户登记

D. 复式记账的对应账户金额相等

E. 复式记账的优点是能清晰反映经济业务的来龙去脉

三、业务题：

资料：(1)某企业总分类账户的月初余额如下表。

单位：元

资　产	金　额	负债及所有者权益	金　额
银行存款	25 400	短期借款	10 000
原 材 料	60 000	应付账款	4 600
库存商品	8 200	实收资本	205 000
固定资产	150 000	资本公积	10 000
生产成本	6 000	盈余公积	20 000
合　计	249 600	合　计	249 600

(2)该企业本月发生下列经济业务(增值税略)。

a. 用银行存款购买材料 5 400 元，材料已验收入库(假设该企业不设“材料采购”账户)。

b. 向银行借入短期借款 2 600 元，直接偿还应付账款。

c. 用银行存款偿还短期借款 5 000 元。

d. 收到投资者追加投资 60 000 元，存入银行。

e. 本期生产产品领用材料 10 000 元。

f. 销售产品一批，价款 8 000 元，款项已收讫并存入银行。

要求：(1)根据上述经济业务编制会计分录。

(2)编制试算平衡表。

第五章 工业企业一般经济业务核算

学习目标

1. 了解企业基本业务的内容
2. 掌握资金筹集的核算
3. 掌握采购、生产和销售过程核算及其成本计算
4. 掌握财务成果的核算

导入语:在企业发生具体的经济业务或事项时,会计怎样记账呢?

第一节 资金筹集业务的核算

导入语:企业是如何筹集资金?一般来说有两个渠道:一是投资者向企业投入的资本,二是企业向银行或其他金融机构借入的款项。

企业筹集资金的渠道是指企业取得资金的来源。一是投资者投入的资本,二是从债权人处借入的资金。从企业所有者处筹集的资金,即所有者投资,通常称之为实收资本;从企业债权人处筹集的资金,则属于企业的负债。

一、吸收投资业务的核算

企业的成立,首先必须筹集到所需要的资金。企业筹集资金的方式可以分为权益筹资和债务筹资。其中,通过权益筹资方式筹集资金就是这里所指的吸收投资者的投资。投资者将资金投入企业,并成为企业的股东(或称为投资者),进而可以参与企业的经营决策、获得企业盈利分配。企业吸收投资者的投资后,企业的资金增加了,同时投资者在企业中所享有的权益也增加了,相应建立"实收资本"账户。

"实收资本"为所有者权益类科目,科目代码为"4001",用来核算企业接受投资者投入企业的资本额。为了核算企业接受的投资者投资额的变化,企业应设置"实收资本"科目,并按投资者的不同进行明细核算。其贷方核算企业实收资本增加,借方核算企业实收资本减少,期末贷方余额表示企业接受投资者投入资本(或股本)的余额。另外,本科目应按不同的投资者设置明细科目进行明细核算。

【例 5-1】A 企业注册成立,接受 B 公司投入现金 100 万元,款项已通过银行转入。

分析:A 企业接受投资者投入资金,获得一笔银行存款,故"银行存款"增加,记借方;同时,A 企业接受投资者投入的资本增加,即"实收资本"增加,记贷方。A 企业会计人员应根据业

务内容编制会计分录如下：

借：银行存款　　100 000

　贷：实收资本——B公司　　100 000

【例5-2】假设A企业按法定程序报经批准，减少注册资本30万元（其中B公司拥有40%的股份，C公司拥有60%的股份），款项已通过银行存款支付。

分析：A企业减少注册资本的方式是向企业投资者支付一定金额的银行存款，所以A企业"银行存款"减少，记贷方；同时，企业接受投资者投资的金额相应减少，投资人在A企业的权益相应减少，故应记"实收资本"的借方。A企业会计人员应根据上述业务内容编制会计分录如下：

借：实收资本——B公司　　120 000

　　　　　——C公司　　180 000

　贷：银行存款　　300 000

【例5-3】A企业因发展需要，决定增加注册资本60万元（其中B公司认缴40%的资本，C公司认缴60%的资本），分别收到B公司和C公司的缴款28万元和42万元，款项通过开户银行转入A企业的账户。

分析：A企业因接受B公司和C公司的投资而"实收资本"增加，故应贷记"实收资本"；但由于B公司和C公司实际支付的投资款超过注册资本（即产生资本溢价），故超过部分应作为"资本公积"处理。A企业会计人员应根据上述业务内容编制会计分录如下：

借：银行存款　　700 000

　贷：实收资本——B公司　　240 000

　　　　　　——C公司　　360 000

　　资本公积——资本溢价　　100 000

【例5-4】A企业收到D公司作为投资投入的新设备一台，该设备所确认的价值为60 000元。

借：固定资产　　60 000

　贷：实收资本　　60 000

（注：如果企业收到投资者作为投资投入的旧设备，也是按照确认的价值入账，而不是按照旧设备在投资方的原始价值入账，分录中不涉及累计折旧。）

二、借款业务的核算

企业自有资金不足以满足企业经营运转需要时，可以通过从银行或其他金融机构借款的方式筹集资金，并按借款协议约定的利率承担支付利息及到期归还借款本金的义务。因此，企业借入资金时，一方面银行存款增加，另一方面负债也相应增加。为核算企业因借款而形成的负债，企业应设置"短期借款"和"长期借款"两个科目。

1. 短期借款业务

(1)"短期借款"账户。

"短期借款"账户为负债类科目，科目代码2001，核算企业向银行或其他金融机构等借入的期限在1年以下（含1年）的各种借款。企业从银行或其他金融机构借款时，应贷记本科目；企业归还借款时，借记本科目；本科目期末贷方余额反映企业尚未偿还的短期借款的本金。企业应当按照借款种类、贷款人和币种进行明细核算。

【例 5－5】2014 年 1 月 1 日 A 企业从 B 银行借入一年期借款 100 000 元，年利率 12%，每半年付息一次，到期一次还本。

分析：A 企业从银行借入资金后，银行存款增加，故借记“银行存款”；同时，A 企业增加了一项负债，即“短期借款”增加，故应贷记“短期借款”。A 企业会计人员应根据上述业务内容编制会计分录如下：

借：银行存款	100 000	
贷：短期借款——B 银行		100 000

企业借入上述短期借款后，必须承担支付利息的义务。例如，在 2014 年 6 月 30 日，A 企业应确认当年 1—6 月的利息费用。对于企业发生的利息费用，应通过“财务费用”科目进行核算。

(2)“财务费用”账户。

“财务费用”为损益类(费用)科目，科目代码 6603，用来核算企业为筹集生产经营所需资金等而发生的筹资费用，包括利息支出(减利息收入)、汇兑差额以及相关的手续费等。企业确认发生筹资费用时，记本科目的借方；发生利息收入时，记本科目的贷方；期末，企业应将本科目余额转入“本年利润”科目，结转后本科目应无余额。

【例 5－6】2014 年 6 月 30 日，A 企业以存款支付银行上半年短期借款利息(10 000 万×12%×6/12＝6000 元)。

分析：A 企业在期末确认发生的利息费用时，费用增加，应记“财务费用”的借方；同时，以银行存款支付利息，故银行存款减少，应贷记“银行存款”。A 企业会计人员应根据上述业务内容编制会计分录如下：

借：财务费用	6 000	
贷：银行存款		6 000

【例 5－7】2014 年 12 月 31 日，A 企业以银行存款归还银行短期借款本金 100 000 元及下半年利息 6 000 元。

分析：A 企业归还借款，则企业负债减少，故应借记“短期借款”；同时，企业还应确认并支付下半年的借款利息，所以还应借记“财务费用”、贷记“银行存款”等科目。A 企业会计人员应根据上述业务内容编制会计分录如下：

借：财务费用	6 000	
短期借款——B 银行	100 000	
贷：银行存款		106 000

2. 长期借款业务

(1)“长期借款”账户。

“长期借款”为负债类科目，科目代码 2501，用来核算企业向银行或其他金融机构借入的期限在 1 年以上(不含 1 年)的各项借款(含本金及计提的借款利息)。企业借入长期借款及计提借款利息时，贷记本科目；归还长期借款本金及利息时，借记本科目；本科目期末贷方余额反映企业尚未偿还的长期借款本金及利息的余额。企业还应当按照贷款单位进行明细核算。

【例 5－8】2014 年 1 月 1 日 A 企业从银行借入两年期借款 100 000 万元，年利率 12%，到期一次还本付息。

分析：企业借入资金，则银行存款增加，应借记“银行存款”；同时，企业也增加了一笔负债，故应贷记“长期借款”。A 企业会计人员应根据上述业务内容编制会计分录如下：

借：银行存款　　100 000

　贷：长期借款——B 银行　　100 000

(2)“财务费用”账户。

【例 5-9】2014 年 12 月 31 日，A 企业确认本年长期借款的应计利息 12 000 元。

分析：企业借入款项后，必须承担支付利息的义务。虽然借款约定到期一次付息，但借款的受益期是整个借款期。因此，如果借款受益期跨越两个或两个以上的会计期间，应于每个会计期末确认应归属当期的利息费用及当期应承担、但未支付的利息债务。A 企业会计人员应根据上述业务内容编制会计分录如下：

借：财务费用　　100 000

　贷：长期借款——B 银行　　100 000

第二节　物资采购业务

企业筹集到资金后，就必须购入设备、厂房、材料、工(器)具等，以备生产。通过物资采购业务，企业的财产物资增加；同时，企业因采购而支付了相应的存款或承担了相应的负债，即货币资金相应减少或负债相应增加。

一、材料采购业务

企业要进行正常的生产经营活动，就必须购买和储备一定种类和数量的材料。在材料采购过程中，一方面是企业从供应单位购进各种材料物资，另一方面是企业要支付材料的买价、税金和各种采购费用，并与供应单位发生货款结算关系。企业购进的材料，经验收入库后即为可供生产领用的库存材料。材料的买价加上各种采购费用，就构成了材料的采购成本。

1.“在途物资”账户

“在途物资”为资产类科目，科目代码 1402，用来核算实际成本下企业在途材料的采购成本。在途材料是指企业购入尚在途中或虽已运达但尚未验收入库的购入材料的采购成本。其借方核算新增的在途材料成本，贷方核算因验收入库而转入“原材料”账户的在途材料成本，其贷方余额表示尚未到达或尚未验收入库的在途材料的实际采购成本。本科目应当按照供应单位进行明细核算。

【例 5-10】A 企业(小规模纳税人)从 B 公司购入甲材料，货款 10 000 元，以存款支付，材料尚未验收入库(假设企业按实际成本法核算，下同)。

分析：企业购入材料，但未验收入库，故在途材料这一资产增加；同时，以存款支付，故银行存款这一资产减少。故应编制会计分录如下：

借：在途物资——甲材料　　10 000

　贷：银行存款　　10 000

2.“应付账款”账户

“应付账款”为负债类科目，科目代码 2202，用来核算企业因购买材料、商品和接受劳务供应等经营活动应支付的款项。因购货而增加负债时，贷记本科目；因偿还货款而减少该负债时，借记本科目；期末余额表示尚未归还的货款。本科目应当按照不同的债权人进行明细核算。

【例 5-11】 假设上述购入材料的货款暂欠，则A企业因购入材料而增加了一笔负债，即“应付账款”增加。故该业务应编制会计分录如下：

借：在途物资——甲材料 10 000

　贷：应付账款——B公司 10 000

待企业以存款支付上述货款时，再做会计分录如下：

借：应付账款——B公司 10 000

　贷：银行存款 10 000

另外，付款企业还可以通过开出承兑的商业汇票作为承诺支付货款的形式，即在汇票上注明应支付的金额、支付的时间等交易信息，待票据到期时，再通过银行转账支付。

3.“应付票据”账户

“应付票据”为负债类科目，科目代码2201，用来核算企业购买材料、商品和接受劳务供应等而开出、承兑的商业汇票，包括银行承兑汇票和商业承兑汇票。开出、承兑商业汇票时，贷记本科目；以存款支付汇票款时，借记本科目；本科目期末贷方余额，反映企业尚未到期的商业汇票的票面金额。支付银行承兑汇票的手续费记入“财务费用”科目。

【例 5-12】 假设A企业开出承兑的商业汇票偿付上述购入材料所欠的货款，则A企业因购入材料而增加了一笔负债，即“应付账款”增加。故该业务应编制会计分录如下：

借：应付账款——B公司 10 000

　贷：应付票据——B公司 10 000

待票据到期，根据银行的付款通知再做会计分录如下：

借：应付票据——B公司 10 000

　贷：银行存款 10 000

企业应当设置“应付票据备查簿”，详细登记每一商业汇票的种类、号数和出票日期、到期日、票面余额、交易合同号和收款人姓名或单位名称，以及付款日期和金额等资料。应付票据到期结清时，应当在备查簿内逐笔注销。

4.“应交税费”账户

“应交税费”为负债类科目，科目代码2221，用来核算企业按照税法规定计算应交纳的各种税费，包括增值税、消费税、营业税、所得税、资源税、土地增值税、城市维护建设税、房产税、土地使用税、车船使用税、附加教育费、矿产资源补偿费等。新增应交而未交的税费时，负债增加，贷记本科目；实际支付税费时，负债减少，借记本科目；本科目期末贷方余额，反映企业应交但尚未交纳的税费；期末如为借方余额，反映企业多交或尚未抵扣的税费。本科目应当按照应交税费的税种进行明细核算。

【例 5-13】 A企业(一般纳税人)从B公司购入甲材料，价款10 000元，增值税率17%，款项未付，材料尚未验收入库。

分析：一般纳税人企业购入材料时，不仅要向售货方支付货款，还要支付购进材料而应支付的增值税(进项税额)。企业支付了增值税(进项税额)，表明企业应交的税金(负债)减少或可抵扣的税金(资产)增加。故本业务应编制会计分录如下：

借：在途物资——甲材料 10 000

　　应交税费——应交增值税(进项税额) 1 700

　贷：应付账款——B公司 11 700

5.“原材料”账户

“原材料”为资产类科目，科目代码1403，用来核算企业库存的各种材料（包括原料及主要材料、辅助材料、外购半成品、修理用备件、包装材料、燃料等）的计划成本或实际成本。材料验收入库而增加时，借记本科目；材料因领用等原因而减少时，贷记本科目；本科目的期末借方余额，反映企业库存材料的计划成本或实际成本。企业应当按照材料的保管地点（仓库）、材料的类别、品种和规格等进行明细核算。

【例5-14】 假设上例A企业（一般纳税人）所购入的材料验收入库。

分析：材料验收入库，则在途材料（资产）减少，而库存材料（资产）增加。故应编制会计分录如下：

借：原材料——甲材料　　10 000

　贷：在途物资——甲材料　　10 000

（注：购入的材料全部验收入库并结转后，“在途材料”科目余额应为零。）

二、固定资产购建业务

1.“固定资产”账户

“固定资产”为资产类科目，科目代码1601，用来核算企业持有固定资产的原价。企业应当按照固定资产类别和项目进行明细核算。当企业因购入或通过其他方式取得可直接投入使用的固定资产时，借记本科目；因处置而减少固定资产时，贷记本科目；本科目期末借方余额，反映企业固定资产的账面原价。

【例5-15】 A企业购入办公用设备，价款20 000元，运费500元，开出承兑的商业汇票。

分析：企业购入设备，则企业“固定资产”增加；同时，款项未付，但开出承兑的商业汇票，则企业负债增加，计入“应付票据”科目。故应编制会计分录如下：

借：固定资产　　20 500

　贷：应付票据　　20 500

若购入的设备需要安装后才能使用，则购入的固定资产应先通过“在建工程”科目核算设备及安装成本，待安装完毕，设备可投入使用后，再将全部成本转入“固定资产”科目。

2.“在建工程”账户

固定资产分为不需安装和需安装两种。不需要安装的固定资产即可投入生产使用。对于需要安装的固定资产，在记录固定资产建设时使用“在建工程”，在安装结束后，将其全部转入“固定资产”。“在建工程”这个账户借方登记购进时支付的价款、包装费、运杂费、安装费等。

【例5-16】 假设上例中购入的设备需要安装，安装费用为500元，以存款支付。

分析：购入的设备因需要安装，故先计入“在建工程”；发生安装费用时，则“在建工程”成本增加，同时，银行存款减少；待安装完工时，则将“在建工程”借方发生额合计转入“固定资产”科目。故应编制会计分录如下：

购入设备时

借：在建工程　　20 500

　贷：应付票据　　20 500

发生安装费用时

借:在建工程　　500

　贷:银行存款　　500

安装完工时

借:固定资产　　21 000

　贷:在建工程　　21 000

(注:工程完工并结转后,"在建工程"科目余额应为零。)

第三节　产品生产业务

产品生产业务的核算,主要涉及材料的领用、薪酬的确认与支付、生产费用的摊销与分配、生产设备等定资产的折旧、完工产品成本的计算与入库等内容。

一、开设账户

1."生产成本"账户

"生产成本"为成本类科目,科目代码 5001,用来核算企业进行工业性生产发生的各项生产费用,包括生产各种产品(包括产成品、自制半成品等)、自制材料、自制工具、自制设备等。企业应当按照基本生产成本和辅助生产成本进行明细核算。基本生产成本应当分别按照基本生产车间和成本核算对象(如产品的品种、类别、定单、批别、生产阶段等)设置明细账(或成本计算单,下同),并按照规定的成本项目设置专栏。当企业发生各项直接的生产费用时,即生产成本增加,借记本科目;因产品完工入库,在产品减少时,应将完工产品的"生产成本"结转入"库存商品"科目时,贷记本科目;本科目期末借方余额,反映企业尚未加工完成的在产品的成本或生产性生物资产尚未收获的农产品成本。

【例 5-17】车间生产 A 产品领用甲材料一批,材料成本 20 000 元。

分析:材料从仓库领出,则库存的"原材料"减少;同时,投入车间的产品生产成本增加。故企业应编制会计分录如下:

借:生产成本——基本生产成本(A 产品)　　20 000

　贷:原材料——甲材料　　20 000

2."制造费用"账户

"制造费用"为成本类科目,科目代码 5101,用来核算企业生产车间、部门为生产产品和提供劳务而发生的各项间接费用,如固定资产折旧、职工薪酬、物料消耗、水电支出、停工损失等,可按不同的生产车间、部门和费用项目进行明细核算。当企业产品生产间接费用发生或增加时,借记本科目;期末,将产品生产的间接费用在受益产品间分配并结转入"生产成本"科目时,贷记本科目;除季节性的生产性企业外,本科目期末应无余额。

【例 5-18】车间领用生产物料,物料成本 20 000 元。

分析:物料从仓库领出,则库存的"原材料"减少;同时,投入车间在产品生产的间接成本增加。故企业应编制会计分录如下:

借:制造费用　　20 000

　贷:原材料——甲材料　　20 000

3."应付职工薪酬"账户

"应付职工薪酬"为负债类科目，科目代码2211，核算企业根据有关规定应付给职工的各种薪酬。企业(外商)按规定从净利润中提取的职工奖励及福利基金，也在本科目核算。本科目可按"工资"、"职工福利"、"社会保险费"、"住房公积金"、"工会经费"、"职工教育经费"、"非货币性福利"、"辞退福利"、"股份支付"等进行明细核算。当企业计算确认应付的职工薪酬时，贷记本科目；当企业实际支付职工薪酬时，借记本科目；本科目期末贷方余额，反映企业应付未付的职工薪酬。

【例5-19】企业期末计算确认当期应付给生产人员的薪酬为50 000元，其中A产品直接生产人员薪酬20 000元，B产品直接生产人员薪酬16 000元，车间间接生产人员薪酬14 000元。

分析：企业计算确认应付职工薪酬时，一方面表明企业产品生产费用增加，另一方面表明企业应付给职工的本薪增加。故应编制会计分录如下：

借：生产成本——基本生产成本(A产品)	20 000
——基本生产成本(B产品)	16 000
制造费用	14 000
贷：应付职工薪酬——工资	50 000

【例5-20】企业以银行存款支付上述生产人员薪酬，同时代扣职工个人所得税1 000元。

分析：企业以银行存款支付职工薪酬，一方面引起企业银行存款减少，同时减少了企业的应付职工薪酬；另外，企业代扣了职工的个人所得税，故"应交税费"相应增加。故应编制会计分录如下：

借：应付职工薪酬——工资	50 000
贷：银行存款	49 000
应交税费——应交个人所得税	1 000

此外，企业管理部门人员、销售人员的职工薪酬费用，应分别由"管理费用"、"销售费用"科目进行核算。

4."累计折旧"账户

"累计折旧"为资产类科目，科目代码1602，用来核算企业固定资产的累计折旧，企业应按固定资产的类别或项目进行明细核算。企业按月计提固定资产折旧时，贷记本科目；待固定资产等原因而注销固定资产原价的同时，转销相应的累计折旧，借记本科目；本科目期末贷方余额，反映企业固定资产的累计折旧额。

【例5-21】企业当月计提车间固定资产的折旧，共计20 000元。

分析：固定资产折旧是在固定资产用于产品生产过程而发生的价值损耗，企业对固定资产计提折旧，一方面表明企业应承担的间接生产费用增加，另一方面表明固定资产的账面价值在减少。故应编制会计分录如下：

借：制造费用	20 000
贷：累计折旧	20 000

月末，企业应将本月累计发生的"制造费用"在不用的产品间进行分配，并将其转入相应的产品"生产成本"科目中去。间接生产费用的具体分配依据一般有产品数量、生产工时、产品体积、产品质量等。

【例 5－22】假设企业当月累计发生的间接生产费用(由 A 产品和 B 产品共同承担)共计 50 000 元,其中,A 产品应承担 60%,其余由 B 产品承担。月末,企业将上述间接生产费用分别转入两种产品的“生产成本”科目。

分析:将间接生产费用分配转入产品的生产成本,则“制造费用”因分配结转而减少,“生产成本”因转入分配的“制造费用”而增加。故应编制会计分录如下:

借:生产成本——基本生产成本(A 产品)　　30 000
　　　　　——基本生产成本(B 产品)　　20 000
　贷:制造费用　　50 000

5.“库存商品”账户

“库存商品”为资产类科目,科目代码 1405,用来核算企业库存的各种商品的实际成本(或进价)或计划成本(或售价),包括库存产成品、外购商品、存放在门市部准备出售的商品、发出展览的商品以及寄存在外的商品等。接受来料加工制造的代制品和为外单位加工修理的代修品,在制造和修理完成验收入库后,视同企业的产成品,也通过本科目核算。本科目可按库存商品的种类、品种和规格等进行明细核算。企业产品完工入库时,借记本科目;因出售等原因而减少库存商品时,贷记本科目;本科目期末借方余额,反映企业库存商品的实际成本(或进价)或计划成本(或售价)。

【例 5－23】月末,企业完工 A 产品一批,验收入库,该批完工产品生产成本共计 40 000 元。

分析:产品完工入库,一方面表明库存商品增加,另一方面表明车间的在产品因完工而减少。故应编制会计分录如下:

借:库存商品——A 产品　　40 000
　贷:生产成本——基本生产成本(A 产品)　　40 000

6.“管理费用”账户

“管理费用”为损益类(费用)科目,科目代码 6602,用来核算企业为组织和管理企业生产经营所发生的管理费用,包括企业在筹建期间内发生的开办费、董事会和行政管理部门在企业的经营管理中发生的或者应由企业统一负担的公司经费(包括行政管理部门职工工资及福利费、物料消耗、低值易耗品摊销、办公费和差旅费等)、工会经费、董事会费(包括董事会成员津贴、会议费和差旅费等)、聘请中介机构费、咨询费(含顾问费)、诉讼费、业务招待费、房产税、车船使用税、土地使用税、印花税、技术转让费、矿产资源补偿费、研究费用、排污费等。企业(商品流通)管理费用不多的,可不设置本科目,本科目的核算内容可并入“销售费用”科目核算。企业生产车间(部门)和行政管理部门等发生的固定资产修理费用等后续支出,也在本科目核算。本科目可按费用项目进行明细核算。企业确认发生管理费用时,借记本科目;期末将本科目借方余额结转入“本年利润”科目时,贷记本科目;结转后应无余额。

【例 5－24】期末,企业计算确认本月应付行政部门人员工资 30 000 元。

分析:企业确认当月应付职工薪酬时,一方面企业应付职工薪酬(负债)增加,同时表明行政管理活动产生的工资费用增加。故企业应编制会计分录如下:

借:管理费用　　30 000
　贷:应付职工薪酬　　30 000

7."财务费用"账户

"财务费用"为损益类(费用)科目,科目代码6603,用来核算企业为筹集生产经营所需资金而发生的各项费用,包括银行借款利息支出、汇兑损失以及相关的手续费等。企业确认发生财务费用时,借记本科目;期末将本科目借方余额结转入"本年利润"科目时,贷记本科目;结转后应无余额。

【例5-25】 A企业支付应由本月负担的短期借款利息400元。

借:财务费用　　　　400

　贷:银行存款　　　　400

二、产品生产成本的计算

进行产品生产成本计算,就是将企业生产过程中为制造产品所发生的各种费用,按照所生产产品的品种(即成本计算对象)进行分配和归集,计算各种产品的总成本和单位成本。计算产品生产成本,既为入库产成品提供了计价的依据,也是确定各会计期间盈亏的需要。

产品生产成本计算的一般程序:

(1)确定成本计算对象,按照产品品种计算成本。这是产品成本计算的最基本方法。

(2)按成本项目分配和归集生产费用。工业企业一般设立以下三个成本项目:原材料、工资及福利费、制造费用。

产品成本明细账是就按照上述成本项目设置专栏或专行,用来归集应计入各种产品的生产费用。

在以产品品种为成本计算对象的企业或车间,如果只生产一种产品,计算产品成本时,只需为这种产品开设一本明细账,账内按照成本项目设立专栏或专行。在这种情况下,发生的生产费用全部都直接计入费用,即直接计入产品成本明细账,而不存在各种产品之间分配费用的问题。如果生产的产品不止一种,就应按照产品品种分别开设产品成本明细账,发生的费用中,凡能区分清楚为哪种产品所消耗的费用时,应根据有关凭证直接计入该种产品成本明细账;凡区分不清楚为那种产品所消耗的费用时,如制造费用或几种产品共同耗用的某种原材料费用、生产工人的计时工资等,则应采取适当的分配方法在各种产品之间进行分配,然后计入各产品成本明细账。

间接计入费用的分配方法有多种,例如,应由几种产品共同负担的生产工人计时工资和制造费用,一般是按各种产品耗用的生产工时(实际工时或定额工时)比例进行分配。

【例5-26】 假定,例5-22中的A、B产品的生产工时分别为620小时和380小时,本月生产工人计时工资24 200元,生产工人福利费3 388元,制造费用16 940元。以上费用按产品生产工时比例在A、B产品之间进行分配,计算如下:

①工资及福利费的分配:计算费用分配率,即每小时应分配费用。

$$分配率=\frac{工资及福利费}{生产工时总数}=\frac{24\ 200+3\ 388}{620+380}=27.588(元/小时)$$

计算各种产品应分配的工资及福利费。

某产品应分配的工资及福利费=某种产品耗用的工时数×分配率

A产品应分配的工资及福利费=620×27.588=17 104.56(元)

B产品应分配的工资及福利费=380×27.588=10 483.44(元)

②制造费用的分配：计算程序同上。

分配率＝16 940÷(620＋380)＝16.94(元/小时)

A产品应分配的制造费用＝620×16.94＝10 502.8(元)

B产品应分配的制造费用＝380×16.94＝6 437.2(元)

(3)计算产品生产成本。如果月末某种产品全部完工，该种产品成本明细账所归集的费用总额，就等于该种完工产品的总成本除以该种产品的总产量即可计算出该产品的单位成本；如果月末某种产品全部未完工，该种产品成本明细账所归集的费用总额，就是该种产品在产品的总成本；如果月末某种产品一部分完工一部分未完工，这时，归集在产品成本明细账中的费用总额，还要采用适当的分配方法在完工产品和在产品之间进行分配，然后才能计算出完工产品的总成本和单位成本。

本例，假定月末A产品全部完工、B产品全部未完工，如表5－1、表5－2所示。

表5－1　产品成本明细账

产品名称：A产品　　　　单位：元

项目	产量(件)	原材料	工资及福利费	制造费用	合计
本月生产费用		48 860	17 104.56	10 502.8	76 467.36
完工产品总成本	50	48 860	17 104.56	10 502.8	76 467.36
完工产品单位成本		977.2	342.09	210.06	1 529.35

表5－2　产品成本明细账

产品名称：B产品　　　　单位：元

项目	产量(件)	原材料	工资及福利费	制造费用	合计
本月生产费用		25 730	10 483.44	6 437.2	42 650.64
月末在产品成本		25 730	10 483.44	6 437.2	42 650.64

第四节　产品销售业务

企业生产出的产品，主要是用于销售。企业通过产品销售最终实现收入，获得相应的货款或债权。获得销售收入的代价就是转让商品所有权，即企业将库存商品转让给客户，这种为取得销售收入而让渡的商品生产成本就构成了收入的代价，从而产生了企业的一项费用。企业收入与费用的差额形成了企业的利润，并用于股东的分配或留存于企业继续用于生产经营。企业在销售产品的过程中，还会发生其他的相关费用，如销售税金、销售运杂费、产品广告费、销售机构的办公费等。

1."主营业务收入"账户

"主营业务收入"为损益类(收入)科目，科目代码6001，用来核算企业确认的销售商品、提供劳务等主营业务形成的收入，可按主营业务的种类进行明细核算。企业确认实现营业收入时，贷记本科目；期末，应将本科目的余额转入"本年利润"科目，结转时应借记本科目；结转后本科目应无余额。

【例 5-27】 A 企业(小规模纳税企业,适用增值税率 6%)将一批产品售出,售价(价税合计)106 000 元,收到款项。

分析:企业将产品售出,款项也已收到,表明企业营业收入增加、存款增加;另外,作为小规模纳税企业,应按收入的一定比率计算应缴纳的增值税额,即在企业营业收入增加的同时,还应同时确认一笔负债(应交税费)。故 A 企业应计算该笔业务应缴纳的增值税并编制会计分录如下:

应缴纳的增值税=106 000÷(1+6%)×6%=6 000(元),主营业务收入=106 000-6 000=100 000(元)。

借:银行存款　　106 000

　贷:主营业务收入　　100 000

　　应交税费——应交增值税　　6 000

2."主营业务成本"账户

"主营业务成本"为损益类(费用)科目,科目代码 6401,用来核算企业确认销售商品、提供劳务等主营业务收入时应结转的成本,可按主营业务的种类进行明细核算。企业确认发生主营业务成本时,借记本科目;期末,将本科目的余额转入"本年利润"科目时,贷记本科目;结转后本科目应无余额。

【例 5-28】 假设上例中 A 企业所售出库存商品的生产成本为 60 000 元。

分析:企业为获得收入,将库存商品的所有权出让,并交付了商品,表明企业库存商品减少、主营业务成本增加。故 A 企业应编制会计分录如下:

借:主营业务成本　　60 000

　贷:库存商品　　60 000

【例 5-29】 A 企业(一般纳税企业,适用增值税率 17%)将一批产品售出,售价(不含税)10 000 元,收到购货方开出的承兑商业汇票。

分析:一般纳税企业在销售商品时,不仅要向客户收取货款,还应按适用的税率计算并代收增值税。所以,企业在确认收入的同时,还应确认一笔负债(应交税费)。故 A 企业应计算该笔业务应缴纳的增值税并编制会计分录如下:

应缴纳的增值税=10 000×17%=1 700(元),应收票据=10 000+1 700=11 700(元)

借:应收票据　　11 700

　贷:主营业务收入　　10 000

　　应交税费——应交增值税(销项税额)　　1 700

3."其他业务收入"账户

"其他业务收入"为损益类(收入)科目,科目代码 6051,用来核算企业确认的除主营业务活动以外的其他经营活动实现的收入,包括出租固定资产、出租无形资产、出租包装物和商品、销售材料、用材料进行非货币性交换(非货币性资产交换具有商业实质且价值公允,能够可靠计量)或债务重组等实现的收入,可按其他业务收入种类进行明细核算。企业确认实现其他业务收入时,贷记本科目;期末,将本科目余额转入"本年利润"科目时,借记本科目;结转后本科目应无余额。

【例 5-30】 A 企业(一般纳税企业,适用增值税率 17%)将一批原材料售出,售价(不含税)100 000 元,收到购货方货款。

分析:企业通过材料销售业务,取得了货款及代收的税款,并实现一笔其他业务收入,同时还产生一笔应纳税负债(应交税费)。故A企业应计算该笔业务应缴纳的增值税并编制会计分录如下:

应缴纳的增值税=100 000×17%=17 000(元),银行存款=100 000+17 000=117 000(元)

借:银行存款　　117 000

　贷:其他业务收入　　100 000

　　应交税费——应交增值税(销项税额)　　17 000

4.“其他业务成本”账户

“其他业务成本”为损益类(费用)科目,科目代码6402,核算企业确认的除主营业务活动以外的其他经营活动所发生的支出,包括销售材料的成本、出租固定资产的折旧额、出租无形资产的摊销额、出租包装物的成本或摊销额等,可按其他业务成本的种类进行明细核算。企业确认发生其他业务成本时,借记本科目;期末,将本科目余额转入“本年利润”科目时,贷记本科目;结转后本科目无余额。

【例5-31】假设上例中所售出材料的账面成本为60 000元。

分析:企业为获得收入,将库存材料的所有权出让,并交付了材料,表明企业库存材料减少、其他业务成本增加。故A企业应编制会计分录如下:

借:其他业务成本　　60 000

　贷:原材料　　60 000

5.“营业税金及附加”账户

“营业税金及附加”为损益类(费用)科目,科目代码6403,用来核算企业经营活动发生的营业税、消费税、城市维护建设税、资源税和教育费附加等相关税费。房产税、车船使用税、土地使用税、印花税在“管理费用”科目核算,但与投资性房地产相关的房产税、土地使用税在本科目核算。企业按规定计算确定与经营活动相关的税费时,借记本科目;期末,将本科目余额转入“本年利润”科目时,贷记本科目;结转后本科目应无余额。

【例5-32】期末,经计算,A企业当期销售商品应缴纳的消费税为4 000元、城市维护建设税1 000元。

分析:企业因销售商品必须承担相应的纳税义务,由此而产生的费用增加计入本科目的借方,同时确认相应的负债(应交税费)增加。故A企业应编制会计分录如下:

借:营业税金及附加　　5 000

　贷:应交税费——应交消费税　　4 000

　　应交税费——应交城市维护建设税　　1 000

【例5-33】假设次月初,A企业以存款支付了当期销售商品应缴纳的消费税4 000元、城市维护建设税1 000元。

分析:企业以存款支付税费,一方面存款减少,同时相应的负债减少。故A企业应编制会计分录如下:

借:应交税费——应交消费税　　4 000

　　　　——应交城市维护建设税　　1 000

　贷:银行存款　　5000

6.“销售费用”账户

“销售费用”为损益类(费用)科目,科目代码6601,用来核算企业销售商品和材料、提供劳务的过程中发生的各种费用,包括保险费、包装费、展览费和广告费、商品维修费、预计产品质量保证损失、运输费、装卸费等以及为销售本企业商品而专设的销售机构(含销售网点、售后服务网点等)的职工薪酬、业务费、折旧费等经营费用。企业发生的与专设销售机构相关的固定资产修理费用等后续支出,也在本科目核算。本科目可按费用项目进行明细核算。企业在销售商品过程中发生各种经营费用时,借记本科目;期末,将本科目余额转入“本年利润”科目,结转后本科目无余额。

【例5-34】A企业为销售商品(或原材料),以现金支付产品运费1 000元。

分析:企业以现金支付销售运费,一方面现金减少,同时销售费用增加。故A企业应编制会计分录如下:

借:销售费用　　1 000

　贷:库存现金　　1 000

【例5-35】A企业计提销售部门当期固定资产折旧1 000元。

分析:企业计提固定资产折旧,一方面表明累计折旧增加,同时因计提销售部门固定资产折旧所引起的固定资产价值减少作为一项销售费用增加处理。故A企业应编制会计分录如下:

借:销售费用　　1 000

　贷:累计折旧　　1 000

7.“应收账款”账户

“应收账款”是用来反映和监督企业因销售产品向购买单位收取货款的结算情况的账户。如果由于销售产品存在着应收未收货款的业务,就应设置“应收账款”账户。“应收账款”账户的借方登记由于销售产品而发生的应收款项,贷方登记收回的应收款项,期末余额在借方表示尚未收回的应收账款。这个账户应按照不同的购买单位,设置明细账,进行明细分类核算,以便反映和监督各个部门单位和企业结算货款的情况。

【例5-36】A企业向虹建公司发出A产品30件,每件售价2 100元,价款共计63 000元,以银行存款支付代垫运费850元,应交增值税销项税额10 710元,但货款及税金尚未收到。

借:应收账款　　74 560

　贷:主营业务收入　　63 000

　　应交税费——应交增值税(销项税额)　　10 710

　　银行存款　　850

8.“应收票据”账户

“应收票据”是企业在销售产品的时候,与购买单位采用商业承兑汇票或者银行承兑汇票结算方式结算货款情况下使用的账户,用来反映监督与购买单位开出的商业汇票的结算情况。企业应该设置“应收票据备查账”逐笔登记每一应收票据的详细资料,收到款后再逐笔注销。

【例5-37】A企业采用商业汇票结算方式向南通公司销售B产品10件,每件售价1 000元,价款共计10 000元,应收增值税销项税额1 700元,收到该公司签发的商业承兑汇票,汇票六个月以后到期。

借:应收票据　　11 700

　贷:主营业务收入　　10 000

　　应交税费——应交增值税(销项税额)　　1 700

9."预收账款"账户

"预收账款"账户是用来反映和监督企业预收货款的发生与偿付情况的账户。

【例 5-38】 A 企业按合同向预付货款的沪光公司发出 A 产品 15 件,每件售价 2 100 元,价款共计 31 500 元,应收增值税销项税额 5 355 元,以银行存款支付代垫运杂费 800 元,冲销原预收货款 37 655 元,同时用银行存款支付沪光公司多付的款项 345 元。

借:预收账款　　38 000

　贷:主营业务收入　　31 500

　　应交税费——应交增值税(销项税额)　　5 355

　　银行存款　　1 145

为了使思路更加清晰,建议分开写会计分录:

借:预收账款　　37 655

　贷:主营业务收入　　31 500

　　应交税费——应交增值税(销项税额)　　5 355

　　银行存款　　800

借:预收账款　　345

　贷:银行存款　　345

第五节　其他事项

除了前面所述经营业务,企业还会发生其他一些日常性业务或非经常性事项。如行政管理业务、资产减值业务、非流动资产的处置与交换业务、对外投资业务、债务重组业务、利润的形成与分配业务等。这些业务的发生会导致企业资产等会计要素发生变化,从而需要进行相应的会计核算。

1."营业外收入"账户

"营业外收入"为损益类(收入)科目,科目代码 6301,用来核算企业发生的各项营业外收入,主要包括非流动资产处置利得、非货币性资产交换利得、债务重组利得、政府补助、盘盈利得、捐赠利得等,本科目可按营业外收入项目进行明细核算。企业确认实现营业外收入时,贷记本科目;期末将本科目余额转入"本年利润"科目时,借记本科目;结转后本科目应无余额。

【例 5-39】 A 企业欠 B 公司 200 000 元货款,因 A 企业财务困难,经双方协商,B 公司同意减免 A 企业 50 000 元的债务,剩余的 150 000 元由 A 企业以存款支付。

分析:A 企业以 150 000 元偿还了应付的 200 000 元债务,所以应付账款减少 200 000 元,银行存款减少 150 000 元;因获得减免而不需要偿付的 50 000 元则构成了 A 企业的债务重组收益,即营业外收入增加。故 A 企业应编制会计分录如下:

借:应付账款——B 公司　　200 000

　贷:银行存款　　150 000

　　营业外收入——债务重组收益　　50 000

2."营业外支出"账户

"营业外支出"为损益类(费用)科目,科目代码 6711,用来核算企业发生的各项营业外支出,包括非流动资产处置损失、非货币性资产交换损失、债务重组损失、公益性捐赠支出、非常损失、盘亏损失等,本科目可按支出项目进行明细核算。企业确认发生营业外支出时,借记本科目;期末,将本科目余额转入"本年利润"科目时,贷记本科目;结转后本科目应无余额。

【例 5-40】承上例,B 公司本来应收 200 000 元,但只收到 150 000 元存款(增加),减免的 50 000 元构成 B 公司的债务重组损失(增加)。故 B 公司应编制会计分录如下:

借:银行存款　　150 000
　营业外支出——债务重组损失　　50 000
　贷:应收账款——A 企业　　200 000

3."资产减值损失"账户

"资产减值损失"为损益类(费用)科目,科目代码 6701,用来核算企业计提各项资产减值准备所形成的损失,可按资产减值损失的项目进行明细核算。企业确认资产发生减值时,借记本科目;企业已计提了资产减值准备,但相关资产的价值又得以恢复的,应在原已计提的减值准备金额内,按恢复增加的金额贷记本科目;期末,将本科目余额转入"本年利润"科目时,贷(或借)记本科目;期末结转后本科目无余额。

4."坏账准备"账户

"坏账准备"为资产类(备抵)科目,科目代码 1231,用来核算企业应收款项的坏账准备,可按应收款项的类别进行明细核算。资产负债表日(期末),若有应收款项发生减值的,按应减记的金额,贷记本科目。本期应计提的坏账准备大于"坏账准备"账面余额的,应按其差额计提;应计提的坏账准备小于"坏账准备"账面余额的差额做相反的会计分录。对于确实无法收回的应收款项,按管理权限报经批准后作为坏账的,转销应收款项时,应借记本科目。本科目期末贷方余额,反映企业已计提但尚未转销的坏账准备。

【例 5-41】A 企业第一年末应收账款科目余额合计 100 000 元,根据相关规定,A 企业预计应收账款的可变现净值为 80 000 元。

分析:因应收账款的可变现净值低于其原值,表明应收账款发生减值,产生资产减值损失 20 000 万元,企业应计提相应的"坏账准备"("坏账准备"的增加意味着"应收账款"价值的减少)。故 A 企业应编制会计分录如下:

借:资产减值损失——坏账损失　　20 000
　贷:坏账准备　　20 000

【例 5-42】承上例,假设第二年末 A 企业应收账款科目余额合计 90 000 元,根据相关规定,A 企业确认应收账款的可变现净值为 75 000 万元。

分析:应收账款发生累计减值,即累计减值 15 000 元,相应的坏账准备也应累计提取 15 000元。但至上年末止的坏账准备已累计提取 20 000 元,故本年末应注销多提取的 5 000 元,同时转回多计的资产减值损失(20 000－15 000＝5 000 元)。故 A 企业应编制分录如下:

借:坏账准备　　5 000
　贷:资产减值损失——坏账损失　　5 000

5."交易性金融资产"账户

"交易性金融资产"为资产类科目,科目代码 1101,用来核算企业为交易目的所持有的债券投资、股票投资、基金投资等交易性金融资产的公允价值。企业取得交易性金融资产时，按其公允价值借记本科目；出售交易性金融资产时，按账面余额贷记本科目；按其差额，贷记或借记“投资收益”科目。本科目期末借方余额反映企业持有的交易性金融资产的公允价值。

【例 5-43】 A 企业从二级证券市场购入 B 公司发行在外的普通股股票，以获取股票价格差，共支付价款 120 000 元。

分析：企业以存款购入股票，一方面表明银行存款减少，同时持有的可交易性股票资产增加。故 A 企业应编制会计分录如下：

借：交易性金融资产　　120 000

　贷：银行存款　　120 000

6.“投资收益”账户

“投资收益”为损益类科目，科目代码 6111，用来核算企业确认的投资收益或投资损失，可按投资项目进行明细核算。企业在持有交易性金融资产期间取得股利或利息及出售持有的交易性金融资产获得溢价收入时，贷记本科目；若出售交易性金融资产产生折价损失时，则贷记本科目；期末，将本科目余额转入“本年利润”科目时，借记或贷记本科目；结转后本科目无余额。

【例 5-44】 承上例，假设 A 企业持有上述购入的股票一段时间后，将其全部出售，获得价款 210 000 元。

分析：企业出售交易性金融资产，一方面持有的交易性金融资产减少，同时获得的银行存款增加，两者的差额表明企业获得了投资收益，即投资收益增加。故 A 企业应编制会计分录如下：

借：银行存款　　210 000

　贷：交易性金融资产　　120 000

　　　投资收益　　90 000

7.“所得税费用”账户

“所得税费用”为损益类（费用）科目，科目代码 6801，用来核算企业确认的应从当期利润总额中扣除的所得税费用。资产负债表日，企业按照税法规定计算确定当期的应交所得税时，借记本科目；期末，将本科目的余额转入“本年利润”科目时，贷记本科目；结转后本科目应无余额。

【例 5-45】 年末，A 企业计算确定本年应交所得税 30 000 元。

分析：企业计算确定应交所得税，表明企业应交所得税负债增加，同时企业产生的所得税费用也增加。故 A 企业应编制会计分录如下：

借：所得税费用　　30 000

　贷：应交税费——应交所得税　　30 000

待企业以存款实际支付所得税时，应编制会计分录如下：

借：应交税费——应交所得税　　30 000

　贷：银行存款　　30 000

8.“本年利润”账户

“本年利润”为所有者权益类科目，用来核算企业当期实现的净利润（或发生的净亏损）。企业期（月）末结转利润时，应将各损益类科目的金额转入本科目，结平各损益类科目。结转后本科目的贷方余额为当期实现的净利润；借方余额为当期发生的净亏损。年度终了，将“本年利润”科目的贷方余额转入“利润分配”科目时借记本科目；将“本年利润”科目的借方余额转入“利润分配”科目时贷记本科目；结转后本科目应无余额。

【例 5-46】 假设本章第 6、7、9、25、28、29、31、32、33、35、36、39 例的业务为 A 企业当年发生的全部与费用有关的业务，年末，根据这些业务的会计处理结果，结转当年的费用余额。

分析：费用在发生时借入费用类科目的借方，在期末则应全额从贷方转出，计入“本年利润”科目的借方。因此，A 企业年末应编制分录如下：

借：本年利润　　245 000
　贷：财务费用　　22 000
　　主营业务成本　　80 000
　　其他业务成本　　6 000
　　营业税金及附加　　5 000
　　销售费用　　12 000
　　管理费用　　30 000
　　营业外支出　　40 000
　　资产减值损失　　20 000
　　所得税费用　　30 000

【例 5-47】 假设本章第 27、30、34、38 例的业务为 A 企业当年发生的与收入有关的业务，年末，根据这些业务的会计处理结果，结转当年的收入余额。

借：主营业务收入　　100 000
　其他业务收入　　100 000
　营业外收入　　50 000
　投资收益　　80 000
　贷：本年利润　　330 000

根据本章第 46、47 例可知，结转损益科目后，“本年利润”科目有贷方余额(330 000－245 000＝85 000)，表示 A 企业年实现的净利润 85 000 元。

期末，企业应将“本年利润”的余额转入“利润分配——未分配利润”。

借：本年利润　　85 000
　贷：利润分配——未分配利润　　85 000

若企业当年发生亏损，则“本年利润”的余额应在借方，故结转时会计分录如下：

借：利润分配——未分配利润　　85 000
　贷：本年利润　　85 000

9.“利润分配”账户

“利润分配”为所有者权益类科目，科目代码 4104，用来核算企业利润的分配(或亏损的弥补)和历年分配(或弥补)后的余额。本科目应当分为“提取法定盈余公积”、“提取任意盈余公积”、“应付现金股利或利润”、“转作股本的股利”、“盈余公积补亏”和“未分配利润”等进行明细核算。

年度终了，企业应将本年实现的净利润，自“本年利润”科目转入本科目，若是净亏损做相反的会计分录；企业进行利润分配时，按规定提取盈余公积、向股东或投资者分配现金股利或利润等时,应借记本科目;用盈余公积弥补亏损时,则贷记本科目(盈余公积补亏);进行利润分配后,再将"利润分配"科目所属其他明细科目的余额转入本科目的"未分配利润"明细科目。结转后,本科目除"未分配利润"明细科目外,其他明细科目应无余额。若"未分配利润"明细科目余额在贷方表示留待以后年度分配的利润;若在借方,则表示尚未弥补的亏损。

【例 5-48】承例 5-46 和例 5-47,假设企业当年的利润分配方案为:按净利润的 10%提取法定盈余公积金、按净利的 20%提取任意盈余公积金、按当年净利润的 50%向投资者分配,剩余部分留待以后年度分配。

分析:

①当年提取的法定盈余公积=90 000×10%=8 500(元)

②当年提取的任意盈余公积=90 000×20%=17 000(元)

③当年应向投资者分配的利润=85 000×50%=42 500(元)

④留待以后年度分配的利润=85 000-8 500-17 000-42 500=17 000(元)

进行利润分配只是对企业当年可分配利利润用途的一个划分,而不是在发放利润。通过利润分配,企业的盈余公积、应付利润增加,而利润因分配而减少。在企业按利润分配方案进行会计处理时,应编制会计分录如下:

借:利润分配——提取法定盈余公积　　8 500
　　利润分配——提取任意盈余公积　　17 000
　　利润分配——应付现金股利　　42 500
　贷:盈余公积——法定盈余公积　　8 500
　　盈余公积——任意盈余公积　　17 000
　　应付股利　　42 500

10."盈余公积"账户

"盈余公积"为所有者权益类科目,科目代码 4101,用来核算企业从净利润中提取的盈余公积。企业应当分别设置"法定盈余公积"、"任意盈余公积"进行明细核算;外商投资企业还应分别设置"储备基金"、"企业发展基金"进行明细核算;中外合作经营企业在合作期间归还投资者的投资,应在本科目设置"利润归还投资"明细科目进行核算。企业按规定提取盈余公积时,贷记本科目;用盈余公积弥补亏损、转增资本、分配股利或利润、归还投资者投资时,借记本科目;本科目期末贷方余额,反映企业的盈余公积余额。

【例 5-49】企业决定用任意盈余公积弥补当年的亏损 100 000 元。

分析:用盈余公积弥补亏损,则"盈余公积"因使用而减少,"利润分配"因获得弥补而增加。故企业应编制会计分录如下:

借:盈余公积——任意盈余公积　　100 000
　贷:利润分配——盈余公积补亏　　100 000

然后,再将"盈余公积补亏"的余额转入"未分配利润"明细科目:

借:利润分配——盈余公积补亏　　100 000
　贷:利润分配——未分配利润　　100 000

11."应付股利"账户

"应付股利"为负债类科目,科目代码 2232,用来核算企业分配的现金股利或利润,可按投资者进行明细核算。企业根据股东大会或类似机构审议批准的利润分配方案确认应支付现金股利或利润时，贷记本科目；实际支付现金股利或利润时，借记本科目。董事会或类似机构通过的利润分配方案中拟分配的现金股利或利润，不做账务处理，但应在附注中披露。本科目期末贷方余额，反映企业应付未付的现金股利或利润。

【例 5-50】企业发银行存款向投资者发放股利 42 500 元。

借：应付股利　　42 500

　贷：银行存款　　42 500

本章思考题

一、单项选择题

1. 某公司 10 月初账户余额：在产品 4 000 元，产成品 38 000 元。10 月份发生的直接材料、直接人工、制造费用 45 000 元，完工产品 42 000 元，发出产成品 40 000 元，盘盈产成品 2 000 元。10 月末产成品账户余额是(　　)

A. 40 000

B. 42 000

C. 7 000

D. 38 000

2. 某企业本月支付厂部管理人员工资 15 000 元，预支厂部半年(含本月)修理费 1 200 元，支付生产车间本月保险费 3 000 元，该企业本月管理费用发生额为(　　)元。

A. 15 000

B. 16 200

C. 15 200

D. 19 200

3. 下列账户，期末应无余额的是(　　)

A. "生产成本"账户

B. "营业外收入"账户

C. "应付福利费"账户

D. "盈余公积"账户

4. 下列费用中，应计入产品成本的是(　　)

A. 提取的车间管理人员福利费

B. 医务和福利人员工资

C. 劳动保险费

D. 广告费

5. 某企业某车间月初在产品成本为 4 000 元，本月生产产品耗用材料 80 000 元，生产工人工资及福利费 16 000 元，该车间管理人员工资及福利费 8 000 元，车间水电等费用 8 000元，月末在产品生产成本 8 800 元，厂部预付半年报刊费 2 400 元(含本月)。则该车间本月完工产品生产成本总额为(　　)元。

A. 112 400

B. 116 400

C. 107 200

D. 107 600

6. 以下账户，月末可能有余额，也可能无余额，但有余额一定在借方的账户是（　　）

A. 生产成本

B. 应收账款

C. 管理费用

D. 实收资本

7. 企业购置并安装机器一台，共发生下列支出：买价 60 000 元，增值税 10 200 元，运杂费用 5 000 元，安装调试费 4 000 元。应计入固定资产成本的是（　　）

A. 60 000

B. 69 000

C. 702 000

D. 79 200

8. 应付职工薪酬账户，期末（　　）

A. 一定无余额

B. 一定有借方余额

C. 一定有贷方余额

D. 可能有余额，可能无余额，有余额时可能在借方也可能在贷方

9. “应付账款”账户应按（　　）开设明细分类账。

A. 供货单位名称

B. 购货单位名称

C. 商品种类

D. 付款方式

二、多项选择题

1. 以下应计入产品制造成本的支出有（　　）

A. 车间设备折旧费

B. 车间设备修理费

C. 车间电话费

D. 车间办公费

E. 车间保洁员工资

2. 以下应作为成本项目的是（　　）

A. 原材料

B. 折旧费

C. 修理费

D. 工资及福利费

E. 制造费用

3. 以下支出，属于期间费用的是（　　）

A. 制造费用

B. 销售费用
C. 管理费用
D. 财务费用
E. 销售费用

4. 以下收支，直接影响营业利润变动的是(　　)
A. 投资收益
B. 其他业务收入
C. 营业外收入
D. 营业费用
E. 财务费用

5. 下列费用中，应计入期间费用的是(　　)
A. 行政管理部门人员工资
B. 销售产品的运输费
C. 提取车间管理人员的福利费
D. 采购人员的差旅费
E. 短期借款的利息支出

6. 下列项目中，应计入材料采购成本的有(　　)
A. 买价
B. 运输费
C. 采购人员差旅费
D. 装卸费
E. 入库前的整理挑选费

三、会计分录编制题

(一)某企业资料如下：

1. 从银行借入期限三个月的借款 60 000 元，年利率 6%，借款到期还本付息。借入的款项存入银行。

2. 开出转账支票，向甲公司预付货款 50 000 元；同时，收到乙公司预付的购货款 34 812 元，已存入银行。

3. 用银行存款支付租入生产设备租金 12 600 元。

4. 收到甲公司货物结算单，其中材料价款 45 000 元，增值税 7 650 元，代垫运杂费 350 元，材料已验收入库，货款已预付。

5. 向预付款的乙公司销售 A 产品 400 件，单位售价 38 元；B 产品 300 件，单位售价 48 元，增值税率 17%。为对方代垫运杂费 180 元，以银行存款支付。

6. 25日接到银行通知，本月存款利息收入 560 元，已划入企业账户。

7. 结转本月销售 A、B 产品生产成本，其中 A 产品单位成本 32 元，B 产品单位成本 40 元。

8. 无法收回的宏达公司账款 36 500 元，予以转销。

9. 以银行存款交纳产品销售税金 4 000 元，所得税 1 500 元。

10. 月末，结转主营业务收入 377 000 元，营业外收入 10 000 元。

11. 结转主营业务成本 280 000 元，营业费用 1 500 元，主营业务税金及附加 6 000 元，管理费用 14 000 元，财务费用 800 元，营业外支出 1 200 元。

12. 企业 1—11 月累计实现利润 4 500 000 元，累计已交纳所得税 1 485 000 元，按 33%的税率计算本月应交所得税。

13. 按全年实现净利润 3 070 945 元的 10%提取盈余公积。

14. 按全年净利润 3 070 945 元的 20%向投资者分配利润。

15. 结转全年净利润。

16. 本月购买材料支付增值税进项税额 8 260 元，销售商品收取增值税销项税额 11 360 元。以银行存款支付本月应交增值税。

17. 根据规定计算应交城建税 4 870 元。

18. 根据利润总额 25 200 元和 33%的所得税率计算应交所得税。

要求：根据上述业务编制会计分录。

（二）某企业 2014 年 8 月初末完工在产品成本 8 760 元。8 月份发生下列业务：

(1) 领用材料 16 800 元，其中用于产品生产 16 080 元，车间一般耗用 720 元。

(2) 用现金支付车间购买办公用品费用 280 元。

(3) 结算车间本月应付职工工资 9 250 元，其中生产工人工资 7 040 元，车间管理人员工资 2 210 元。

(4) 用银行存款发放工资 9 250 元。

(5) 计提车间固定资产折旧费 2 400 元。

(6) 月末，结转制造费用。

(7) 月末，未完工在产品成本 6 700 元，计算并结转本月完工入库产品的生产成本。

要求：

(1) 开设“生产成本”和“制造费用”总账（丁字账），并登记期初余额。

(2) 根据上述经济业务编制会计分录，登“生产成本”和“制造费用”总账并结转。

（三）某企业 2014 年 12 月份发生的部分经济业务如下：

(1) 本月制造费用总额 50 400 元，其中甲产品生产工时 4 000 小时，乙产品生产工时 2 300 小时，按生产工时比例分配制造费用。

(2) 本月甲、乙两种产品耗用的材料及人工费如下：

成本项目	甲产品（6 000 件）	乙产品（4 000 件）
直接材料	84 000 元	26 000 元
直接人工	28 000 元	9 000 元

甲、乙两种产品全部完工入库。（假设甲、乙两种产品期初、期末均无在产品）

(3) 本月向外销售甲产品 2 000 件，每件售价 40 元；乙产品 1 500 件，每件售价 35 元，货款总计 132 500 元，应收销项增值税计 22 525 元，款项已全部收到并存入银行。

(4)结转本月已销产品的生产成本(按本月单位生产成本计算)。

要求:

(1)计算甲、乙两种产品的总成本及单位成本。

(2)根据上述经济业务编制会计分录。

(四)某企业为增值税一般纳税企业,2014 年 7 月份发生如下经济业务:

(1)购入甲材料一批,价款 80 000 元,增值税 13 600 元,取得增值税专用发票,款项已于上月支付。

(2)用银行存款支付购入甲材料的运杂费 2 500 元。

(3)甲材料验收入库,结转其采购成本。

(4)车间采购员张某出差,预借差旅费 14 000 元,以现金支票支付。

(5)销售一批产品,不含增值税的售价为 300 000 元,增值税率 17%,款项已于上月收取。

(6)从银行提取现金 500 000 元,发放职工工资(假设实发工资数额等于应发工资数额),并将工资总额计入成本费用,其中生产工人工资 350 000 元,车间管理人员工资 95 000 元,厂部管理人员工资 55 000 元,工资已经实际发放完毕。

(7)现金支付办公用品费用 500 元。

(8)外单位投资 150 000 元。其中现款(以支票方式)60 000 元,一项专利权作价 90 000 元。

(9)用银行存款支付生产车间设备修理费用 24 000 元。

(10)销售产品一批,不含增值税的售价为 400 000 元,增值税率 17%,收到货款 200 000 元,其余款项尚未收到。

(11)仓库报来发料汇总表,其中生产产品领用 260 000 元,车间维修领用 26 000 元,厂部领用 14 000 元,共计 300 000 元。

(12)以支票支付产品广告费 20 000 元。

(13)支付本月短期借款利息 3 000 元。

(14)根据期初固定资产账面价值计提折旧 10 000 元,其中生产部门 8 000 元,厂部行政部门 2 000 元。

(15)采购员出差回来,报销差旅费 13 750 元,余额交回财务科现金。

要求:根据上述经济业务编制相关会计分录。

第六章　会计凭证

学习目标

1. 了解会计凭证的基本内容、作用及其分类
2. 掌握填制和审核会计凭证的方法
3. 了解会计凭证的传递和保管程序

第一节　会计凭证概述

一、会计凭证的概念

会计凭证是记录经济业务、明确经济责任的书面证明，也是登记账簿的依据。

会计管理工作要求会计核算提供真实的会计资料，强调记录的经济业务必须有根有据。因此，任何企业、事业和行政单位，每发生一笔经济业务，都必须由执行或完成该项经济业务的有关人员取得或填制会计凭证，并在凭证上签名或盖章，以对凭证上所记载的内容负责。例如，购买商品、材料由供货方开出发票；支出款项由收款方开出收据；接收商品、材料入库要有收货单；发出商品要有发货单；发出材料要有领料单等。这些发票、收据、收据单、发货单、领料单都是会计凭证。

所有会计凭证都必须认真填制，同时还要经过财会部门严格审核，只有审核无误的会计凭证才能作为经济业务发生或完成的证明，才能作为登记账簿的依据。

二、会计凭证的作用

填制和审核会计凭证是会计核算方法之一，也是会计核算工作的基础。填制和审核会计凭证在经济管理中具有重要作用。

1.为会计核算提供原始依据

任何经济业务发生都必须取得或填制会计凭证，如实地反映经济业务发生或完成情况。会计凭证上记载了经济业务发生的时间和内容，从而为会计核算提供了原始凭据，保证了会计核算的客观性与真实性，克服了主观随意性，使会计信息的质量得到了可靠保障。

2.发挥会计监督作用

经济业务是否合法合理，是否客观真实，在记账前都必须经过财会部门审核。通过审核会计凭证，可以充分发挥会计监督作用。通过检查每笔经济业务是否符合有关政策、法令、制度、计划和预算的规定，有无铺张浪费和违纪行为，从而促进各单位和经办人树立遵纪守法的观念，促使各单位建立健全各项规章制度，确保财产安全完整。

3. 加强岗位责任制

每一笔经济业务发生或完成都要填制和取得会计凭证，并由相关单位和人员在凭证上签名盖章，这样能促使经办人员严格按照规章制度办事。一旦出现问题，便于分清责任，及时采取措施，有利于岗位责任制的落实。

三、会计凭证的种类

经济业务的纷繁复杂决定了会计凭证是多种多样的。为了正确地使用和填制会计凭证，必须对会计凭证进行分类。会计凭证按照编制的程序和用途不同，分为原始凭证和记账凭证。

第二节 原始凭证

一、原始凭证的基本内容

原始凭证是在经济业务发生或完成时由相关人员取得或填制的，用以记录或证明经济业务发生或完成情况并明确有关经济责任的一种原始凭据。原始凭证是证明经济业务发生的原始依据，具有较强的法律效力，是一种很重要的会计凭证。

企业发生的经济业务纷繁复杂，反映其具体内容的原始凭证也品种繁多。虽然原始凭证反映经济业务的内容不同，但无论哪一种原始凭证，都应该说明有关经济业务的执行和完成情况，都应该明确有关经办人员和经办单位的经济责任。因此，各种原始凭证，尽管名称和格式不同，但都应该具备一些共同的基本内容。这些基本内容就是每一张原始凭证所应该具备的要素。原始凭证必须具备以下基本内容：

(1)原始凭证的名称。

(2)填制原始凭证的日期和凭证编号。

(3)接受凭证的单位名称。

(4)经济业务内容，如品名、数量、单价、金额大小写。

(5)填制原始凭证的单位名称和填制人姓名。

(6)经办人员的签名或盖章。

有些原始凭证，不仅要满足会计工作的需要，还应满足其他管理工作的需要。因此，在有些凭证上，除具备上述内容外，还应具备其他一些项目，如与业务有关的经济合同、结算方式、费用预算等，以更加完整、清晰地反映经济业务。

在实际工作中，各单位根据会计核算和管理的需要，可自行设计印制适合本单位需要的各种原始凭证。但是对于在一个地区范围内经常发生大量同类经济业务，应由各主管部门统一设计印制原始凭证。如由银行统一印制的银行汇票、转账支票和现金支票等，由铁路部门统一印制的火车票，由税务部门统一印制的有税务登记的发票，由财政部门统一印制的收款收据等。这样，不但可以使原始凭证的内容格式统一，而且便于加强监督管理。

二、原始凭证的种类

纷繁复杂的经济业务导致原始凭证的品种繁多，为了更好地认识和利用原始凭证，必须按照一定标准对原始凭证进行分类。原始凭证按照不同的分类标准，可以属于不同的种类。

1. 原始凭证按其来源不同分类

原始凭证按其来源不同分类,可以分为外来原始凭证和自制原始凭证两种。

外来原始凭证是指在经济业务活动发生或完成时,从其他单位或个人直接取得的原始凭证。如增值税专用发票、非增值税及小规模纳税人的发票、铁路运输部门的火车票、由银行转来的结算凭证和对外支付款项时取得的收据等都是外来原始凭证。其格式如图 6-1 所示。

××××专用发票　　　　票联　(2002)

付款单位:　　　　　　　　　　　　　　　　　　　　支票号:

编号	商品名称	规格	单位	数量	单价	金额							
						佰	拾	万	仟	佰	元	角	分
小写金额合计													
大写金额合计													

收款单位(盖章):　　　　　开票人:　　　　　　年　月　日

图 6-1　外来原始凭证

自制原始凭证是指本单位内部具体经办业务的部门和人员,在执行或完成项经济业务时所填制的原始凭证。如"收料单"、"领料单"、"销货发票"、"产品入库单"、"工资结算表"等。其格式分别如图 6-2 和图 6-3 所示。

领料部门:　　　　　　　　　　　　　　　　　　凭证编号:

用　　途:　　　　　　　年　　月　　日　　　　收料仓库:

材料编号	材料规格及名称	计量单位	数量		价格	
			请领	实领	单价	金额(元)
备注					合计	

记账:　　　　　发料:　　　　　审批:　　　　　领料:

图 6-2　领料单

凭证编号:

交库单位:　　　　　　年　　　月　　　日　　　　收料仓库:

产品编号	产品名称	规格	计量单位	交付数量	检验结果		实收数量	单价	金额
					合格	不合格			
备注							合计		

图 6-3　产品入库单

2.原始凭证按其填制方法不同分类

原始凭证按其填制方法不同分类，可以分为一次凭证、累计凭证和汇总凭证三种。

一次凭证是指一次填制完成的原始凭证。它反映一笔经济业务或同时反映若干同类经济业务的内容。外来原始凭证一般均属一次凭证，自制原始凭证中大多数也属一次凭证。日常的原始凭证多属此类，如“现金收据”、“发货票”、“收料单”等。一次凭证能够清晰地反映经济业务活动情况，使用方便灵活，但数量较多。

累计凭证是指在一张凭证上连续登记一定时期内不断重复发生的若干同类经济业务，直到期末才能填制完毕的原始凭证。累计凭证可以连续登记相同性质的经济业务，随时计算出累计数及结余数，期末按实际发生额记账。如“费用限额卡”、“限额领料单”等。“限额领料单”的格式如图 6－4 所示。

领料部门：________ 凭证编号：________

产品名称、号码：________ 年 月 日

计划产量 ：________ 单位消耗定额：________ 编号：________

材料编号	材料名称	规格	计量单位	计划单位	领料限额	全月实用	
						数量	金额
领料日期	请领数量	实发数量	领料人签章	发料人签章		限额结余	
合计							

采购部门负责人： 生产部门负责人： 仓库管理员：

图 6－4 限额领料单

汇总凭证也称原始凭证汇总表，是指根据许多同类经济业务的原始凭证或会计核算资料定期加以汇总而重新编制的原始凭证。如“发出材料汇总表”、“差旅费报销单”等。汇总凭证既可以提供经营管理所需要的总量指标，又可以大大简化核算手续。“发出材料汇总表”的格式如图 6－5 所示。

年 月 日

会计科目		领料部门	原材料	燃料	合计
生产成本	基本生产车间	一车间			
		二车间			
		小计			
	辅助生产车间	供电车间			
		供气车间			
		小计			

会计科目	领料部门	原材料	燃料	合计
制造费用	一车间			
	二车间			
	小计			
管理费用	行政部门			
合计				

财会负责人：　　　　　　复核：　　　　　　制表：

图 6-5　发出材料汇总表

3.原始凭证按其用途不同分类

原始凭证按其用途不同分类，可以分为通知凭证、执行凭证和计算凭证三种。

通知凭证是指要求、指示或命令企业进行某项经济业务的原始凭证。如“罚款通知书”、“付款通知单”等。

执行凭证是指用来证明某项经济业务发生或已经完成的原始凭证。如“销货发票”、“材料验收单”、“领料单”等。

计算凭证是指根据原始凭证和有关会计核算资料而编制的原始凭证。计算凭证一般是为了便于以后记账和了解各项数据来源和产生的情况而编制的。如“制造费用分配表”、“产品成本计算单”、“工资结算表”等。

4.原始凭证按其格式不同分类

原始凭证按其格式不同分类，可以分为通用凭证和专用凭证两种。

通用凭证是指全国或某一地区、某一部门统一格式的原始凭证。如由银行统一印制的结算凭证、税务部门统一印制的发票等。

专用凭证是指一些单位具有特定内容、格式和专门用途的原始凭证。如高速公路通过费收据、养路费缴款单等。

以上是按不同的标志对原始凭证进行的分类。它们之间是相互依存密切联系的，有些原始凭证按照不同的分类标准分别属于不同的种类。如现金收据对出具收据的单位来说是自制原始凭证，面对接收收据的单位来说则是外来原始凭证；同时，它既是一次凭证，又是执行凭证，也是专用凭证。外来凭证大多为一次凭证，计算凭证、累计凭证大多为自制原始凭证。

根据上述原始凭证的分类，归纳如图 6-6 所示。

- 原始凭证
  - 按来源划分
    - 外来原始凭证
    - 自制原始凭证
  - 按填制方法划分
    - 一次凭证
    - 累计凭证
    - 汇总凭证
  - 按用途划分
    - 通知凭证
    - 执行凭证
    - 计算凭证
  - 按格式划分
    - 通用凭证
    - 专用凭证

图 6-6　原始凭证的分类

三、原始凭证的填制

填制原始凭证，要由填制人员将各项原始凭证要素按规定方法填写齐全，办妥签章手续，明确经济责任。

由于各种凭证的内容和格式千差万别，因此，原始凭证的具体填制方法也不同。一般来说，自制原始凭证通常有三种形式：一是根据经济业务的执行和完成的实际情况直接填列，如根据实际领用的材料品名和数量填制领料单等；二是根据账簿记录对某项经济业务进行加工整理填列，如月末计算产品成本时，先要根据“制造费用”账户本月借方发生额填制“制造费用分配表”，将本月发生的制造费用按照一定的分配标准分配到有关产品成本中去，然后再计算出某种产品的生产成本；三是根据若干张反映同类业务的原始凭证定期汇总填列，如发出材料汇总表。外来原始凭证是由其他单位或个人填制的。它同自制原始凭证一样，也要具备能证明经济业务完成情况和明确经济责任所必需的内容。

原始凭证是具有法律效力的证明文件，是进行会计核算的依据，必须认真填制。为了保证原始凭证能清晰地反映各项经济业务的真实情况，原始凭证的填制必须符合以下要求：

(1)记录要真实。原始凭证上填制的日期、经济业务内容和数字必须是经济业务发生或完成的实际情况，不得弄虚作假，不得以匡算数或估计数填入，不得涂改、挖补。

(2)内容要完整。原始凭证中应该填写的项目要逐项填写，不可缺漏；名称要写全，不可简化；品名和用途要填写明确，不能含糊不清；有关部门和人员的签名和盖章必须齐全。

(3)手续要完备。单位自制的原始凭证必须有经办业务的部门和人员签名盖章；对外开出的凭证必须加盖本单位的公章或财务专用章；从外部取得的原始凭证必须有填制单位公章或财务专用章。总之，取得的原始凭证必须符合手续完备的要求，以明确经济责任，确保凭证的合法性、真实性。

(4)填制要及时。所有业务的有关部门和人员，在经济业务实际发生或完成时，必须及时填写原始凭证，做到不拖延、不积压、不事后补填，并按规定的程序审核。

(5)编号要连续。原始凭证要顺序连续或分类编号，在填制时要按照编号的顺序使用，跳号的凭证要加盖“作废”戳记，连同存根一起保管，不得撕毁。

(6)书写要规范。原始凭证中的文字、数字的书写都要清晰、工整、规范，做到字迹端正、易于辨认，不草、不乱、不造字。大小写金额要一致。复写的凭证不串行、不串格、不模糊，一式几联的原始凭证，应当注明各联的用途。数字和货币符号的书写要符合下列要求：

①数字要一个一个地写，不得连笔写。特别是在要连写几个“0”时，不能将几个“0”连在一起一笔写完。数字排列要整齐，数字之间的空隔要均匀，不宜过大。此外阿拉伯数字的书写还应有高度的标准，一般要求数字的高度占凭证横格的 1/2 为宜。书写时还要注意紧靠横格底线，使上方能有一定的空位，以便需要进行更正时可以再次书写。

②阿拉伯数字前面应该书写货币币种或者货币名称简写和币种符号。币种符号与阿拉伯数字之间不得留有空白。凡阿拉伯金额数字前写有货币币种符号的，数字后面不再写货币单位。所有以元为单位(其他货币种类为货币基本单位，下同)的阿拉伯数字，除表示单价等情况外，一律填写到角分；无角分的，角位和分位写“00”或者符号“——”；有角无分的，分位应当写“0”，不得用符号“——”代替。在发货票等须填写大写金额数字的原始凭证上，如果大写金额数字前未印有货币名称，应当加填货币名称，然后在其后紧接着填写大写金额数字，货币名称

和金额数字之间不得留有空白。

③汉字填写金额如零、壹、贰、叁、肆、伍、陆、柒、玖、拾、佰、仟、万、亿等，应一律用正楷或行书体填写，不得用〇、一、二、三、四、五、六、七、八、九、十等简化字代替。不得任意自造简化字。大写金额数字到元或角为止的，在“元”或“角”之后应当写“整”或“正”字。阿拉伯金额数字之间有“0”时，汉字大写金额应写“零”字；阿拉伯金额数字中间连续有几个“0”时，大写金额中可以只有一个“零”；阿拉伯金额数字元位为“0”或者数字中间连续有几个“0”，元位也是“0”，但角位不是“0”时，汉字大写金额可以只写一个“零”字，也可以不写“零”字。

四、原始凭证的审核

为了正确反映和监督各项经济业务，财务部门对取得的原始凭证，必须进行严格审核和核对，保证核算资料的真实、合法、完整。只有经过审查无误的凭证，方可作为编制记账凭证和登记账簿的依据。原始凭证的审核是会计监督工作的一个重要环节，一般应从以下两方面进行：

(1)审查原始凭证所反映经济业务的合理性、合法性和真实性。这种审查是以有关政策、法规、制度和计划合同等为依据，审查凭证所记录的经济业务是否符合有关规定，有无贪污盗窃、虚报冒领、伪造凭证等违法乱纪现象，有无不讲经济效益、违反计划和标准的要求等。对于不合理、不合法及不真实的原始凭证，财会人员应拒绝受理。如发现伪造或涂改凭证弄虚作假、虚报冒领等不法行为，除拒绝办理外，还应立即报告有关部门，提请严肃处理。

(2)审核原始凭证的填制是否符合规定的要求。首先，审查所用的凭证格式是否符合规定，凭证的要素是否齐全，是否有经办单位和经办人员签章；其次，审查凭证上的数字是否完整，大、小写是否一致；最后，审查凭证上数字和文字是否有涂改、污损等不符合规定之处。如果通过审查发现凭证不符合上述要求，那么凭证本身就失去作为记账依据的资格，会计部门应把那些不符合规定的凭证退还给原编制凭证的单位或个人，要求重新补办手续。

原始凭证的审核是一项很细致而且十分严肃的工作。要做好原始凭证的审核，充分发挥会计监督的作用，会计人员应该做到精通会计业务，熟悉有关的政策、法令和各项财务规章制度，对本单位的生产经营活动有深入的了解；同时还要求会计人员具有维护国家法令、制度和本单位财务管理的高度责任感，敢于坚持原则，才能在审核原始凭证时正确掌握标准，及时发现问题。

原始凭证经过审核后，对于符合要求的原始凭证，及时编制记账凭证并登记账簿；并对于手续不完备、内容记载不全或数字计算不正确的原始凭证，应退回有关经办部门或人员补办手续或更正；对于伪造、涂改或经济业务不合法的凭证，应拒绝受理，并向本单位领导汇报，提出拒绝执行的意见；对于弄虚作假、营私舞弊、伪造涂改凭证等违法乱纪行为，必须及时揭露并严肃处理。

第三节　记账凭证

一、记账凭证的基本内容

记账凭证是会计人员根据审核后的原始凭证进行归类、整理，并确定会计分录而编制的会计凭证，是登记账簿的依据。由于原始凭证只表明经济业务的内容，而且种类繁多、数量庞大、格式不一，因而不能直接记账。为了做到分类反映经济业务的内容，必须按会计核算方法的要求，将其归类、整理，编制记账凭证，标明经济业务应记入的账户名称及应借应贷的金额，作为记账的直接依据。所以，记账凭证必须具备以下内容：

(1)记账凭证的名称。

(2)填制凭证的日期、凭证编号。

(3)经济业务的内容摘要。

(4)经济业务应记入账户的名称、记账方向和金额。

(5)所附原始凭证的张数和其他附件资料。

(6)会计主管、记账、复核、出纳、制单等有关人员签名或盖章。

记账凭证和原始凭证同属于会计凭证，但二者存在以下不同：原始凭证是由经办人员填制，记账凭证一律由会计人员填制；原始凭证根据发生或完成的经济业务填制，记账凭证根据审核后的原始凭证填制；原始凭证仅用以记录、证明经济业务已经发生或完成，记账凭证要依据会计科目对已经发生或完成的经济业务进行归类、整理；原始凭证是填制记账凭证的依据，记账凭证是登记账簿的依据。

二、记账凭证的种类

由于会计凭证记录和反映的经济业务多种多样，因此，记账凭证也是多种多样的。记账凭证按不同的标志，可以分为不同的种类。

1.记账凭证按其反映的经济内容不同分类

记账凭证按其反映的经济内容不同分类，可分为收款凭证、付款凭证、转账凭证三种。

(1)收款凭证是指专门用于记录现金和银行存款收款业务的会计凭证。收款凭证是出纳人员收讫款项的依据，也是登记总账、现金日记账和银行存款日记账，以及有关明细账的依据，一般按现金和银行存款分别编制。收款凭证格式如图 6-7 所示。

收 款 凭 证

借方科目：　　　　　　年　月　日　　　　　　字第　　号

摘要	贷方科目		金额											记账✓
	总账科目	明细科目	亿	千	百	十	万	千	百	十	元	角	分	
附件　张	合　计													

会计主管　　　记账　　　出纳　　　审核　　　制证

图 6-7 收款凭证

(2)付款凭证是指专门用于记录现金和银行存款付款业务的会计凭证。付款凭证是出纳人员支付款项的依据，也是登记总账、现金日记账和银行存款日记账，以及有关明细账的依据，一般按现金和银行存款分别编制。付款凭证格式如图 6-8 所示。

付 款 凭 证

贷方
科目 银行存款　　　　年　月　日　　　　银付字第 1 号

摘　要	借方总账科目	明细科目	记账符号	金额									
				千	百	十	万	千	百	十	元	角	分
支付购买A材料贷款	材料采购	A材料					2	6	2	7	9	0	0
	应交税费	应交增值税（进）						4	4	4	1	0	0
合　计						¥	3	0	7	2	0	0	0

附单据 2 张

财务主管　　　记账　　　出纳　　　审核　　　制单

图 6-8　付款凭证

(3)转账凭证是指专门用于记录不涉及现金和银行存款收付款业务的会计凭证。它是登记总账和有关明细账的依据。转账凭证格式如图 6-9 所示。

转 账 凭 证

年　月　日　　　转字＿＿＿号

摘　要	会计科目	明细科目	借方金额								贷方金额								记账
			百	十	万	千	百	十	元	角	百	十	万	千	百	十	元	分	
合计:	（附件	张）																	

会计主管　　　审核　　　制证　　　记账

图 6-9　转账凭证

收款凭证、付款凭证和转账凭证分别用以记录现金、银行存款收款业务、付款业务和转账业务(与现金、银行存款收支无关的业务),为了便于识别,各种凭证印制成不同的颜色。在会计实务中,对于现金和银行存款之间的收付款业务,为了避免记账重复,一般只编制付款凭证,不编制收款凭证。

2. 记账凭证按其填制方式不同分类

记账凭证按其填制方式不同分类,可分为单式记账凭证和复式记账凭证两种。

(1)单式记账凭证是指在每张凭证上只填列经济业务事项所涉及的一个会计科目及其金额的记账凭证。填列借方科目的称为借项记账凭证,填列贷方科目的称为贷项记账凭证。一项经济业务涉及到几个科目,就分别填制几张凭证,并采用一定的编号方法将它们联系起来。单式凭证的优点是内容单一,便于记账工作的分工,也便于按科目汇总,并可加速凭证的传递。其缺点是凭证张数多,内容分散,在一张凭证上不能完整地反映一笔经济业务的全貌,不便于检验会计分录的正确性,故需加强凭证的复核、装订和保管工作。单式记账凭证的一般格式如图 6-10 和图 6-11 所示。

对应科目　　　　　　　　　　年　月　日　　　　　　　　　　记字第　　号

摘要	总账科目	明细科目	金额	账页
合计				

会计主管　　　　记账　　　　出纳　　　　审核　　　　制单

图 6-10　借项记账凭证

对应科目　　　　　　　　　　年　月　日　　　　　　　　　　记字第　　号

摘要	总账科目	明细科目	金额	账页
合计				

会计主管　　　　记账　　　　出纳　　　　审核　　　　制单

图 6-11　贷项记账凭证

(2)复式记账凭证是指将每一笔经济业务事项所涉及的全部会计科目及其发生额均在同一张凭证中反映的一种记账凭证,即一张记账凭证上登记一项经济业务涉及两个或者两个以上的会计科目,既有"借方",又有"贷方"。复式记账凭证优点是可以集中反映账户的对应关系,有利于了解经济业务的全貌;同时还可以减少凭证的数量,减轻编制记账凭证的工作量,便于检验会计分录的正确性。其缺点是不便于汇总计算每一会计科目的发生额和进行分工记账。在实际工作中,普遍使用的是复式记账凭证。上述介绍的收款凭证、付款凭证、转账凭证都属于复式记账凭证。

3. 记账凭证按其汇总方法不同分类

记账凭证按其汇总方法不同分类,可分为分类汇总凭证和全部汇总凭证两种。

(1)分类汇总凭证是指定期按现金、银行存款及转账业务进行分类汇总,也可以按科目进行汇总。如可以将一定时期的收款凭证、付款凭证、转账凭证分别汇总，编制汇总收款凭证、汇总付款凭证、汇总转账凭证。

(2)全部汇总凭证是指将单位一定时期内编制的会计分录，全部汇总在一张记账凭证上。将一定时期的所有记账凭证按相同会计科目的借方和贷方分别汇总，编制记账凭证汇总表(或称科目汇总表)。

汇总凭证是将许多同类记账凭证逐日或定期(3天、5天、10天等)加以汇总后编制的记账凭证，有利于简化总分类账的登记工作。

收款凭证、付款凭证和转账凭证，称为专用记账凭证。实际工作中，货币资金的管理是财会人员的一项重要工作。为了单独反映货币资金收付情况，在货币资金收付业务量较多的单位，往往对货币资金的收付业务编制专用的收、付款凭证。有些经济业务简单或收、付款业务不多的单位，可以使用一种通用格式的记账凭证。这种通用记账凭证既可用于收、付款业务，又可用于转账业务，所以称为通用记账凭证。通用记账凭证的格式如图6-12所示。

年　月　日　　　　　　　　转字第　号

摘要	总账科目	明细科目	记账√	借方金额							记账√	贷方金额						
				万	千	百	十	元	角	分		万	千	百	十	元	角	分
																		0
合计																		

财务主管　　记账　　出纳　　审核　　制单

图6-12　通用记账凭证

综上所述，记账凭证的分类，如图6-13所示。

- 记账凭证
  - 按经济内容不同划分
    - 收款凭证
    - 付款凭证
    - 转账凭证
  - 按填制方式不同划分
    - 单式记账凭证
    - 复式记账凭证
  - 按汇总方法不同划分
    - 分类汇总凭证
    - 全部汇总凭证

图6-13　记账凭证的分类

三、记账凭证的填制

1.记账凭证的填制要求

填制记账凭证是一项重要的会计工作，为了便于登记账簿，保证账簿记录的正确性，填制记账凭证应符合以下要求：

(1)依据真实。除结账和更正错误外，记账凭证应根据审核无误的原始凭证及有关资料填制。记账凭证必须附有原始凭证并如实填写所附原始凭证的张数。记账凭证所附原始凭证张数的计算一般应以原始凭证的自然张数为准。如果记账凭证中附有原始凭证汇总表,则应该把所附的原始凭证和原始凭证汇总表的张数一起记入附件的张数之内。但报销差旅费等零散票券,可以粘贴在一张纸上,作为一张原始凭证。一张原始凭证如果涉及到几张记账凭证的,可以将原始凭证附在一张主要的记账凭证后面,在该主要记账凭证摘要栏注明"本凭证附件包括××号记账凭证业务"字样,并在其他记账凭证上注明该主要记账凭证的编号或者附上该原始凭证的复印件,以便复核查阅。如果一张原始凭证所列的支出需要由两个以上的单位共同负担时,应当由保存该原始凭证的单位开给其他应负担单位原始凭证分割单,原始凭证分割必须具备原始凭证的基本内容,并可作为填制记账凭证的依据,计算在所附原始凭证张数之内。

(2)内容完整。记账凭证应具备必要的内容,要按照记账凭证上所列项目逐一填写清楚,有关人员的签名或者盖章要齐全不可缺漏。如有以自制的原始凭证或者原始凭证汇总表代替记账凭证使用的,也必须具备记账凭证应有的内容。"金额"栏数字的填写必须规范、准确,与所附原始凭证的金额相符。金额登记方向、数字必须正确,角、分位不留空格。

(3)分类正确。填制记账凭证,要根据经济业务的内容,区别不同类型的原始凭证,正确应用会计科目和记账凭证。记账凭证可以根据每一张原始凭证填制,或者根据若干张同类原始凭证汇总填制,也可以根据原始凭证汇总表填制,但不得将不同内容或类别的原始凭证汇总填制在一张记账凭证上,会计科目要保持正确的对应关系。一般情况下,现金或银行存款的收、付款业务,应使用收款凭证或付款凭证;不涉及现金和银行存款收付的业务,如将现金送存银行,或者从银行提取现金,应以付款业务为主,只填制付款凭证,不填制收款凭证,以避免重复记账。在一笔经济业务中,如果既涉及到现金或银行存款收、付,又涉及到转账业务,则应分别填制收款或付款凭证和转账凭证。例如,单位职工出差归来报销差旅费并交回剩余现金时,就应根据有关原始凭证按实际报销的金额填制一张转账凭证,同时按收回的现金数额填制一张收款凭证。各种记账凭证的使用格式应相对稳定,特别是在同一会计年度内,不宜随意更换,以免引起编号、装订、保管方面的不便与混乱。

(4)日期正确。记账凭证的填制日期一般应填制记账凭证当天的日期,不能提前或拖后;按权责发生制原则计算收益、分配费用、结转成本利润等调整分录和结账分录的记账凭证,虽然需要到下月才能填制,但为了便于在当月的账内进行登记,仍应填写当月月末的日期。

(5)连续编号。为了分清会计事项处理的先后顺序,以便记账凭证与会计账簿之间的核对,确保记账凭证完整无缺,填制记账凭证时,应当对记账凭证连续编号。记账凭证编号的方法有多种:一种是将全部记账凭证作为一类统一编号;另一种是分别按现金和银行存款收入业务、现金和银行付出业务、转账业务三类进行编号,这样记账凭证的编号应分为收字第×号、付字第×号、转字第×号;还有一种是分别按现金收入、现金支出、银行存款收入、银行存款支出和转账业务五类进行编号,这种情况下,记账凭证的编号应分为现收字第×号、现付字第×号、银收字第×号、银付字第×号和转字第×号,或者将转账业务按照具体内容再分成几类编号。各单位应当根据本单位业务繁简程度、会计人员多寡和分工情况来选择便于记账、查账、内部稽核、简单严密的编号方法。无论采用哪一种编号方法,都应该按月顺序编号,即每月都从一号编起,按自然数1、2、3、4、5……顺序编至月末,不得跳号、重号。一笔经济业务需要填制两张或两张以上记账凭证的,可以采用分数编号法进行编号,例如,有一笔经济业务需要填制三张记账凭证,凭证顺序号为6,就可以编成6 1/3、6 2/3 、6 3/3,前面的数表示凭证顺序,后面分数的分母表示该号凭证共有三张，分子表示三张凭证中的第一张、第二张、第三张。

(6)简明扼要。记账凭证的摘要栏用以填写经济业务简要说明，摘要应与原始凭证内容一致，能正确反映经济业务的主要内容，既要防止简而不明，又要防止过于繁琐。应能使阅读者通过摘要就能了解该项经济业务的性质、特征，判断出会计分录的正确与否，一般不需要再去翻阅原始凭证或询问有关人员。

(7)分录正确。会计分录是记账凭证中重要的组成部分，在记账凭证中，要正确编制会计分录并保持借贷平衡，就必须根据国家统一会计制度的规定和经济业务的内容，正确使用会计科目，不得任意简化或改动。应填写会计科目的名称，或者同时填写会计科目的名称和会计科目编号，不应只填编号，不填会计名称。应填明总账科目和明细科目，以便于登记总账和明细分类账。会计科目的对应关系要填写清楚，应先借后贷，一般填制一借一贷、一借多贷或者多借一贷的会计分录。但如果某项经济业务本身就需要编制一个多借多贷的会计分录时，也可以填制多借多贷的会计分录，以集中反映该项经济业务的全过程。填入金额数字后，要在记账凭证的合计行计算填写合计金额。记账凭证中借、贷方的金额必须相等，合计数必须计算正确。

(8)空行注销。填制记账凭证时，应按行次逐行填写，不得跳行或留有空行。记账凭证填完经济业务后，如有空行，应当在金额栏自最后一笔金额数字下的空行至合计数上的空行处划斜线或"～"行线注销。

(9)填错更改。填制记账凭证时如果发生错误，应当重新填制。已经登记入账的记账凭证在当年内发生错误的，如果是使用的会计科目或记账凭证方向有错误，可以用红字金额填制一张与原始凭证内容相同的记账凭证，在摘要栏注明"注销某月某日某号凭证"字样，同时再用蓝字重新填制一张正确的记账凭证，在摘要栏注明"更正某月某日某号凭证"字样；如果会计科目和记账方向都没有错误，只是金额错误，可以按正确数字和错误数字之间的差额，另编一张调整的记账凭证，调增金额用蓝数字，调减金额用红数字。发现以前年度的金额有错误时，应当用蓝字填制一张更正的记账凭证。

记账凭证中，文字、数字和货币符号的书写要求，与原始凭证相同。实行会计电算化的单位，其机制记账凭证应当符合对记账凭证的基本要求，打印出来的机制凭证上，要加盖制单人员、审核人员、记账人员和会计主管人员印章或者签字，以明确责任。

2.记账凭证的填制方法

(1)单式记账凭证的填制。单式记账凭证，就是在一张凭证上只填列一个会计科目。一项经济业务的会计分录涉及几个会计科目，就填几张记账凭证。为了保持会计科目间的对应关系，便于核对，在填制一个会计分录时编一个总号，再按凭证张数编几个分号，如第 4 笔经济业务涉及三个会计科目，编号则为 4 1/3、4 2/3、4 3/3。

单式记账凭证中，填列借方账户名称的称为借项记账凭证，填列贷方账户名称的称为贷项记账凭证。为了便于区别，两者常用不同的颜色印制。

(2)复式记账凭证的填制。复式记账凭证就是在一张记账凭证上记载一笔完整的经济业务所涉及的全部会计科目。为了清晰地反映经济业务的来龙去脉，不应将不同的经济业务合并填制。

①收款凭证的填制。收款凭证是根据审核无误的现金和银行存款收款业务的原始凭证编制的。收款凭证左上角的"借方科目"，按收款的性质填写"现金"或者"银行存款"；日期应填写编制本凭证的日期；右上角填写编制收款凭证顺序号；"摘要"栏简明扼要地填写经济业务的内

容梗概;"贷方科目"栏内填写与收入"现金"或"银行存款"科目相对应的总账科目及所属明细科目;"金额"栏内填写实际收到的现金或银行存款的数额;各总账科目与所属明细科目的应贷金额,应分别填写于与总账科目或明细科目同一行的"总账科目"或"明细科目"金额栏内;"金额"栏的合计数,只合计"总账科目"金额,表示借方科目"库存现金"或"银行存款"的金额;"记账"栏供记账人员在根据收款凭证登记有关账簿后作记号用,表示已经记账,防止经济业务的事项的重记或漏记;该凭证右边"附件×张"根据所附原始凭证的张数填写;凭证最下方有关人员签章处,供有关人员在履行责任后签名或签章,以明确经济责任。

②付款凭证的填制。付款凭证是根据审核无误的现金和银行付款业务的原始凭证编制的。付款凭证的左上角"贷方科目",应填列"现金"或者"银行存款","借方科目"栏应填写与"现金"或"银行存款"科目相对应的总账科目及所属的明细科目。其余各部分的填制方法与收款凭证基本相同,不再述及。

③转账凭证的填制。转账凭证是根据审核无误的不涉及现金和银行存款收付的转账业务的原始凭证编制的。转账凭证的"会计科目"栏应按照先借后贷的顺序分别填写应借应贷的总账科目及所属的明细科目;借方总账科目及所属明细科目的应记金额,应在与科目同一行的"借方金额"栏内相应栏次填写,贷方总账科目及所属明细科目的应记金额,应在与科目同一行的"贷方金额"栏内相应栏次填写;"合计"行只合计借方总账科目金额和贷方总账科目金额,借方总账科目金额合计数与贷方总账金额合计数应相等。

下面分别举例说明收款凭证、付款凭证和转账凭证的填制。

【例 6-1】企业 2014 年 10 月 15 日销售产品一批,价款 50 000 元,增值税销项税额 8 500 元,收到购买单位支票一张,收讫 58 500 元存入银行。会计人员根据审核无误的原始凭证填制银行存款凭证,其格式与内容见图 6-14。

借方科目:银行存款　　　　2008 年 10 月 15 日　　　　银收字第 18 号

摘要	贷方总账科目	明细科目	记账	金额									
				千	百	十	万	千	百	十	元	角	分
销售给红星工厂	主营业务收入	(略)	√				5	0	0	0	0	0	0
甲产品 100 件,单价 120 元	应交税费	(略)	√					8	5	0	0	0	0
合 计						¥	5	8	5	0	0	0	0

财务主管:××　　记账:××　　出纳:××　　审核:××　　制单:××

图 6-14 收款凭证

【例 6-2】某企业 2014 年 12 月 10 日从北京线材厂购线材。根据这项经济业务的原始凭证填制的付款凭证如图 6-15 所示。

需要注意的是:对于现金和银行存款之间相互化转的业务,如从银行提取现金,或将现金存入银行,为了避免重复记账,只编制付款凭证,不编制收款凭证。如从银行提取现金时,只编制银行存款付款凭证；如将现金存入银行时，只编制现金付款凭证。

贷方科目：银行存款　　　　　　2014 年 12 月 10 日　　　　　　银付字第 11 号

摘要	借方总账科目	明细科目	记账	金额									
				千	百	十	万	千	百	十	元	角	分
从北京线材厂购 6 号线材 150T，每吨价款 3 800 元	在途物资	线材				5	7	0	0	0	0	0	0
	应交税费	应交增值税（进项税额）					9	6	9	0	0	0	0
合 计					¥	6	6	6	9	0	0	0	0

财务主管：×××　　记账：×××　　出纳：×××　　审核：×××　　制单：×××

图 6-15　付款凭证

【例 6-3】某企业 2014 年 12 月 31 日计提固定资产的折旧费 2 300 元，其中车间 1 500 元，管理部门 800 元。根据该项经济业务的原始凭证填制的转账凭证如图 6-16 所示。

2014 年 12 月 31 日　　　　　　转字第 12 号

摘要	总账科目	明细科目	记账√	借方金额							记账√	贷方金额						
				万	千	百	十	元	角	分		万	千	百	十	元	角	分
计提折旧	制造费用	折旧费			1	5	0	0	0	0								
	管理费用	折旧费				8	0	0	0	0								
	累计折旧												2	3	0	0	0	0
合 计				¥	2	3	0	0	0	0		¥	2	3	0	0	0	0

财务主管：×××　　记账：×××　　出纳：××　　审核：××　　制单：×××

图 6-16　转账凭证

四、记账凭证的审核

记账凭证编制以后，必须由专人进行审核，借以监督经济业务的真实性、合法性和合理性，并检查记账凭证的编制是否符合要求。特别要审核最初证明经济业务实际发生、完成的原始凭证。因此，对记账凭证的审核是一项严肃细致、政策性很强的工作。只有做好这项工作才能正确地发挥会计反映和监督的作用。记账凭证审核的基本内容包括以下几项：

(1)内容是否真实。审核记账凭证是否有原始凭证为依据,所附原始凭证的内容是否与记账凭证的内容一致,记账凭证汇总表的内容与其所依据的记账凭证的内容是否一致等。

(2)项目是否齐全。审核记账凭证各项目的填写是否齐全,如日期、凭证编号、摘要、金额、所附原始凭证张数及有关人员签章等。

(3)科目是否准确。审核记账凭证的应借、应贷科目是否正确,是否有明确的账户对应关系,所使用的会计科目是否符合国家统一的会计制度的规定等。

(4)金额是否正确。审核记账凭证所记录的金额与原始凭证的有关金额是否一致、计算是否正确,记账凭证汇总表的金额与记账凭证的金额合计是否相符等。

(5)书写是否规范。审核记账凭证中的记录是否文字工整、数字清晰,是否按规定进行更正等。

在审核过程中,如果发现不符合要求的地方,应要求有关人员采取正确的方法进行更正。只有经过审核无误的记账凭证,才能作为登记账簿的依据。

第四节 会计凭证的传递与保管

一、会计凭证的传递

会计凭证的传递,是指从会计凭证取得或填制起至归档保管时止,在单位内部有关部门和人员之间按照规定的时间、程序进行处理的过程。各种会计凭证,它们所记载的经济业务不同,涉及的部门和人员不同,办理的业务手续也不同,因此,应当为各种会计凭证规定一个合理的传递程序,即一张会计凭证填制后应交到哪个部门,哪个岗位,由谁办理业务手续等,直到归档保管为止。

(一)会计凭证传递的意义

正确组织会计凭证的传递,对于提高会计核算资料的及时性、正确组织经济活动、加强经济责任、实行会计监督具有重要意义。

1.正确组织会计凭证的传递,有利于提高工作效率

正确组织会计凭证的传递,能够及时、真实反映和监督各项经济业务的发生和完成情况,为经济管理提供可靠的经济信息。例如,材料运到企业后,仓库保管员应在规定的时间内将材料验收入库,填制“收料单”,注明实收数量等情况,并将“收料单”及时送到财会部门及其他有关部门。财会部门接到“收料单”,经审核无误,就应及时编制记账凭证和登记账簿,生产部门得知该批材料已验收入库凭证后,便可办理有关领料手续,用于产品生产等。如果仓库保管员未按时填写“收料单”或虽填写“收料单”,但没有及时送到有关部门,就会给人以材料尚未入库的假象,影响企业生产正常进行。

2.正确组织会计凭证的传递,能更好地发挥会计监督作用

正确组织会计凭证的传递,便于有关部门和个人分工协作,相互牵制,加强岗位责任制,更好地发挥会计监督作用。例如,从材料运到企业验收入库需要多少时间,由谁填制“收料单”,何时将“收料单”送到供应部门和财会部门,会计部门收到“收料单”后由谁进行审核,并同供应部门的发货票进行核对,由谁何时编制记账凭证和登记账簿,由谁负责整理保管凭证等。这样，可以把从材料收入业务验收入库到登记入账的全部工作，在本单位内部进行分工合作，共同完成。同时可以考核经办业务的有关部门和人员是否按规定的会计手续办理，从而加强经营管理，提高工作质量。

(二)会计凭证传递的基本要求

各单位的经营业务性质是多种多样的，各种经营业务又有各自的特点，所以，办理各项经营业务的部门和人员以及办理凭证所需要的时间、传递程序也必然各不相同。这就要求每个单位都必须根据自己的业务特点和管理特点，由单位领导会同会计部门及有关部门共同设计制订出一套会计凭证的传递程序，使各个部门保证有序、及时地按规定的程序处理凭证传递。各单位在设计制订会计凭证传递程序时，应注意以下两个问题：

1.根据经济业务的特点、机构设置和人员分工情况，明确会计凭证的传递程序

由于企业生产经营业务的内容不同，因此企业管理的要求也不尽相同。在会计凭证的传递过程中，要根据具体情况，确定每一种凭证的传递程序和方法。合理制订会计凭证所经过的环节，规定每个环节负责传递的相关责任人员，规定会计凭证的联数以及每一联凭证的用途，做到既可使各有关部门和人员了解经济活动情况、及时办理手续，又可避免凭证经过不必要的环节，以提高工作效率。

2.规定会计凭证经过每个环节所需要的时间，以保证凭证传递的及时性

会计凭证的传递时间，应考虑各部门和有关人员的工作内容和工作量在正常情况下完成的时间，明确规定各种凭证在各个环节上停留的最长时间，不能拖延和积压会计凭证，以免影响会计工作的正常程序。一切会计凭证的传递和处理，都应在报告期内完成，不允许跨期，否则将影响会计核算的准确性和及时性。

会计凭证在传递过程中的衔接手续，应该做到既完备、严密，又简单易行。凭证的收发、交接都应当按一定的手续制度办理，以保证会计凭证的安全和完整。在会计凭证的传递程序、传递时间和衔接手续明确后，再制订凭证传递程序，规定凭证传递路线、环节及在各个环节上的时间、处理内容及交接手续，使凭证传递工作有条不紊、迅速而有效地进行。

二、会计凭证的保管

会计凭证的保管是指会计凭证记账后的整理、装订、归档和存查工作。

会计凭证是记录经济业务、明确经济责任、具有法律效力的证明文件，又是登记账簿的依据，所以，它是重要的经济档案和历史资料。任何企业在完成经济业务手续和记账之后，必须按规定立卷归档，形成会计档案资料，妥善保管，以便日后随时查阅。

会计凭证整理保管的要求有：

(1)各种记账凭证，连同所附原始凭证和原始凭证汇总表，要分类按顺序编号，定期(一天、五天、十天或一个月)装订成册，并加具封面、封底，注明单位名称、凭证种类、所属年月和起讫日期、起止号码、凭证张数等。为防止任意拆装，应在装订处贴上封签，并由经办人员在封签处加盖骑缝章。

(2)对一些性质相同、数量很多或各种随时需要查阅的原始凭证，可以单独装订保管，在封面上写明记账凭证的时间、编号、种类，同时在记账凭证上注明“附件另订”。

(3)各种经济合同和重要的涉外文件等凭证，应另编目录，单独登记保管，并在有关原始凭证和记账凭证上注明。

(4)其他单位因有特殊原因需要使用原始凭证时,经本单位领导批准,可以复制,但应在专门的登记簿上进行登记,并由提供人员和收取人员共同签章。

(5)会计凭证装订成册后,应有专人负责分类保管,年终应登记归档。会计凭证的保管期限和销毁手续,应严格按照《会计档案管理办法》进行处理。

(6)会计凭证在归档后,应按年月日顺序排列,以便查阅。对已归档凭证的查阅、调用和复制,都应得到批准,并办理一定的手续。会计凭证在保管中应防止霉烂破损和鼠咬虫蛀,以确保其安全和完整。

本章思考题

一、单项选择题

1.会计凭证分为原始凭证和记账凭证,是按其(　　)

A.记录经济业务的内容

B.填制程序和用途

C.格式

D.填制方法

2.下列原始凭证中,属于累计凭证的是(　　)

A.增值税专用发票

B.发料凭证汇总表

C.限额领料单

D.差旅费报销单

3.职工出差的借款单,按其填制方法属于(　　)

A.自制原始凭证

B.外来原始凭证

C.一次凭证

D.累计凭证

4.从银行提取现金 2 000 元,应编制(　　)

A.现金收款凭证

B.现金付款凭证

C.银行存款收款凭证

D.银行存款付款凭证

5.会计凭证的传递范围是在(　　)

A.本单位与外单位有关部门和人员之间

B.本单位内部有关部门和人员之间

C.本单位与税收部门和人员之间

D.本单位与银行之间

6.在下列原始凭证中,属于累计凭证的是(　　)

A.领料单

B. 限额领料单
C. 收料凭证汇总表
D. 制造费用分配表

7. 职工出差的借款单，按其填制方法属于(　　)
A. 自制原始凭证
B. 外来原始凭证
C. 一次凭证
D. 累计凭证

8. 在采用收款凭证、付款凭证和转账凭证的情况下，涉及到现金和银行存款之间的划转业务，按规定(　　)
A. 只填收款凭证
B. 只填付款凭证
C. 既填收款凭证，又填付款凭证
D. 只填转账凭证

9. 会计人员在审核原始凭证过程中，对于手续不完备的原始凭证，按规定应(　　)
A. 扣留原始凭证
B. 拒绝执行
C. 向上级机关反映
D. 退回出具单位要求补办手续

10. 下列凭证中，属于原始凭证的是(　　)
A. 转账凭证
B. 记账编制凭证
C. 收款凭证
D. 付款凭证

11. 会计凭证按其(　　)不同，可以分为原始凭证和记账凭证两类。
A. 反映业务的方法
B. 填制方式
C. 取得来源
D. 填制的程序和用途

12. 下列单据不属于原始凭证的是(　　)
A. 市内公共汽车票
B. 支票存根
C. 固定资产折旧计算表
D. 职工困难补助申请报告

13. 在实际工作中，会计分录一般应填写在(　　)上。
A. 原始凭证
B. 记账凭证
C. 账簿
D. 账页

14. 在采用专用记账凭证时，销售产品一批，部分货款收回存入银行，部分货款对方暂欠，应同时填制(　)

A. 收款凭证和付款凭证

B. 收款凭证和转账凭证

C. 付款凭证和转账凭证

D. 两张转账凭证

15. 限额领料单是一种(　)

A. 一次凭证

B. 累计凭证

C. 汇总凭证

D. 单式凭证

16. 某企业采用专用记账凭证格式，行政管理部门王某前来报销差旅费 2 600 元(原预借 3 000 元)，多余现金交还财务科。会计人员应当填制的记账凭证是(　　)

A. 只填制现金收款凭证

B. 只填制转账凭证

C. 除填制现金收款凭证外还要填制转账凭证

D. 除填制现金付款凭证外还要填制转账凭证

17. 材料发出汇总表属于(　　)

A. 累计原始凭证

B. 汇总原始凭证

C. 一次原始凭证

D. 外来原始凭证

18. 编制汇总收款凭证与汇总付款凭证的依据是(　　)

A. 原始凭证和原始凭证汇总表

B. 原始凭证和记账凭证

C. 记账凭证和汇总记账凭证

D. 收款凭证和付款凭证

19. 企业开出现金支票，从银行提取现金，应编制的专用记账凭证是(　　)

A. 收款凭证

B. 付款凭证

C. 转账凭证

D. 记账凭证

20. 永久保存的会计凭证是(　　)

A. 原始凭证

B. 记账凭证

C. 汇总凭证

D. 涉外会计凭证

二、多项选择题

1. 在填制记账凭证时，错误的做法是(　　)
   A. 编制复合会计分录
   B. 将不同类型业务的原始凭证合并编制一份记账凭证
   C. 一个月内的记账凭证连续编号
   D. 从银行提取现金时，只填制现金收款凭证
   E. 更正错账的记账凭证可以不附原始凭证
2. 下列会计凭证中，属于记账凭证的有(　　)
   A. 收款凭证
   B. 付款凭证
   C. 转账凭证
   D. 通用记账凭证
   E. 记账编制凭证
3. 会计凭证的传递，是指会计凭证从填制到归档保管整个过程中，在单位内部各有关部门和人员之间的(　　)
   A. 传递程序
   B. 传递速度
   C. 传递手续
   D. 传递时间
   E. 传递过程
4. 记账凭证填制的依据是(　　)
   A. 付款凭证
   B. 收款凭证
   C. 原始凭证
   D. 原始凭证汇总表
   E. 备查账簿资料

第七章 会计账簿

学习目标

1. 能够理解设置和登记账簿的作用
2. 熟悉日记账、分类账、明细分类账的内容、格式、登记依据和登记方法
3. 掌握登记账簿的各种规则，包括错账更正的规则

第一节 会计账簿概述

会计账簿是指由一定格式账页组成的，以经过审核的会计凭证为依据，全面、系统、连续地记录各项经济业务的账簿。在形式上，会计账簿是由若干账页的组合；在实质上，会计账簿是会计信息形成的重要环节，是会计资料的主要载体之一，也是会计资料的重要组成部分。

会计账簿是账户的表现形式，两者既有区别又有联系。账户是在账簿中以规定的会计科目开设户头，用以规定不同的账簿所记录的内容，账户存在于账簿之中，账簿中的每一账页就是账户的存在形式和信息载体。如果没有账户，也就没有所谓的账簿；如果没有账簿，账户也成了一种抽象的东西，无法存在。但是账簿只是一种外在形式，账户才是它的真实内容。账簿序时分类地记载经济业务，是在个别账户中完成的，也可以说，账簿是由若干张账页组成的一个整体，而开设于账页上的账户则是这个整体上的个别部分。因此，账簿和账户的关系，是形式和内容的关系。

一、会计账簿的意义

各单位每发生一项经济业务，都必须取得或填制原始凭证，并根据审核无误的原始凭证及有关资料填制记账凭证。通过记账凭证的填制和审核，可以反映和监督单位每一项经济业务的发生和完成情况。但是由于会计凭证数量多，格式不一，所提供的资料比较分散，缺乏系统性，每张凭证一般只能反映个别经济业务的内容。为了连续、系统、全面地反映单位在一定时期内的某一类和全部经济业务及其引起的资产与权益的增减变化情况，给经济管理提供完整而系统的会计核算资料，并为编制会计报表提供依据，就需要设置会计账簿，把分散在会计凭证中的大量核算资料加以集中和归类整理，分门别类地记录在账簿中。因此，每一单位都应按照国家统一的会计制度和会计业务的需要设置和登记会计账簿。通过账簿记录，既能对经济活动进行序时核算，又能进行分类核算；既可提供各项总括的核算资料，又可提供明细核算资料。

合理地设置和登记账簿，能系统地记录和提供企业经济活动的各种数据。它对加强企业

经济核算,改善提高经营有着重要意义,主要表现在以下三个方面:

(1)通过设置和登记账簿,可以系统地归纳和积累会计核算的资料,为改善企业经营管理,合理使用资金提供资料。通过账簿的序时核算和分类核算,把企业承包经营情况,收入的构成和支出的情况,财物的购置、使用、保管情况全面、系统地反映出来,用于监督计划、预算的执行情况和资金的合理有效使用,促使企业改善经营管理。

(2)通过设置和登记账簿,可以为计算财务成果、编制会计报表提供依据。根据账簿记录的费用、成本和收入、成果资料,可以计算一定时期的财务成果,检查费用、成本、利润计划的完成情况。经核对无误的账簿资料及其加工的数据为编制会计报表提供的总括和具体的资料,是编制会计报表的主要依据。

(3)通过设置和登记账簿,利用账簿的核算资料,为开展财务分析和会计检查提供依据。通过对账簿资料的检查、分析,可以了解企业贯彻有关方针、政策、制度的情况,借以考核各项计划的完成情况。另外,还能对资金使用是否合理,费用开支是否符合标准,经济效益有无提高,利润的形成与分配是否符合规定等作出分析、评价,从而找出差距,挖掘潜力,提出改进措施。

二、会计账簿的分类

在会计账簿体系中,有各种不同功能和作用的账簿,它们各自独立又相互补充。为了便于了解和使用,必须从不同的角度对会计账簿进行分类。

1.会计账簿按其用途不同,可分为序时账簿、分类账簿和备查账簿

序时账簿,又称日记账,是指按经济业务发生或完成时间的先后顺序进行登记的账簿。按其记录的内容不同,日记账又分为普通日记账和特种日记账。

普通日记账是指用来逐笔记录全部经济业务的序时账簿,即把每天发生的各项经济业务逐日逐笔地登记在日记账中,并确定会计分录,然后据以登记分类账。

特种日记账是用指来逐笔记录某一经济业务的序时账簿。目前在我国,大多数单位一般只设现金日记账和银行存款日记账。

分类账簿是指对全部经济业务按照会计要素的具体类别而设置的分类账户进行分类登记的账簿。按照总分类账户分类登记经济业务事项的是总分类账簿,简称总账;按照明细分类账户分类登记经济业务事项的是明细分类账簿,简称明细账。分类账簿提供的核算信息是编制会计报表的主要依据。

在实际工作中,序时账簿和分类账簿还可以结合为一本既进行序时登记,又进行总分类登记的联合账簿,称为“日记账”。

备查账簿,简称备查账,是指对某些能在序时账簿和分类账簿等主要账簿中不进行登记或者登记不够详细的经济业务事项进行补充登记时使用的账簿,又称为辅助账簿。这类账簿可以对某些经济业务的内容提供必须的参考资料,但是它记录的信息不须编入会计报表中,所以也称表外记录。备查账簿没有固定格式,可由各单位根据管理的需要自行设置与设计。如租入固定资产登记簿、应收票据备查簿、受托加工来料登记簿。

2.会计账簿按其外形特征不同,可以分为订本式账簿、活页式账簿和卡片式账簿

订本式账簿,也称订本账,是指在账簿启用前就把具有账户基本结构并连续编号的若干张账页固定地装订成册的账簿。这种账簿的优点是:可以避免账页散失,防止账页被随意抽换,比较安全。其缺点是：由于账页固定，不能根据需要增加或减少，不便于按需要调整各账户的账页，也不便于分工记账。这种账簿一般使用于总分类账、现金日记账和银行存款日记账。

活页式账簿，也称活页账，是指年度内账页不固定装订成册，而是将其放置在活页账夹中的账簿。当账簿登记完毕之后（通常是一个会计年度结束之后），才能将账页予以装订，加具封面，并给各账页连续编号。这种账簿的优点是：随时取放，便于账页的增加和重新排列，便于分工记账和记账工作电算化。其缺点是：账页容易散失和被随意抽换。活页账在年度终了时，应及时装订成册，妥善保管。各种明细分类账一般采用活页账式。

卡片式账簿，又称卡片账，是指由许多具有一定格式的卡片组成，存放在一定卡片箱内的账簿。卡片账的卡片一般装在卡片箱内，不用装订成册，随时可存放，也可跨年度长期使用。这种账簿的优点是：便于随时查阅，也便于按不同要求归类整理，不易损坏。其缺点是：账页容易散失和随意抽换。因此，在使用时应对账页连续编号，并加盖有关人员图章，卡片箱应由专人保管，更换新账后也应封扎保管，以保证其安全。在我国，单位一般只对固定资产和低值易耗品等资产明细账采用卡片账形式。

3. 会计账簿按其账页的格式不同，可以分为两栏式账簿、三栏式账簿、多栏式账簿、数量金额式账簿和横线登记式账簿

两栏式账簿是指只有借方和贷方两个基本金额栏目的账簿。普通日记账一般采用两栏式。

三栏式账簿是指其账页的格式主要部分为“借方”、“贷方”和“余额”三栏或者“收入”、“支出”和“余额”三栏的账簿。三栏式账簿又可分为设对方科目和不设对方科目两种，两者区别是在“摘要”栏和“借方科目”栏之间是否有一栏“对方科目”栏。有“对方科目”栏的，称为设对方科目的三栏式账簿；没有“对方科目”栏的，称为不设对方科目的三栏式账簿。三栏式账簿主要适用于各种日记账、总分类账以及资本、债权债务明细账等。

多栏式账簿是指根据经济业务的内容和管理的需要，在账页的“借方”和“贷方”栏内再分别按照明细科目或某明细科目的各明细项目设置若干专栏的账簿。这种账簿可以按“借方”和“贷方”分别设专栏，也可以只设“借方”专栏，“贷方”的内容在相应的“借方”专栏内用红字登记，表示冲减。收入、费用明细账一般均采用这种格式的账簿。

数量金额式账簿是指在账页中分设“借方”、“贷方”和“余额”或者“收入”、“发出”和“结存”三大栏，并在每一大栏内分设“数量”、“单价”和“金额”等三小栏的账簿。数量金额式账簿能够反映出财产物资的实物数量和价值量。原材料和库存商品、产成品等明细账一般采用数量金额式账簿。

横线登记式账簿是指账页分为借方和贷方两个基本栏目，每一个栏目再根据需要分设若干栏次，在账页两方的同一行记录某一经济业务自始自终所有事项的账簿。它主要适用于需要逐笔结算的经济业务的明细账，如“物资采购”、“应收账款”等明细账。

第二节　会计账簿的设置和登记

一、会计账簿的基本内容

各种账簿所记录的经济内容不同，账簿的格式多种多样，不同账簿的格式所包括的具体内容也不尽一致，但各种主要账簿应具备以下基本内容：

(1)封面。封面主要用于表明账簿的名称，如现金日记账、银行存款日记账、总分类账、应收账款明细账等。

(2)扉页。扉页主要用于载明经管人员一览表，其应填列的内容主要有：经管人员、移交人和移交日期，以及借管人和接管日期。

(3)账页。账页是用来记录具体经济业务的载体，其格式因记录经济业务的内容的不同而有所不同，但每张账页上应载明的主要内容有：账户的名称（即会计科目），记账日期栏，记账凭证种类和号数栏，摘要栏（经济业务内容的简要说明），借方、贷方金额及余额的方向，金额栏，总页次和分页次等。

二、会计账簿的启用

为了考证会计账簿记录的合法性和会计资料的真实性、完善性，明确经济业务，会计账簿应由专人负责登记。启用会计账簿应遵守以下规则：

1.认真填写封面及账簿启用和经管人员一览表

启用会计凭证时应在账簿封面上写明单位名称和账簿名称，并在账簿扉页附上账簿启用和经办人员一览表（简称启用表）。启用表内容主要包括：账簿名称、启用日期、账簿页数、记账人员和会计机构负责人、会计主管人员姓名，并加盖名章和单位公章。

启用订本式账簿，应当从第一页到最后一页顺序编定页数，不得跳页、缺页。使用活页式账簿，应当按账户顺序编号，并要定期装订成册；装订后再按实际使用的账页顺序编定页码，另加目录，记明每个账户的名称和页次。卡片式账簿在使用前应当登记卡片登记簿。

2.严格交接手续

记账人员或者会计机构负责人、会计主管人员调动工作时，必须办理账簿交接手续，在账簿启用和经管人员一览表中注明交接日期、交接人员和监交人员姓名，并由双方交接人员签名或者盖章，以明确有关人员的责任，增强有关人员的责任感，维护会计记录的严肃性。

3.及时结转旧账

每年年初更换新账时，应将旧账的各账户余额过入新账的余额栏，并在摘要栏中注明“上年结转”字样。

三、会计账簿的设置原则

会计账簿的设置和登记，包括确定账簿的种类，设计账页的格式、内容和规定账簿登记的方法等。各单位应根据经济业务的特点和管理要求，科学、合理地设置账簿。具体表现为：

(1)账簿的设置必须保证能够全面、系统地核算和监督各项经济活动，为经济管理提供必要的考核指标。

(2)账簿的设置要从各单位经济活动和业务工作特点出发进行设置，以有利于会计分工和加强岗位责任制。

(3)账簿结构要求科学严密，有关账簿之间要有统驭关系或平行制约关系，并应避免重复记账或遗漏。

(4)账簿的格式，要力求简明实用，既要保证会计记录的系统和完整，又要避免过于繁琐，以便于日常使用和保存。

账簿的设置要组织严密、层次分明。账簿之间要互相衔接、互相补充、互相制约,能清晰地反映账户间的对应关系,以便能提供完整、系统的资料。

四、日记账的设置和登记

日记账有普通日记账和特种日记账两类。

(一)普通日记账

普通日记账是逐日序时登记特种日记账以外的经济业务的账簿。在不设特种日记账的企业,则要序时地逐笔登记企业的全部经济业务,因此普通日记账也称分录簿。

普通日记账一般分为“借方金额”和“贷方金额”两栏,登记每一分录的借方账户和贷方账户及金额,这种账簿不结余额。其格式如图 7－1 所示。

年　　度

会计科目:

科目代码:

年		凭证号数	摘要	结算凭证		对方科目	借方											✓	贷方											✓	余额											✓
月	日			种类	号数		亿	千	百	十	万	千	百	十	元	角	分		亿	千	百	十	万	千	百	十	元	角	分		亿	千	百	十	万	千	百	十	元	角	分	

图 7－1　普通日记账

(二)特种日记账

常用的特种日记账是现金日记账和银行存款日记账。在企业、行政、事业单位中,现金日记账和银行存款日记账的登记,有利于加强货币资金的日常核算和监督,有利于贯彻执行国家规定的货币资金管理制度。

1.现金日记账

现金日记账是用来核算和监督库存现金每日的收入、支出和结存状况的账簿。它由出纳人员根据现金收款凭证、现金付款凭证和银行存款付款凭证,按经济业务发生时间的先后顺序,逐日逐笔进行登记。

现金日记账的结构一般采用“收入”、“支出”、“结余”三栏式。现金日记账中的“年、月、日”、“凭证字号”、“摘要”和“对方科目”等栏,根据有关记账凭证登记;“收入”栏根据现金收款凭证和引起现金增加的银行存款付款凭证登记(从银行提取现金,只编制银行存款付款凭证);“支出”栏根据现金付款凭证登记。每日终了应计算全日的现金收入、支出合计数,并逐日结出现金余额,与库存现金实存数核对,以检查每日现金收付是否有误。每月期末,应结出当期“收入”栏和“支出”栏的发生额和期末余额,并与“现金”总分类账户核对一致,做到日清月结,账实相符。如账实不符,应查明原因。现金日记账的格式如图 7-2 所示。

现金日记账

第　　页

年		凭证		摘要	借方	贷方	借或贷	余额	核对
月	日	种类	号数		亿千百十万千百十元角分	亿千百十万千百十元角分		亿千百十万千百十元角分	

图 7-2　现金日记账

2. 银行存款日记账

银行存款日记账用来核算和监督银行存款每日的收入、支出和结存情况的账簿。它是由出纳人员根据银行存款收款凭证、银行存款付款凭证和现金付款凭证按经济业务发生时间的先后顺序,逐日逐笔进行登记的序时账簿。银行存款日记账应按企业在银行开立的账户和币种分别设置,每个银行存款账户设置一本银行存款日记账。

银行存款日记账的结构一般也采用“收入”、“支出”和“结余”三栏式,由出纳人员根据银行存款的收、付款凭证,逐日逐笔按顺序登记。对于将现金存入银行的业务,因习惯上只填制现金付款凭证,不填制银行存款收款凭证,所以此时的银行存款收入数,应根据相关的现金付款凭证登记。另外,因在办理银行存款收付业务时,均根据银行结算凭证办理,为便于和银行对账,银行存款日记账还设有“结算凭证种类和号数”栏,单独列出每项存款收付所依据的结算凭证种类和号数。银行存款日记账和现金日记账一样,每日终了时要结出余额,做到日清,以便检查监督各项收支款项,避免出现透支现象,同时也便于同银行对账单进行核对。银行存款日记账的格式同现金日记账的格式相似。

现金日记账和银行存款日记账都必须使用订本账。

五、分类账的设置和登记

分类账有总分类账和明细分类账两类。

(一)总分类账

总分类账也称总账，是按总分类账户进行分类登记，全面、总括地反映和记录经济活动情况，并为编制会计报表提供资料的账簿。由于总分类账能全面、总括地反映和记录经济业务引起的资金运动和财务收支情况，并为编制会计报表提供数据。因此，任何单位都必须设置总分类账。

总分类账一般采用订本式账，按照会计科目的编码顺序分别开设账户，并为每个账户预留若干账页。由于总分类账只进行货币度量的核算，因此最常用的格式是三栏式，在账页中设置"借方"、"贷方"和"余额"三个基本金额栏。总分类账中的对应科目栏，可以设置也可以不设置。"借或贷"栏是指账户的余额在借方还是在贷方。

总分类账的登记，可以根据记账凭证逐笔登记，也可以通过一定的方式分次或按月一次汇总成汇总记账凭证或科目汇总表，然后据以登记，还可以根据多栏式现金、银行存款日记账在月末时汇总登记。总分类账登记的依据和方法，取决于企业采用的账务处理程序。总分类账的格式如图 7-3 所示。

第1号

总 分 类 账

一级科目

年		凭证		摘要	借方	核对	贷方	核对	借或贷	余额	核对
月	日	种类	号数		亿千百十万千百十元角分		亿千百十万千百十元角分			亿千百十万千百十元角分	
				过次页							

复核　记账　核准

图 7-3　总分类账

(二)明细分类账

明细分类账是根据明细账户开设账页，分类、连续地登记经济业务以提供明细核算资料的账簿。根据实际需要，各种明细账分别按二级科目或明细科目开设账户，并为每个账户预留若干账页，用来分类、连续记录有关资产、负债、所有者权益、收入、费用、利润等详细资料。设置和运用明细分类账，有利于加强资金的管理和使用，并可为编制会计报表提供必要的资料，因此，各单位在设置总分类账的基础上，还要根据经营管理的需要，按照总账科目设置若干必要的明细账，以形成既能提供经济活动总括情况，又能提供具体详细情况的账簿体系。

明细账的格式，应根据它所反映经济业务的特点，以及财产物资管理的不同要求来设计，一般有三栏式明细分类账、数量金额式明细分类账、多栏式明细分类账和平行式明细分类账四种。

1. 三栏式明细分类账

三栏式明细分类账账页的格式同总分类账的格式基本相同，它只设“借方”、“贷方”和“余额”三个金额栏，不设数量栏。所不同的是，总分类账簿为订本账，而三栏式明细分类账簿多为活页账。这种账页适用于采用金额核算的“应收账款”、“应付账款”等账户的明细核算。

2. 数量金额式明分类细账

数量金额式明细分类账账页格式在“收入”、“发出”、“结存”三栏内，再分别设置“数量”、“单价”和“金额”等栏目，以分别登记实物的数量和金额，其格式如图 7－4 所示。

数量金额式明细分类账适用于既要进行金额明细核算，又要进行数量明细核算的财产物资项目。如“原材料”、“库存商品”等账户的明细核算。它能提供各种财产物资收入、发出、结存等的数量和金额资料，便于开展业务和加强管理的需要。

明　细　分　类　账

类别：　　　　　　　　　　编号：
品名或规格：　　　　　　　存放地点：
储备定额：　　　　　　　　计量单位：

年		凭证	摘要	收入									发出									借或贷	结存								
				数量	单价	金额							数量	单价	金额								数量	单价	金额						
月	日					万	千	百	十	元	角	分			万	千	百	十	元	角	分				万	千	百	十	元	角	分

图 7－4　数量金额式明细分类账

3. 多栏式明细分类账

多栏式明细分类账是根据经济业务的特点和经营管理的需要，在一张账页的借方栏或贷方栏设置若干专栏，集中反映有关明细项目的核算资料。它主要适用于只记金额，不记数量，而且在管理上需要了解其构成内容的费用、成本、收入、利润账户。如“生产成本”、“制造费用”、“管理费用”、“主营业务收入”等账户的明细分类账。“本年利润”、“利润分配”和“应交税费——应交增值税”等科目所属明细科目则需采用借、贷方均为多栏式明细分类账。

多栏式明细分类账的格式视管理需要而呈多种多样。它在一张账页上，按明细科目分设若干专栏，集中反映有关明细项目的核算资料。如“制造费用明细账”，它在借方栏下，可分设若干专栏，如工资和福利费、折旧费、修理费、办公费等，其格式如图 7－5 所示。

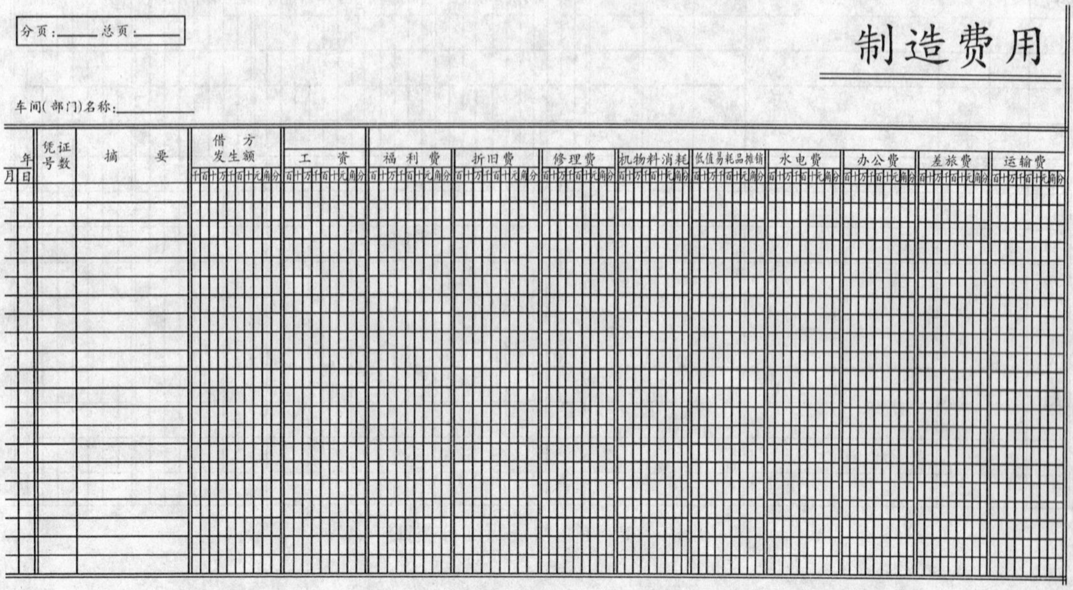
分页：＿＿＿ 总页：＿＿＿

制造费用

车间(部门)名称：＿＿＿＿＿

年 月	年 日	凭证号数	摘　要	借方发生额	工　资	福利费	折旧费	修理费	机物料消耗	低值易耗品摊销	水电费	办公费	差旅费	运输费
				千百十万千百十元角分	百十万千百十元角分	百十万千百十元角分	百十万千百十元角分	百十万千百十元角分	百十万千百十元角分	百十万千百十元角分	百十万千百十元角分	百十万千百十元角分	百十万千百十元角分	百十万千百十元角分

图 7－5　制造费用明细账

企业发生的制造费用，借记本科目；分配计入有关成本核算对象时，贷记本科目。除季节性生产企业外，本科目月末应无余额。这类账页多用于关于费用、成本、收入、成果类科目的明细核算。

多栏式明细分类账是由会计人员根据审核无误的记账凭证或原始凭证，按照经济业务发生的时间先后顺序逐日逐笔进行登记的。对于成本费用类账户，只在借方设专栏，平时在借方登记费用、成本发生额，贷方登记月末将借方发生额一次转出的数额。平时如发生贷方发生额，应用红字在借方有关栏内登记，表示应从借方发生额中冲减。同样，对于收入、成果类账户，只在贷方设专栏，平时在贷方登记收入的发生额，借方登记月末将贷方发生额一次转让“本年利润”的数额，若平时发生退货，应用红字在贷方有关栏内登记。

4. 平行式明细分类账

平行式明细分类账也称横线登记式明细分类账。它的账页结构特点是：将前后密切相关的经济业务在同一横行内进行详细登记，以检查每笔经济业务完成及变动情况。该种账页一般用于“物资采购”、“一次性备用金业务”等明细分类账。

平行式明细分类账的借方一般在购料付款或借出备用金时按会计凭证的编号顺序逐日逐笔登记，其贷方则不要求按会计凭证编号逐日逐笔登记，而是在材料验收入库或者备用金使用后报销和收回时，在与借方记录的同一行内进行登记。同一行内借方、贷方均有记录时，表示该项经济业务已处理完毕；若一行内只有借方记录而无贷方记录时，表示该项经济业务尚未结束。在途物资明细分类账的格式如图 7－6 所示。

编号______ 页次______ 总页______

在途物资明细账

材料科目____________

材料类别或名称____________

年		凭证号数	摘要	计量单位	发票数量	实收数量	借方			贷方	余额
							发票价格	运杂费等	合计		
月	日						十万千百十元角分	十万千百十元角分	十万千百十元角分	十万千百十元角分	十万千百十元角分

图 7-6 在途物资明细分类账

各种明细账的登记方法，应根据本单位业务量的大小和经营管理上的需要，以及所记录的经济业务内容而定，可以根据原始凭证、汇总原始凭证或记账凭证逐笔登记，也可以根据这些凭证逐日或定期汇总登记。

第三节 记账规则与错账更正

一、记账规则

1. 根据审核无误的会计凭证登记账簿

记账的依据是会计凭证，记账人员在登记账簿之前，应当首先审核会计凭证的合法性、完整性、真实性，这是确保会计信息正确的重要措施。

2. 记账时要做到准确完整

记账人员记账时，应当将会计凭证的日期、编号、经济业务、内容摘要、金额和其他有关资料记入账内。每一会计事项，要按平行登记方法，一方面记入有关总账，另一方面记入总账所属的明细账，做到数字准确、摘要清楚、登记及时、字迹清晰工整。记账后，要在记账凭证上签章并注明所记账簿的页数，或划“√”表示已经登记入账，避免重记、漏记。

3. 书写不能占满格

为了便于更正记账和方便查账，登记账簿时，书写的文字和数字上面要留有适当的空格，不要写满格，一般应占格距的1/2，最多不能超过2/3。

4.顺序连续登记

会计账簿应当按照页次顺序连续登记，不得跳行、隔页。如果发生跳行、隔页，应当将空行、空页用红色墨水对角划线注销，并注明“作废”字样，或者注明“此行空白”、“此页空白”字样，并由经办人员盖章，以明确经济责任。

5.正确使用墨水

登记账簿要用蓝黑墨水或碳素墨水书写，不得使用圆珠笔或者铅笔书写。这是因为，各种账簿归档保管年限，国家规定一般都在10年以上，有些关系到重要经济资料的账簿，则要长期保管，因此要求账簿记录保持清晰、耐久，以便长期查核使用，防止涂改。红色墨水只能在以下情况下使用：冲销错账；在未设借贷等栏的多栏式账页中，登记减少数；在三栏式账户的余额栏前，如未印明余额方向的，在余额栏内登记负数余额；根据国家统一会计制度的规定可以使用红字登记的其他会计记录。在会计上，书写墨水的颜色用错了，会传递错误的信息，红色表示对正常记录的冲减。因此，红色墨水不能随意使用。

6.结出余额

凡需要结出余额的账户，应按时结出余额，现金日记账和银行存款日记账必须逐日结出余额；债权债务明细账和各项财产物资明细账，每次记账后，都要随时结出余额；总账账户平时每月需要结出月末余额。结出余额后，应当在“借或贷”栏内写明“借”或者“贷”字样以说明余额的方向。没有余额的账户，应当在“借或贷”栏内写“平”字，并在余额栏内用“0”表示，一般来说，“0”应放在“元”位。

7.过次承前

各账户在一张账页记满时，要在该账页的最末一行加记发生额合计数和结出余额，并在该行“摘要”栏注明“过次页”字样；然后，再把这个发生额合计数和余额填列在下一页的第一行内，并在“摘要”栏内注明“承前页”，以保证账簿记录的连续性。

8.账簿记录错误应按规定的办法更正

账簿记录发生错误时，不得刮、擦、挖、补，随意涂改或用褪色药水更改字迹，应根据错误的情况，按规定的方法进行更正。

二、错账更正

登记会计账簿是一项很细致的工作。在记账工作中，可能由于种种原因会使账簿记录发生错误：有的是填制凭证和记账时发生的单纯笔误；有的是写错了会计科目、金额等；有的是合计时计算错误；有的是过账错误。账簿中发生的差错，一经查出就应立即更正。对于账簿记录错误，不准涂改、挖补、刮擦或者用药水消除字迹，亦不准重新抄写，而必须根据错误的具体情况和性质，采用规范的方法予以更正。错账更正方法通常有划线更正法、红字更正法和补充登记法等几种。

(一)划线更正法

记账凭证填制正确，在记账或结账过程中发现账簿记录中有文字或数字错误，应采用划线更正法。具体做法是：先在错误的文字或数字上划一条红线，表示注销，划线时必须使原有字迹仍可辨认；然后将正确的文字或数字用蓝字写在划线处的上方，并由记账人员在更正处盖章，以明确责任。对于文字的错误，可以只划去错误的部分，并更正错误的部分；对于错误的数字，应当全部划红线更正，不能只更正其中的个别错误数字。例如，把“3 457”元误记为“8 457”元时，应将错误数字“8 457”全部用红线注销后，再写上正确的数字“3 457”，而不是只删改一个“8”字。如记账凭证中的文字或数字发生错误，在尚未过账前，也可用划线更正法更正。

(二)红字更正法

在记账以后，如果发现记账凭证中应借、应贷科目或金额发生错误时，可以用红字更正法进行更正。具体做法是：先用红字金额，填写一张与错误记账凭证内容完全相同的记账凭证，且在“摘要”栏注明“更正某月某日第×号凭证”，并据以用红字金额登记入账，以冲销账簿中原有的错误记录，然后再用蓝字重新填制一张正确的记账凭证，登记入账。这样，原来的错误记录便得以更正。

红字更正法一般适用于以下两种情况错账的更正：

(1)记账后，如果发现记账凭证中的应借、应贷会计科目有错误，那么可以用红字更正法予以更正。

【例 7-1】 A 车间领用甲材料 2 000 元用于一般消耗。

①填制记账凭证时，误将借方科目写成“生产成本”，并已登记入账。原错误记账凭证为：

借：生产成本　　2 000

　贷：原材料　　2 000

②发现错误后，用红字填制一张与原错误记账凭证内容完全相同的记账凭证。

借：生产成本　　[2 000]

　贷：原材料　　[2 000]

③用蓝字填制一张正确的记账凭证。

借：制造费用　　2 000

　贷：原材料　　2 000

(2)记账后，如果发现记账凭证和账簿记录中应借、应贷的账户没有错误，只是所记金额大于应记金额。对于这种账簿记录的错误，更正的方法是：将多记的金额用红字填制一张与原错误记账凭证会计科目相同的记账凭证，并在“摘要”栏注明“更正某月某日第×号凭证”，并据以登记入账，以冲销多记的金额，使错账得以更正。

【例 7-2】 仍以例 7-1 为例，假设在编制记账凭证时应借、应贷账户没有错误，只是金额由 2 000 元写成了 20 000 元，并且已登记入账。

该笔业务只需用红字更正法编制一张记账凭证将多记的金额 18 000 元用红字冲销即可。编制的记账凭证为：

借：制造费用　　[18 000]

　贷：原材料　　[18 000]

(三)补充登记法

在记账之后，如果发现记账凭证中应借、应贷的账户没有错误，但所记金额小于应记金额，造成账簿中所记金额也小于应记金额，这种错账应采用补充登记法进行更正。更正的方法是：将少记金额用蓝字填制一张与原错误记账凭证会计科目相同的记账凭证，并在“摘要”栏内注明"补记某月某日第×号凭证"并予以登记入账，补足原少记金额，使错账得以更正。

【例7-3】仍以例7-1为例，假设在编制记账凭证时应借、应贷账户没有错误，只是金额由2 000元写成了200元，并且已登记入账。

该笔业务只需用补充登记法编制一张记账凭证将少记的金额1 800元补足便可。其记账凭证为：

借：制造费用　　1 800

　贷：原材料　　1 800

在错账更正的三种方法中，红字更正法和补充登记法都是用来更正因记账凭证错误而产生的记账错误，如果非因记账凭证的差错而产生的记账错误，只能用划线更正法更正。

以上三种方法是对当年内发现填写记账凭证或者登记账错误而采用的更正方法，如果发现以前年度记账凭证中有错误（指会计科目和金额）并导致账簿登记出现差错，应当用蓝字或黑字填制一张更正的记账凭证。因错误的账簿记录已经在以前会计年度终了进行结账或决算，不可能将已经决算的数字进行红字冲销，则只能用蓝字或黑字对凭证除文字外的一切错误进行更正，并在更正凭证上特别注明"更正××年度错账"的字样。

第四节　对账和结账

登记账簿作为会计核算的方法之一，它除了包括记账外，还包括对账和结账两项工作。

一、对账

对账，就是核对账目，是保证会计账簿记录质量的重要程序。在会计工作中，由于种种原因，难免会发生记账、计算等差错，也难免会出现账实不符的现象。为了保证各账簿记录和会计报表的真实、完整和正确，如实地反映和监督经济活动，各单位必须做好对账工作。

账簿记录的准确与真实可靠，不仅取决于账簿的本身，还涉及到账簿与凭证的关系，账簿记录与实际情况是否相符的问题等。所以，对账应包括账簿与凭证的核对、账簿与账簿的核对、账簿与实物的核对。把账簿记录的数字核对清楚，要做到账证相符、账账相符和账实相符。对账工作至少每年进行一次。对账的主要内容有：

（一）账证核对

账证核对是指将会计账簿记录与会计凭证包括记账凭证和原始凭证有关内容进行核对。由于会计账簿是根据会计凭证登记的，两者之间存在勾稽关系，因此通过账证核对，可以检查、验证会计账簿记录与会计凭证的内容是否正确无误，以保证账证相符。各单位应当定期将会计账簿记录与其相应的会计凭证记录（包括时间、编号、内容、金额、记录方向等）逐项核对，检查是否一致。如有不符之处，应当及时查明原因，予以更正。保证账证相符，是会计核算的基本要求之一，也是账账相符、账实相符和账表相符的基础。

（二）账账核对

账账核对是指将各种会计账簿之间相对应的记录进行核对。由于会计账簿之间相对应的记录存在着内在联系，因此通过账账核对，可以检查、验证会计账簿记录的正确性，以便及时发现错账，予以更正，保证账账相符。账账核对的内容主要包括：

（1）总分类账各账户借方余额合计数与贷方余额合计数核对相符。

(2)总分类账各账户余额与其所属明细分类账各账户余额之和核对相符。

(3)现金日记账和银行存款日记账的余额与总分类账中“现金”和“银行存款”账户余额核对相符。

(4)会计部门有关财产物资的明细分类账余额与财产物资保管或使用部门登记的明细账核对相符。

(三)账实核对

账实核对是指在账账核对的基础上,将各种财产物资的账面余额与实存数额进行核对。由于实物的增减变化、款项的收付都要在有关账簿中如实反映,因此通过会计账簿记录与实物、款项的实有数进行核对,可以检查、验证款项、实物会计账簿记录的正确性,以便于及时发现财产物资和货币资金管理中存在的问题,查明原因,分清责任,改善管理,保证账实相符。账实核对的主要内容包括:

(1)现金日记账账面余额与现金实际库存数核对相符。

(2)银行存款日记账账面余额与开户银行对账单核对相符。

(3)各种材料、物资明细分类账账面余额与实存数核对相符。

(4)各种债权债务明细账账面余额与有关债权、债务单位或个人的账面记录核对相符。

实际工作中,账实核对一般要结合财产清查进行。有关财产清查的内容和和方法将在以后的章节介绍。

二、结账

结账是指在把一定时期内发生的全部经济业务登记入账的基础上,按规定的方法将各种账簿的记录进行小结,计算并记录本期发生额和期末余额。

为了正确反映一定时期内在账簿中已经记录的经济业务,总结有关经济活动和财务状况,为编制会计报表提供资料,各单位应在会计期末进行结账。会计期间一般按日历时间划分为年、季、月,结账于各会计期末进行,所以分为月结、季结、年结。

(一)结账的基本程序

结账前,必须将属于本期内发生的各项经济业务和应由本期受益的收入、负担的费用全部登记入账。在此基础上,才可保证结账的有用性,确保会计报表的正确性。不得把将要发生的经济业务提前入账,也不得把已经在本期发生的经济业务延至下期(甚至以后期)入账。结账的基本程序具体表现为:

(1)将本期发生的经济业务事项全部登记入账,并保证其正确性。

(2)根据权责发生制的要求,调整有关账项,合理确定本期应计的收入和应计的费用。

①应计收入和应计费用的调整。应计收入是指那些已在本期实现、因款项未收而未登记入账的收入。企业发生的应计收入,主要是本期已经发生且符合收入确认标准,但尚未收到相应款项的商品或劳务。对于这类调整事项,应确认为本期收入,借记“应收账款”等科目,贷记“营业收入”等科目;待以后收妥款项时,再借记“现金”或“银行存款”等科目,贷记“应收账款”等科目。

②收入分摊和成本分摊的调整。收入分摊是指企业已经收取有关款项,但未完成或未全部完成销售商品或提供劳务,需在期末按本期已完成的比例,分摊确认本期已实现收入的金额,并调整以前预收款项时形成的负债。如企业销售商品预收定金、提供劳务预收佣金。在收

到预收款项时，应借记“银行存款”等科目，贷记“预收账款”等科目；在以后提供商品或劳务、确认本期收入时，应借记“预收账款”等科目，贷记“营业收入”等科目。

成本分摊是指企业的支出已经发生，能使若干个会计期间受益，为正确计算各个会计期间的盈亏，将这些支出在其受益期间进行分配。如企业已经支出，但应由本期或以后各期负担的待摊费用，购建固定资产和无形资产的支出等。企业在发生这类支出时，应借记“待摊费用”、“固定资产”、“无形资产”等科目，贷记“银行存款”等科目。在会计期末进行摊销时，应借记“制造费用”、“管理费用”、“销售费用”等科目，贷记“待摊费用”、“累计折旧”、“累计摊销”等科目。

(3)将损益类账户转入“本年利润”账户，结平所有损益类账户。

(4)结算出资产、负债和所有者权益账户的本期发生额和余额，并结转下期。

(二)结账的基本方法

结账时，应当结出每个账户的期末余额。需要结出当月(季、年)发生额的账户，如各项收入、费用账户等，应单列一行登记发生额，在“摘要”栏内注明“本月(季)合计”或“本年累计”。结出余额后，应在余额前的“借或贷”栏内写“借”或“贷”字样；没有余额的账户，应在“余额”栏前的“借或贷”栏内写“平”字，并在“余额”栏内用“0”表示。为了突出本期发生额及期末余额，表示本会计期间的会计记录已经截止或者结束，应将本期与下期的会计记录明显分开，结账一般都划“结账线”。划线时，月结、季结用单线，年结划双线。划线应划红线并应划通栏线，不能只在账页中的金额部分划线。

结账时应根据不同的账户记录，分别采用不同的结账方法：

(1)总账账户的结账方法。总账账户平时只需结计月末余额，不需要结计本月发生额。每月结账时，应将月末余额计算出来并写在本月最后一笔经济业务记录的同一行内，并在下面通栏划单红线。年终结账时，为了反映全年各会计要素增减变动的全貌，便于核对账目，要将所有总账账户结计全年发生额和年末余额，在“摘要”栏内注明“本年累计”字样，并在“本年累计”行下划双红线。

(2)现金日记账、银行存款日记账和需要按月结计发生额的收入、费用等明细账的结账方法。现金日记账、银行存款日记账和需要按月结计发生额的各种明细账，每月结账时，要在每月的最后一笔经济业务下面通栏划单红线，结出本月发生额和月末余额写在红线下面，并在“摘要”栏内注明“本月合计”字样，再在下面通栏划单红线。

(3)不需要按月结计发生额的债权、债务和财产物资等明细分类账的结账方法。对这类明细账，每次记账后，都要在该行“余额”栏内随时结出余额，每月最后一笔余额即为月末余额。也就是说月末余额就是本月最后一笔经济业务记录的同一行内的余额。月末结账时只需在最后一笔经济业务记录之下通用栏划单红线即可，无需再结计一次余额。

(4)需要结计本年累计发生额的收入、成本等明细账的结账方法。对这类明细账，先按照需按月结计发生额的明细账的月结方法进行月结，再在“本月合计”行下的“摘要”栏内注明“本年累计”字样，并结出自年初起至本月末止的累计发生额，最后在下通栏划单红线。12月末的“本年累计”就是全年累计发生额，全年累计发生额下面通栏划双红线。

(5)年度终了结账时，有余额的账户，要将其余额结转到下一会计年度，并在“摘要”栏内注明“结转下年”字样；在下一会计年度新建有关会计账簿的第一行余额栏内填写上年结转的余额，并在“摘要”栏内注明“上年结转”字样。结转下年时，既不需要编制记账凭证，也不必将余额再计入本年账户的借方或贷方，使本年有余额的账户的余额变为零，而是使有余额的账户的余额如实反映在账户中,以免混淆有余额账户和无余额账户的区别。

若由于会计准则或会计制度改变而需要在新账中改变原有账户名称及其核算内容的,可将年末余额按新会计准则或会计制度的要求编制余额调整分录,或编制余额调整工作底稿,将调整后的账户余额抄入新账的有关账户“余额”栏内。

第五节 会计账簿的更换和保管

一、会计账簿的更换

会计账簿是记录和反映经济业务的重要历史资料和证据。为了使每个会计年度的账簿资料明晰和便于保管,一般来说,总账、日记账和多数明细账要每年更换一次,这些账簿在每年年终按规定办理完毕结账手续后,就应更换、启用新的账簿,并将余额结转计入新账簿中。但有些财产物资明细账和债权、债务明细账,由于材料等财产物资的品种、规格繁多,债权、债务单位也较多,如果更换新账,重抄一遍的工作量相当大,因此,可以跨年度使用,不必每年更换一次。卡片式账簿,如固定资产卡片账,以及各种备查账簿,也都可以连续使用。

二、会计账簿的保管

会计账簿同会计凭证和会计报表一样,都属于会计档案,是重要的经济档案,各单位必须按规定妥善保管,确保其安全与完整,并充分加以利用。

(一)装订整理

在年度终了更换新账簿后,应将使用过的各种账簿(跨年度使用的账簿除外)按时装订整理立卷。

(1)装订前,首先要按账簿启用和经管人员一览表的使用页数核对各个账户是否相符,账页数是否齐全,序号排列是否连续;然后按会计账簿封面、账簿启用表、账户目录、该账簿按页数顺序排列的账页、账簿封底的顺序装订。

(2)对活页账簿要保留已使用过的账页,将账页数填写齐全,除去空白页并撤掉账夹,用质地好的牛皮纸做封面和封底,装订成册。多栏式、三栏式、数量金额式等活页账不得混装,应按同类业务、同类账页装订在一起。装订好后,应在封面上填明账目的种类、编号卷号,并由会计主管人员和装订人员签章。

(3)装订后会计账簿的封口要严密,封口处要加盖有关印章。封面要齐全、平整,并注明所属年度和账簿名称和编号,不得有折角、缺角、错页、掉页、加空白纸的现象。会计账簿要按保管期限分别编制卷号。

(二)按期移交档案部门进行保管

年度结账后,更换下来的账簿,可暂由本单位财务会计部门保管一年,期满后原则上应由财务会计部门移交本单位档案部门保管。移交时需要编制移交清册,填写交接清单,交接人员按移交清册和交接清单项目核查无误后签章,并在账簿使用日期栏内填写移交日期。

已归档的会计账簿作为会计档案为本单位提供利用,原件不得借出,如有特殊需要,须经上级主管单位或本单位领导、会计主管人员批准,在不拆散原卷册的前提下,可以提供查阅或者复制,并要办理登记手续。

会计账簿是重要的会计档案之一,必须严格按《会计档案管理办法》规定的保管年限妥善保管,不得丢失和任意销毁。通常总账(包括日记总账)和明细账保管期限为15年;日记账保管期限为15年,但现金日记账和银行存款日记账保管期限为25年;固定资产卡片账在固定资产报废清理后保管5年;辅助账簿保管期限为15年。实际工作中,各单位可以根据实际利用的经验、规律和特点,适当延长有关会计档案的保管期限,但必须有较为充分的理由。

本章思考题

一、单项选择题

1. 能够总括反映企业某一类经济业务增减变动的会计账簿是(　　)

A. 总分类账

B. 两栏式账

C. 备查账

D. 序时账

2. 日记账的最大特点是(　　)

A. 按库存现金和银行存款分别设置账户

B. 可以提供库存现金和银行存款的每日发生额

C. 可以提供库存现金和银行存款的每日静态、动态资料

D. 逐日逐笔顺序登记并随时结出当日余额

3. 下列明细账分类账中,可以采用多栏式格式的是(　　)

A. 应付账款明细分类账

B. 实收资本明细分类账

C. 库存商品明细分类账

D. 管理费用明细分类账

4. 用转账支票归还欠A公司货款50 000元,会计人员编制的记账凭证为:借记应收账款50 000元,贷记银行存款50 000元,已登记入账,该记账凭证(　　)

A. 没有错误

B. 有错误,使用划线更正法更正

C. 有错误,使用红字冲销法更正

D. 有错误,使用补充登记法更正

5. 下列项目中,"连接会计凭证和会计报表的中间环节"指的是(　　)

A. 复式记账

B. 设置会计科目和账户

C. 设置和登记账簿

D. 编制会计分录

6. 会计账簿分为序时账、分类账、备查账,其分类标志是(　　)

A. 用途

B. 性质

C. 格式

D. 外形

二、多项选择题

1. 下列项目中，可以采用数量金额式格式的是（ ）
   A. 银行存款日记账
   B. 应收账款明细分类账
   C. 库存商品明细分类账
   D. 材料明细分类账
2. 下列项目中，一般采用三栏式格式的是（ ）
   A. 应收账款明细分类账
   B. 长期借款明细分类账
   C. 实收资本明细分类账
   D. 财务费用明细分类账
3. 对账的内容有（ ）
   A. 账实核对
   B. 账证核对
   C. 账账核对
   D. 表表核对
4. 总分类账与明细分类账的平行登记要点，有（ ）
   A. 依据相同
   B. 期间相同
   C. 金额相等
   D. 方向相同
5. 在会计账簿登记中，可以用红色墨水记账的有（ ）
   A. 更正会计科目和金额同时错误的记账凭证
   B. 登记减少数
   C. 未印有余额方向的，在余额栏内登记相反方向数额
   D. 更正会计科目正确但金额多记的记账凭证

三、判断题

1. 总分类账必须采用订本式的三栏式账簿。（ ）
2. 现金日记账的借方是根据收款凭证登记的，贷方是根据付款凭证登记的。（ ）
3. 明细分类账一般是根据记账凭证直接登记，但个别明细分类账可以根据原始凭证登记。（ ）
4. 任何单位，对账工作每年至少进行一次。（ ）
5. 更换新账簿时，如有余额，则在新账簿中的第一行“摘要”栏内注明“上年结转”。（ ）

四、简答题

1. 简述会计账簿的分类。
2. 简述错账的更正方法及适用范围。

五、综合分析题

某企业会计人员在期末结账前，发现下列错账：

(1)生产 A 产品领用原材料 65 000 元，编制的会计分录为：

借：生产成本　　56 000

　贷：原材料　　56 000

并已据以登记入账。

(2)收到投资者投入机器设备一台价值 20 000 元，编制的会计分录为：

借：固定资产　　20 000

　贷：资本公积　　20 000

并已据以登记入账。

(3)计提应由本期负担的短期借款利息 1 800 元，编制的会计分录为：

借：管理费用　　8 100

　贷：应付利息　　8 100

并已据以登记入账。

(4)分配结转本期发生的制造费用 69 000 元，编制的会计分录为：

借：生产成本　　96 000

　贷：制造费用　　96 000

并已据以登记入账。

(5)结转本期完工产品生产成本 538 000 元，编制的会计分录为：

借：库存商品　　538 000.

　贷：生产成本　　538 000

登记入账时，误记为 583 000 元。

(6)职工预借差旅费 5 000 元，编制的会计分录为：

借：管理费用　　5 000

　贷：库存现金　　5 000

并已据以登记入账。

(7)计提管理用固定资产的折旧 10 000 元，编制的会计分录为：

借：管理费用　　1 000

　贷：累计折旧　　1 000

并已据以登记入账。

(8)销售部门领用材料 6 000 元，编制的会计分录为：

借：销售费用　　60 000

　贷：原材料　　60 000

并已据以登记入账。

(9)管理部门购买办公用品 500 元，编制的会计分录为：

借：管理费用　　500

　贷：库存现金　　500

但是登记账簿时，误将"管理费用"账户登记为 50 元。

(10)管理部门领用甲材料300元,填制的会计分录为:

借:生产成本　　300

　贷:原材料　　300

并已据以登记入账。

要求:分别指出上述错账应采用何种更正方法,并编制相应的错账更正会计分录。

第八章 账务处理程序

学习目标

1. 掌握各种账务处理程序的种类、特点和适用范围
2. 理解记账凭证账务处理程序、汇总记账凭证账务处理程序和科目汇总表账务处理程序的编制方法，并能够了解编制流程

第一节 账务处理程序概述

一、账务处理程序的意义

账务处理程序，也称会计核算形式，是指从取得原始凭证到产生会计信息的步骤和方法。其主要内容包括整理、汇总原始凭证，填制记账凭证，登记各种账簿，编制会计报表这一整个过程的步骤和方法。

在会计工作中，不仅要了解会计凭证的填制、账簿的设置和登记，以及会计报表的编制，还必须明确规定各会计凭证、会计账簿和会计报表之间的关系，使之构成一个有机整体。而不同的账簿组织、记账程序和记账方法的有机结合，就构成了不同的账务处理程序。

一个单位由于业务性质、规模大小和经济业务的繁简程度各异，决定其适用账务处理程序也不同。为此，科学地组织账务处理程序，对提高会计核算质量和会计工作效率，充分发挥会计的核算和监督职能，具有重要意义。

二、账务处理程序的种类

目前，我国企业、事业、行政等单位会计核算一般采用的主要账务处理程序有以下六种：

(1)记账凭证账务处理程序。

(2)汇总记账凭证账务处理程序。

(3)科目汇总表账务处理程序。

(4)日记总账账务处理程序。

(5)多栏式日记账账务处理程序。

(6)通用日记账账务处理程序。

以上六种账务处理程序既有共同点，又有各自的特点。其中，记账凭证账务处理程序是最基本的一种，其他账务处理程序都是由此发展、演变而来的。在实际工作中，各经济单位可根据实际需要选择其中一种账务处理程序，也可将多种账务处理程序的优点结合起来使用，以满

足本单位经营管理的需要。

三、账务处理程序的要求

科学、合理地组织账务处理程序是做好会计工作的重要前提之一。确定账务处理程序一般应符合以下几点要求：

第一，要与本单位的经济性质、经营特点、规模大小及业务的繁简程度相适应，有利于岗位责任制的建立和分工协作。

第二，要能够及时、准确、全面、系统地提供会计信息，满足各会计信息使用者对会计信息的需要。

第三，要在保证核算资料及时、准确、完整的前提下，尽可能地提高会计工作效率，节约核算费用。

第二节 记账凭证账务处理程序

一、记账凭证账务处理程序的设计要求

记账凭证账务处理程序是最基本的一种账务处理程序，在这种账务处理程序下，要求直接根据记账凭证逐笔登记总分类账。

在记账凭证账务处理程序下，应当设置现金日记账、银行存款日记账、明细分类账和总分类账。日记账和总账可采用三栏式；明细分类账可根据需要采用三栏式、数量金额式和多栏式；记账凭证一般使用收款凭证、付款凭证和转账凭证三种格式，也可采用通用记账凭证。

二、记账凭证账务处理程序的基本内容

记账凭证账务处理程序的基本内容如下，如图 8－1 所示。

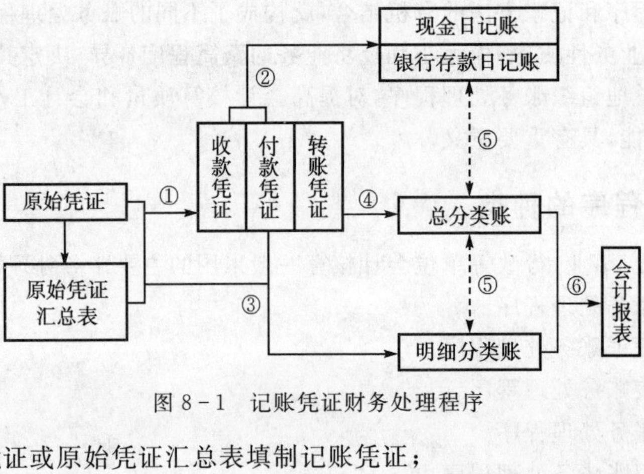

图 8－1 记账凭证财务处理程序

① 根据原始凭证或原始凭证汇总表填制记账凭证；

② 根据收款凭证和付款凭证逐笔登记现金日记账和银行存款日记账；

③ 根据原始凭证、原始凭证汇总表或记账凭证登记各种明细分类账；

④ 根据记账凭证逐笔登记总分类账；

⑤ 月末，将现金日记账、银行存款日记账的余额，以及各种明细分类账的余额合计数，分

别与总分类账中相关账户的余额核对相符；

⑥ 月末，根据核对无误的总分类账和明细分类账的相关资料，编制会计报表。

三、记账凭证账务处理程序的优缺点及适用范围

这种账务处理程序的主要优点是简单明了，方法易学，总分类账能详细反映经济业务状况，方便会计核对与查账；但登记总分类账的工作量较大，也不利与分工。因此，一般适用于规模较小、经济业务较简单的企业。

第三节 汇总记账凭证账务处理程序

一、汇总记账凭证账务处理程序的设计要求

汇总记账凭证账务处理程序区别与其他账务处理程序的主要特点是：定期将记账凭证分类编制汇总记账凭证，然后根据汇总记账凭证登记总分类账。

采用汇总记账凭证账务处理程序时，其账簿设置、各种账簿的格式以及记账凭证的种类和格式基本上与记账凭证账务处理程序相同，但应增设汇总记账凭证、汇总收款凭证和汇总转账凭证，以作为登记总分类账的依据。另外，总分类账的账页格式必须增设“对应账户”栏。

二、汇总记账凭证的填制方法

汇总记账凭证分为汇总收款凭证、汇总付款凭证和汇总转账凭证三种。其格式如图8-2、图8-3、图8-4所示。它们是根据收款凭证、付款凭证和转账凭证定期汇总编制而成，间隔天数视业务量多少而定，一般5天或10天汇总填制一次，每月编制一张。

汇总收款凭证应根据现金和银行存款收款凭证，分别按“现金”、“银行存款”的借方设置，按对应贷方科目进行归类汇总。月末，结算出汇总收款凭证的合计数，分别计入现金、银行存款总分类账的借方，以及其各对应账户总分类账的贷方。汇总收款凭证如图8-2所示。

借方科目：　　　　×年×月　　　　汇收×号

贷方科目	金额				总账页数	
	(1)	(2)	(3)	合计	借方	贷方
合计						
附件	(1)自___日至___日___凭证 共___张 (2)自___日至___日___凭证 共___张 (3)自___日至___日___凭证 共___张					

图8-2 汇总收款凭证

汇总付款凭证应根据现金和银行存款付款凭证，分别按“现金”、“银行存款”的贷方设置，按对应借方科目进行归类汇总。月末，结算出汇总付款凭证的合计数，分别计入现金、银行存款总分类账的贷方，以及其各对应账户总分类账的借方。汇总付款凭证如图 8-3 所示。

贷方科目：　　　　　　　　　　×年×月　　　　　　　　　　汇付×号

借方科目	金　额				总账　页数	
	(1)	(2)	(3)	合计	借方	贷方
合计						
附件	(1)自____日至____日____凭证　共____张 (2)自____日至____日____凭证　共____张 (3)自____日至____日____凭证　共____张					

图 8-3　汇总付款凭证

在填制时，若现金和银行存款之间的相互划转业务，则应按付款凭证进行汇总，以免重复。如将现金存入银行的业务，只须根据现金付款凭证汇总，银行存款收款凭证就不再汇总。

汇总转账凭证应根据转账凭证中有关账户的贷方设置，按对应借方科目进行归类汇总。月末，结算出汇总转账凭证的合计数，分别计入该汇总转账凭证所开设的应贷账户总分类账的贷方，以及其各对应账户总分类账的借方。

为便于汇总转账凭证的编制，所有转账凭证应是一贷一借或一贷多借，否则，会给汇总凭证的编制带来不便。汇总转账凭证如图 8-4 所示。

贷方科目：　　　　　　　　　　×年×月　　　　　　　　　　汇转×号

借方科目	金　额				总账　页数	
	(1)	(2)	(3)	合计	借方	贷方
合计						
附件	(1)自____日至____日____凭证　共____张 (2)自____日至____日____凭证　共____张 (3)自____日至____日____凭证　共____张					

图 8-4　汇总转账凭证

三、汇总记账凭证账务处理程序的基本内容

汇总记账凭证账务处理程序的基本内容如见图 8 - 5 所示。

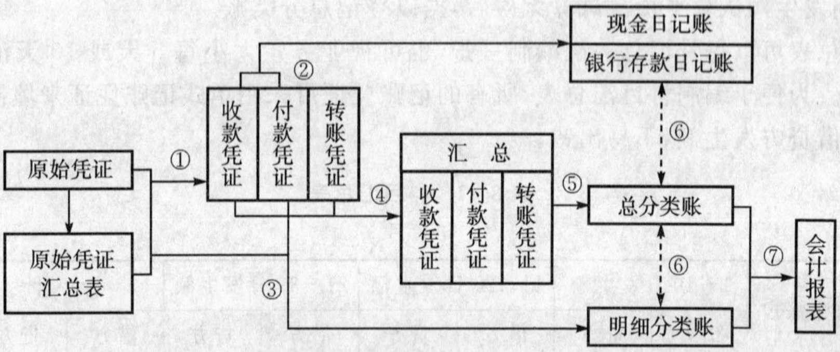

图 8 - 5　汇总记账凭证财务处理程序

① 根据原始凭证或原始凭证汇总表填制记账凭证；

② 根据收款凭证和付款凭证逐笔登记现金日记账和银行存款日记账；

③ 根据原始凭证、原始凭证汇总表或记账凭证登记各种明细分类账；

④ 根据记账凭证定期编制各种汇总记账凭证；

⑤ 月末，根据编制的汇总记账凭证登记总分类账；

⑥ 月末，将现金日记账、银行存款日记账的余额，以及各种明细分类账的余额合计数，分别与总分类账中相关账户的余额核对相符；

⑦ 月末，根据核对无误的总分类账和明细分类账的相关资料，编制会计报表。

四、汇总记账凭证账务处理程序的优缺点及适用范围

这种账务处理程序的主要优点是：能通过汇总记账凭证中有关科目的对应关系，了解经济业务的来龙去脉，而且可大大地简化总分类账的登记工作；但由于汇总记账凭证是根据每一账户的贷方而不是按经济业务类型归类汇总的，故不利于会计分工。因此，一般适用于规模较大、经济业务较多的企业。

第四节　科目汇总表账务处理程序

一、科目汇总表账务处理程序的设计要求

在科目汇总表账务处理程序下，要求定期将记账凭证编制成科目汇总表，然后根据科目汇总表登记总分类账。

采用科目汇总表账务处理程序时，其账簿设置、各种账簿的格式以及记账凭证的种类和格式基本上与记账凭证账务处理程序相同，但应增设科目汇总表，以作为登记总分类账的依据。

二、科目汇总表的填制方法

科目汇总表（其格式见表 8 - 1）的填制方法是：首先，将汇总期内各项经济业务所涉及到

的会计科目填列在科目汇总表的“会计科目”栏内，填列的顺序最好与总分类账上会计科目的顺序相同，以便于登记总分类账；其次，依据汇总期内所有的记账凭证，按照相同的会计科目归类，分别计算各会计科目的借方发生额和贷方发生额，并将其填入科目汇总表的相应栏内；最后，进行本期发生额试算平衡。试算无误后，据以登记总分类账。

科目汇总表可以每月汇总一次编制一张，也可视业务量大小每5天或10天汇总一次，每月编制一张。为便于编制科目汇总表，所有的记账凭证可采用单式记账凭证来填制，这样便于汇总计算其借贷方发生额，不易出错。

表8-1　科目汇总表

年　月

总账账户	1—10日发生额		11—20日发生额		21—30日发生额		合　计	
	借方	贷方	借方	贷方	借方	贷方	借方	贷方
合计								

三、科目汇总表账务处理程序的基本内容

科目汇总表账务处理程序的基本内容如图8-6所示。

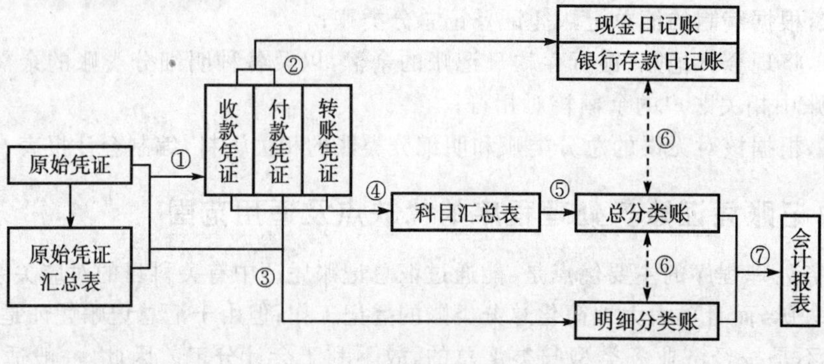

图8-6　科目汇总表账务处理程序

① 根据原始凭证或原始凭证汇总表填制记账凭证；

② 根据收款凭证和付款凭证逐笔登记现金日记账和银行存款日记账；

③ 根据原始凭证、原始凭证汇总表或记账凭证登记各种明细分类账；

④ 根据记账凭证定期编制科目汇总表；

⑤ 月末，根据编制的科目汇总表登记总分类账；

⑥ 月末，将现金日记账、银行存款日记账的余额，以及各种明细分类账的余额合计数，分别与总分类账中相关账户的余额核对相符；

⑦ 月末，根据核对无误的总分类账和明细分类账的相关资料，编制会计报表。

四、科目汇总表账务处理程序的优缺点及适用范围

这种账务处理程序的主要优点是：首先，根据定期编制的科目汇总表登记总分类账，可大

大地简化总分类账的登记工作;其次,通过科目汇总表的编制,可进行发生额试算平衡,及时发现差错。但由于科目汇总表是定期汇总计算每一账户的借方、贷方发生额,并不考虑账户间的对应关系,因而在科目汇总表和总分类账中,不能明确反映账户的对应关系,不便于了解经济业务的具体内容。其主要适用于经济业务量较大的企业。

第五节 日记总账账务处理程序

一、日记总账账务处理程序的设计要求

在日记总账账务处理程序下,要求把所有账目都在日记总账中进行登记。采用日记总账账务处理程序,其账簿设置、各种账簿的格式以及记账凭证的种类和格式基本上与记账凭证账务处理程序相同,但应开设日记总账,以代替总分类账。

二、日记总账的填制方法

日记总账是将全部会计科目集中在一张账页上,根据记账凭证,将发生的经济业务逐笔进行登记,最后按各科目进行汇总,分别计算出借、贷方发生额和期末余额。它既是日记账,又是总分类账,其格式如图 8-7 所示。

日记总账的填制方法是:根据收款凭证、付款凭证和转账凭证逐日逐笔登记日记总账,对每一笔经济业务的借贷方发生额,都应分别登记到同一行对应科目的"借方栏"或"贷方栏"内。月终,结算出各科目本期借贷方发生额和余额,并核对相符。

20××年××月　　　　第×页

年		凭证号数	摘要	现金		银行存款		应收账款		库存商品		短期借款		制造费用		生产成本		销售收入	
月	日			借	贷	借	贷	借	贷	借	贷	借	贷	借	贷	借	贷	借	贷
			本月发生额																
			本月余额																

图 8-7 日记总账(简表)

三、日记总账账务处理程序的基本内容

日记总账账务处理程序的基本内容如见图 8-8 所示。

① 根据原始凭证或原始凭证汇总表填制记账凭证;

② 根据收款凭证和付款凭证逐笔登记现金日记账和银行存款日记账;

③ 根据原始凭证、原始凭证汇总表或记账凭证登记各种明细分类账;

④ 根据记账凭证逐日逐笔登记日记总账；

⑤ 月末，将现金日记账、银行存款日记账的余额，以及各种明细分类账的余额合计数，分别与日记总账中相关账户的余额核对相符；

⑥ 月末，根据核对无误的日记总账和明细分类账的相关资料，编制会计报表。

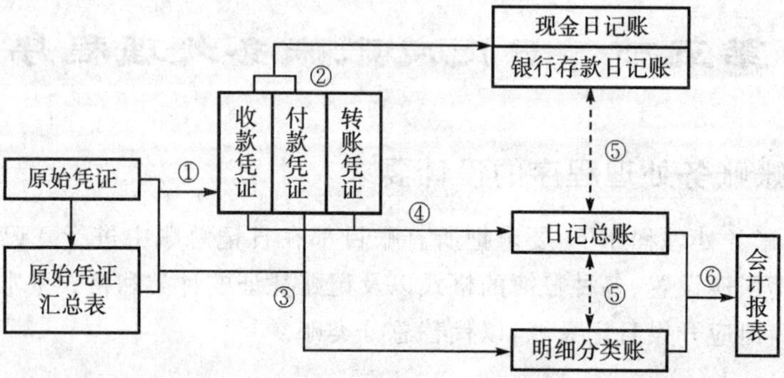

图 8-8　日记总账账务处理程序

四、日记总账账务处理程序的优缺点及适用范围

这种账务处理程序的主要优点是：账务处理程序较简单，日记总账按全部总账科目分借贷方设置，且直接根据记账凭证逐日逐笔进行登记，便于了解各项经济业务的来龙去脉，有利于会计资料的分析和运用。但由于所有会计科目都集中在一张账页上，总分类账的账页过长，不便于记账的分工与查阅。因而，其主要适用于规模小、经济业务简单、使用会计科目不多的企业。

第六节　多栏式日记账账务处理程序

一、多栏式日记账账务处理程序的设计要求

在多栏式日记账账务处理程序下，要求现金日记账和银行存款日记账都采用多栏式日记账，并据以登记总账。对于转账业务，则根据转账凭证逐笔登记总账，或根据转账凭证编制科目汇总表，据以登记总账。

采用这种账务处理程序时，除需设置多栏式现金日记账和多栏式银行存款日记账及其过账方法外，所设置的账簿、各种账簿的格式以及记账凭证的种类和格式基本上与记账凭证账务处理程序相同。

二、多栏式现金、银行存款日记账的填制方法

多栏式现金、银行存款日记账是根据收款凭证和付款凭证逐笔登记的，其格式见图 8-9。现金日记账和银行存款日记账都按对应账户设置专栏，具有科目汇总表的作用，月终可根据多栏式日记账借方、贷方合计栏的本月发生额，计入现金及银行存款总分类账的借方和贷方。采用这种程序时要注意现金和银行存款之间的划转业务，避免重复计算。

××年		凭证号	摘要	收入					付出					余额
月	日			对应账户贷方				借方合计	对应账户贷方				贷方合计	
				预收账款	短期借款	产品销售收入			原材料	管理费用	应付账款			

图 8-9　多栏式现金(银行存款)日记账

三、多栏式日记账账务处理程序的基本内容

多栏式日记账账务处理程序的基本内容如，如图 8-10 所示。

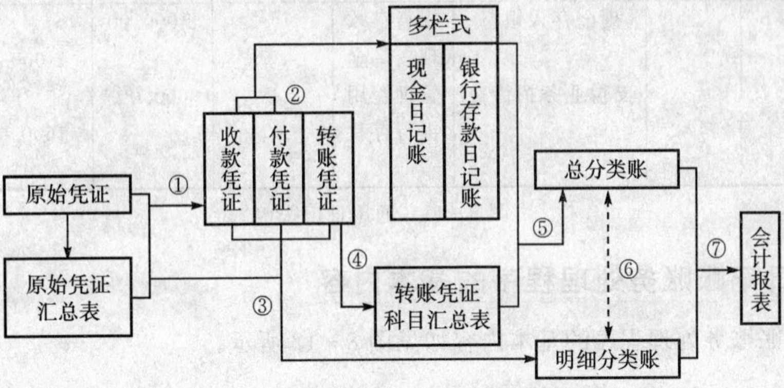

图 8-10　多栏式日记账账务处理程序

① 根据原始凭证或原始凭证汇总表填制记账凭证；

② 根据收款凭证和付款凭证逐笔登记多栏式现金日记账和银行存款日记账；

③ 根据原始凭证、原始凭证汇总表或记账凭证登记各种明细分类账；

④ 根据转账凭证填制转账凭证科目汇总表(转账业务不多的单位可不必编制科目汇总表)；

⑤ 月末，根据多栏式现金日记账、多栏式银行存款日记账以及转账凭证科目汇总表(或转账凭证)登记总分类账；

⑥ 月末，将各种明细分类账的余额合计数，分别与总分类账中相关账户的余额核对相符；

⑦ 月末，根据核对无误的总分类账和明细分类账的相关资料，编制会计报表。

四、多栏式日记账账务处理程序的优缺点及适用范围

这种财务处理程序的主要优点是：可以简化总分类账的登记工作；同时，多栏式现金、银行

存款日记账较好地反映了账户的对应关系。但多栏式日记账中会计科目的数量受到一定的限制，不可太多。因而，其主要适用于涉及会计科目不多的企业。

第七节　通用日记账账务处理程序

一、通用日记账账务处理程序的设计要求

通用日记账账务处理程序是指对所有的经济业务都不填制记账凭证，而是直接以分录的形式登入通用日记账，并以此来登记总分类账的一种会计账务处理程序。其主要特点是：不填制记账凭证，将所有的经济业务以分录的形式直接登记通用日记账，并据以登记总分类账。

在通用日记账账务处理程序下，可根据原始凭证或原始凭证汇总表直接登入通用日记账，而不需设置记账凭证。账簿一般设置明细分类账、总分类账和通用日记账三种，不需设现金日记账和银行存款日记账。通用日记账的格式见图 8－11。

2006 年		凭证号	摘　要	会计科目	过账符号	借　方	贷　方
月	日						
1	5		现金存入银行	银行存款		2 000.00	
				现　　金			2 000.00
	7		支付业务招待费	管理费用		600.00	
				银行存款			600.00

图 8－11　通用日记账

二、通用日记账账务处理程序的基本内容

通用日记账账务处理程序的基本内容如见图 8－12 所示。

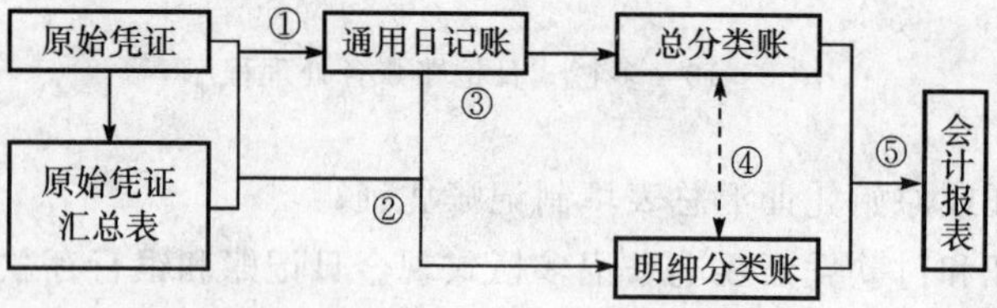

图 8－12　通用日记账账务处理程序

① 根据原始凭证或原始凭证汇总表填制通用日记账；
② 根据通用日记账及原始凭证或原始凭证汇总表逐笔登记明细账；
③ 根据通用日记账逐笔登记总账；
④ 月末，将日记账和明细账的余额与有关总账的余额相核对；
⑤ 月末，根据核对无误的总账和明细账的资料编制会计报表。

三、通用日记账账务处理程序的优缺点及适用范围

这种账务处理程序的主要优点是：由于只需按经济业务发生的先后顺序登入通用日记账，

因此便于查找且操作简单;其次,不需填制记账凭证,减少了编制记账凭证的工作量。但是该账务处理程序只设一本通用日记账来记录所有的经济业务,根据每笔经济业务在通用日记账的记录来登记总分类账,使登记总分类账的工作量较大,不便于会计核算的分工;而且直接根据原始凭证或原始凭证汇总表登记通用日记账,易发生差错。故这种账务处理程序一般适用于已实施电算化会计信息系统的单位。

本章思考题

一、单项选择题

1. 直接根据记账凭证逐笔登记总分类账的账务处理程序是( )
A. 记账凭证账务处理程序
B. 科目汇总表账务处理程序
C. 汇总记账凭证账务处理程序
D. 多栏式日记账账务处理程序

2. 各种账务处理程序之间的主要区别在于( )
A. 总账的格式不同
B. 登记总账的程序和方法不同
C. 会计凭证的种类不同
D. 编制会计报表的依据不同

3. 在科目汇总表账务处理程序下,记账凭证一般应采用的格式是( )
A. 一借多贷
B. 多借多贷
C. 一借一贷
D. 一贷多借

4. 汇总记账凭证账务处理程序适用于( )
A. 规模较大、经济业务较多的企业
B. 规模较小、经济业务不多的企业
C. 规模较大、经济业务不多的企业
D. 规模较小、经济业务较多的企业

5. 汇总记账凭证账务处理程序( )
A. 能够清楚地反映各个科目之间的对应关系
B. 不能清楚地反映各个科目之间的对应关系
C. 能够综合反映企业所有的经济业务
D. 能够序时反映企业所有的经济业务

二、多项选择题

1. 各种账务处理程序的相同之处是( )
A. 根据原始凭证编制汇总原始凭证
B. 根据原始凭证及记账凭证登记明细分类账

C. 根据收、付款凭证登记现金日记账

D. 根据总账和明细账编制会计报表

2. 汇总记账凭证账务处理程序下，记账凭证一般应采用的形式是(　　)

A. 一借一贷

B. 一借多贷

C. 一贷多借

D. 多借多贷

三、判断题

1. 任何账务处理程序的第一步都是，将所有的原始凭证汇总编制为汇总原始凭证。(　　)

2. 科目汇总表不仅可以起到试算平衡的作用，而且可以反映账户之间的对应关系。(　　)

3. 汇总收款凭证是按贷方科目设置，按借方科目归类，定期汇总，按月编制的。(　　)

4. 在汇总记账凭证账务处理程序下，若某一贷方科目的转账凭证数量不多，可以根据转账凭证登记总分类账。(　　)

四、简答题

1. 简述记账凭证账务处理程序的主要特点、优缺点及适用范围。

2. 简述科目汇总表账务处理程序的主要特点、优缺点及适用范围。

课后阅读材料

现以华美公司 2014 年 12 月份经济业务为例，说明科目汇总表账务处理程序下各种记账凭证和科目汇总表的填制方法，日记账、明细分类账及总分类账的登记方法，以及核对账目后报表的编制方法。

(一)资料：华美公司 2014 年 11 月底各项资料及 12 月份发生经济业务如下：

1. 各账户年初数和 11 月底余额见表 8-3。

表 8-3

单位：元

账户名称	年初数	期末数	账户名称	年初数	期末数
现　　金	2 000	2 688	短期借款	60 000	60 000
银行存款	46 800	58 800	应付账款	11 900	17 600
应收票据	4 100	19 600	预提费用	1 000	2 500
应收账款	16 000	15 800	应付票据	10 000	20 000
预付账款	20 000	20 000	应付职工薪酬	3 500	4 500
库存商品	35 400	47 900	应交税费	4 799	1 700
原材料	40 000	36 000	实收资本	199 000	199 000
待摊费用	7 200	1 200	资本公积	10 997	13 744
固定资产	197 920	197 920	盈余公积	3 924	5 277
累计折旧	60 200	65 000	利润分配	4 100	
无形资产		17 000	本年利润		
合　计	429 620	481 908	合　计	309 220	324 321

其中：

(1)期末“库存商品”包括：

A产品 240件 单价136元/件 计32 640元

B产品 200件 单价76.30元/件 计15 260元

(2)期末“原材料”包括：

甲材料 192吨 单价125元/吨 计24 000元

乙材料 240公斤 单价50元/公斤 计12 000元

(3)期末“应收票据”为易通公司 19 600元

(4)期末“应收账款”包括：

金龙公司账款 10 000元

华新公司账款 5 800元

(5)期末“预付账款”为预付给东方公司 20 000元

(6)期末“应付账款”为应付给宏达公司 17 600元

(7)其他各账户不分明细科目。

2. 2014年11月份利润表见表8-4。

表8-4 利润表

编报单位：华美公司　　2014年11月　　单位：元

项目	本月数	本月累计数
一、营业收入	99 420	
减：营业成本		847 435
营业税费	47 000	510 100
销售费用	16 620	165 200
管理费用	6 800	8 960
财务费用	5 800	89 600
资产减值损失	1 600	17 200
加：公允价值变动净收益		
投资净收益		
二、营业利润		
加：营业外收入	21 600	56 375
减：营业外支出	800	2 500
三、利润总额	320	17 700
减：所得税	22 080	41 175
四、净利润	7 286	13 588
五、每股收益	14 794	27 587
(一)基本每股收益		
(二)稀释每股收益		

3. 2014年12月份发生如下经济业务：

(1)1日，向宏达公司购入甲材料300吨，单价120元，计36 000元，增值税进项税额为6 120元，款项未付。

(2)2日，职工张某出差借支800元，以现金支付。

(3)2 日,以银行存款 1 500 元支付甲材料运费。

(4)3 日,甲材料按实际成本验收入库。

(5)3 日,开出转账支票,支付上月应交税费 1 700 元。

(6)3 日,易通公司的应收票据 19 600 元到期,已通过银行收款。

(7)4 日,向万远材料厂购入乙材料 300 公斤,单价 50 元,计 15 000 元,增值税进项税额为 2 550 元,价款以银行存款支付,材料按实际成本入账。

(8)4 日,销售给华新公司 A 产品 150 件,单价 300 元,计 45 000 元,销项税金 7 650 元,款项未收。

(9)5 日,收到华新公司前欠货款 5 800 元,已存银行。

(10)6 日,生产领用甲材料 200 吨,共计 25 000 元。其中:生产 A 产品领用 150 吨,金额为 18 750 元;生产 B 产品领用 50 吨,金额为 6 250 元。

(11)7 日,生产领用乙材料 216 公斤,共计 10 800 元。其中 100 公斤用于生产 A 产品,金额为 5 000 元;80 公斤用于生产 B 产品,金额为 4 000 元;车间领用乙材料 36 公斤,金额为 1 800元。

(12)8 日,以银行存款偿付宏达公司账款 17 600 元。

(13)9 日,张某出差回来,报销差旅费 750 元,交回余款 50 元。

(14)10 日,职工李某报销住院医药费 1 900 元,以现金支付。

(15)10 日,从银行提取现金 2 000 元备用。

(16)13 日,销售给金龙公司 B 产品 100 件,价款 20 000 元,销项税金 3 400 元,收到对方 3 个月银行承兑汇票一张。

(17)14 日,接银行收款通知,收到金龙公司偿还前欠货款 6 000 元。

(18)15 日,以银行存款支付前欠宏达公司购货款 41 120 元。

(19)17 日,以现金支付行政办公用品费 800 元。

(20)19 日,以银行存款支付销售 B 产品运费 1 000 元。

(21)20 日,收到华新公司货款 30 000 元,已存银行。

(22)24 日,东方公司发来甲材料 100 吨,单价 125 元,价款 12 500 元,增值税进项税为 2 125元,材料已验收入库,材料款已预付。

(23)24 日,销售给金龙公司 A 产品 150 件,单价 300 元,计 45 000 元,增值税销项税7 650 元,款项已存银行。

(24)25 日,让售乙材料 100 公斤,价值 7 000 元,应交增值税税率 17%,计 1 190 元。款已收到,存入银行。

(25)25 日,结转出售乙材料的实际成本 5 000 元。

(26)27 日,以银行存款支付本月水电费 1 000 元,其中生产耗用 800 元,行政管理部门耗用 200 元。

(27)27 日,以现金支付罚款 1 100 元。

(28)29 日,计算本月应付工资 22 500 元,其中:A 产品工人工资 9 800 元,B 产品工人工资 6 200 元。车间管理人员工资 3 000 元,行政管理人员工资 3 500 元。

(29)29 日,提取本月固定资产折旧费 4 800 元,其中:生产用固定资产折旧费 4 000 元,管理用固定资产 800 元。

(30)29 日,从银行提取现金 22 500 元,以备发工资。

(31)30 日,发放本月职工工资 22 500 元。

(32)30 日,以银行存款支付第四季度借款利息 900 元,其中已预提 600 元。

(33)31 日,按生产人员工资比例结转本月制造费用 9 600 元。

(34)31 日,结转完工产品成本,其中:A 产品 200 件,制造成本 27 200 元;B 产品 150 件,制造成本 11 445 元。

(35)31 日,按主营业务收入的 5%计提教育费附加 7 000 元。

(36)31 日,结转已销产品销售成本 48 430 元,其中:A 产品销售成本 40 800 元,B 产品销售成本 7 630 元。

(37)31 日,结转本月损益类科目。

(38)31 日,按本月利润总额的 33%计算本月应交所得税,并结转。

(39)31 日,按本月税后利润的 15%计提盈余公积。

(40)31 日,结转 1—12 月份本年利润。

(二)科目汇总表账务处理程序

1. 根据华美公司 12 月的经济业务填制记账凭证,为简便起见,这里以表格形式列出会计分录,如表 8-5 所示。

表 8-5 华美公司 2014 年 12 月份会计分录

2014 年		记账凭证号数	摘要	账户名称		金额	
月	日			总账账户	明细账户	借方	贷方
12	1	转账 501 号	购入甲材料 300 吨,款项未付	物资采购 应交税费 应付账款	甲材料 应交增值税 宏达公司	36 000 6 120	 42 120
	2	现付 201 号	张某出差借支	其他应收款 现金	张某	800	 800
	2	银付 401 号	支付甲材料运费	物资采购 银行存款	甲材料	1 500	 1 500
	3	转账 502 号	甲材料 300 吨验收入库	原材料 物资采购	甲材料 甲材料	37 500	 37 500
	3	银付 402 号	支付上月应交税费	应交税费 银行存款		1 700	 1 700
	3	银收 301 号	应收票据到期,收到款项	银行存款 应收票据		19 600	 19 600
	4	银付 403 号 1/2	购入乙材料 300 公斤	物资采购 应交税费 银行存款	乙材料 应交增值税	15 000 2 550	 17 550

续表 8-5

	4	银付 403 号 2/2	乙材料验收入库	原材料 物资采购	乙材料 乙材料	15 000	 15 000
	4	转账 503 号	销售 A 产品 150 件，款未收	应收账款 主营业务收入 应交税费	华新公司 应交增值税	52 650	 45 000 7 650
	5	银收 302 号	收到华新公司前欠货款	银行存款 应收账款	 华新公司	5 800	 5 800
	6	转账 504 号	领用甲材料 200 吨 其中:A 产品 150 吨 B 产品 50 吨	生产成本 原材料	A 产品 B 产品 甲材料	18 750 6 250	 25 000
	7	转账 505 号	领用乙材料 216 公斤 其中:A 产品 100 公斤,B 产品 80 公斤，车间 36 公斤	生产成本 制造费用 原材料	A 产品 B 产品 乙材料	5 000 4 000 1 800	 10 800
	8	银付 404 号	支付宏达公司账款	应付账款 银行存款	宏达公司	17 600	 17 600
	9	现收 101 号	张某报销差旅费，交回余款	现金 管理费用 其他应收款	 张某	50 750	 800
	10	现付 202 号	李某报销医药费	应付福利费 现金		1 900	 1 900
	10	银付 405 号	提取现金	现金 银行存款		2 000	 2 000
	13	转账 506 号	出售 B 产品 100 件，收到承兑汇票	应收票据 主营业务收入 应交税费	金龙公司 应交增值税	23 400	 20 000 3 400
	14	银收 303 号	金龙公司偿还货款	银行存款 应收账款	 金龙公司	6 000	 6 000
	15	银付 406 号	归还宏达公司购货款	应付账款 银行存款	宏达公司	41 120	 41 120
	17	现付 203 号	付办公用品费	管理费用 现金		800	 800
	19	银付 407 号	付销售 B 产品运费	销售费用 银行存款		1 000	 1 000

续表 8－5

	20	银收 304 号	收华新公司货款	银行存款 应收账款	 华新公司	30 000	 30 000
	24	转账 507 号	东方公司发来甲材料 100 吨，款已预付	原材料 应交税费 预付账款	甲材料 应交增值税 东方公司	12 500 2 125	 14 625
	24	银收 305 号	销售 A 产品 150 件，款存银行	银行存款 主营业务收入 应交税费	 应交增值税	52 650	 45 000 7 650
	25	银收 306 号	出售乙材料 100 公斤，款存银行	银行存款 其他业务收入 应交税费	 应交增值税	8 190	 7 000 1 190
	25	转账 508 号	结转已售乙材料成本	其他业务支出 原材料	 乙材料	5 000	 5 000
	27	银付 408 号	支付水电费	制造费用 管理费用 银行存款		800 200	 1 000
	27	现付 204 号	支付罚款	营业外支出 现金		1 100	 1 100
	29	转账 509 号	计提本月职工工资	生产成本 制造费用 管理费用 应付职工薪酬	A 产品 B 产品	9 800 6 200 3 000 3 500	 22 500
	29	转账 510 号	计提本月折旧费	制造费用 管理费用 累计折旧		4 000 800	 4 800
	29	银付 409 号	提取现金	现金 银行存款		22 500	 22 500
	30	现付 205 号	发放工资	应付职工薪酬 现金		22 500	 22 500
	30	银付 410 号	支付借款利息	预提费用 财务费用 银行存款		600 300	 900
	31	转账 511 号	结转制造费用 A 产品 5 880 B 产品 3 720	生产成本 制造费用	A 产品 B 产品	5 880 3 720	 9 600
	31	转账 512 号	结转完工产品成本： A 产品 200 件 B 产品 150 件	库存商品 生产成本	A 产品 B 产品 A 产品 B 产品	27 200 11 445	 27 200 11 445

续表 8-5

	31	转账 513 号	计提教育费附加 11 万×5%	营业税费 应交税费	应交教育费附加	5 500	5 500
	31	转账 514 号	结转已售产品销售成本： A 产品 40 800 元 B 产品 7 630 元	主营业务成本 库存商品	A 产品 B 产品	48 430	40 800 7 630
	31	转账 514 号 1/2	结转本月损益类科目	本年利润 主营业务收入 其他业务收入		110 000 7 000	117 000
		转账 514 号 2/2	结转本月损益类科目	主营业务成本 其他业务支出 营业税费 销售费用 管理费用 财务费用 营业外支出 本年利润		67 380	48 430 5 000 5 500 1 000 6 050 300 1 100
	31	转账 515 号 1/2	计提应交所得税 (117 000－67 380)×33%	所得税 应交税费	应交所得税	16 374.6	16 374.6
		转账 515 号 2/2	结转所得税	本年利润 所得税		16 374.6	16 374.6
	31	转账 516 号	提取盈余公积 (117 000－67 380－16 374.6)×15%	利润分配 盈余公积		4 986.81	4 986.81
	31	转账 516 号	结转 1—12 月份本年利润	本年利润 利润分配		55 845.59 60 832.4	55 845.59 60 832.4

2.根据审核无误的收款凭证、付款凭证逐日逐笔登记现金日记账和银行存款日记账，如表8-6、表8-7所示。

表8-6　现金日记账

2014年		凭证		摘要	对方科目	收入	付出	结余
月	日	字	号					
12	1			期初余额				2 688
	2	现付	201	出差借支	其他应收款		800	1 888
	9	现收	101	张某交回出差余款	其他应收款	50		1 938
	10	现付	202	付职工医药费	应付福利费		1 900	38
	10	银付	405	提取现金	银行存款	2 000		2 038
	17	现付	203	付办公用品费	管理费用		800	1 238
	27	现付	204	支付罚款	营业外支出		1 100	138
	29	银付	409	提取现金	银行存款	22 500		22 638
	30	现付	205	发放工资	应付工资		22 500	138
				本月合计		24 550	27 100	138

表8-7　银行存款日记账

2014年		凭证		摘要	对方科目	借方	贷方	余额
月	日	字	号					
12	1			期初余额				58 800
	2	银付	401	付甲材料运费	物资采购		1 500	57 300
	3	银付	402	付上月税款	应交税费		1 700	55 600
	3	银收	301	收票据款	应收票据	19 600		75 200
	4	银付	403	付乙材料款	物资采购		17 550	57 650
	5	银收	302	收华新公司款	应收账款	5 800		63 450
	8	银付	404	付宏达公司款	应付账款		17 600	45 850
	10	银付	405	提取现金	现金		2 000	43 850
	14	银收	303	收金龙公司款	应收账款	6 000		49 850
	15	银付	406	还宏达公司款	应付账款		41 120	8 730
	19	银付	407	付销售B产品运费	销售费用		1 000	7 730
	20	银收	304	收华新公司货款	应收账款	30 000		37 730
	24	银收	305	出售A产品150件	主营业务收入	52 650		90 380
	25	银收	306	售乙材料100公斤	其他业务收入	8 190		98 570
	27	银付	408	付水电费	制造费用等		1 000	97 570
	29	银付	409	提取现金	现金		22 500	75 070
	30	银付	410	支付借款利息	预提费用等		900	74 170
				本月合计		122 240	106 870	74 170

3.根据记账凭证、原始凭证和原始凭证汇总表登记相关明细账。在实际工作中，各单位常根据实际需要对有关总账账户设置明细分类账。如对“管理费用”、“销售费用”等费用账户须

按费用项目设置明晰明细分类账；对“应收账款”、“应付账款”等账户须按对应单位设置明细分类账。本例限于篇幅，只例示部分明细账，如表 8－8 至表 8－16 所示。

表 8－8　库存商品明细账

产品品种：A 产品

2014 年		凭证号数	摘要	收入			发出			结存		
月	日			数量	单价	金额	数量	单价	金额	数量	单价	金额
12	1		期初余额							240	136	32 640
	31	转账 512	结转入库产品	200	136	27 200				440	136	59 840
	31	转账 514	结转已售产品				300	136	40 800	140	136	19 040
			本月合计	200	136	27 200	300	136	40 800	140	136	19 040

表 8－9　库存商品明细账

产品品种：B 产品

2014 年		凭证号数	摘要	收入			发出			结存		
月	日			数量	单价	金额	数量	单价	金额	数量	单价	金额
12	1		期初余额							200	76.3	15 260
	31	转账 512	结转入库产品	150	76.3	11 445				350	76.3	26 705
	31	转账 514	结转已售产品				100	76.3	7 630	250	76.3	19 075
			本月合计	150	76.3	11 445	100	76.3	7 630	250	76.3	19 075

表 8－10　原材料明细账

料编号 01　　　　计量单位：吨
材料类别：　　　　最高存量：
材料名称及规格：甲材料　　　　最低存量：

2014 年		凭证号数	摘要	收入			发出			结存		
月	日			数量	单价	金额	数量	单价	金额	数量	单价	金额
12			期初余额							192	125	24 000
	3	转账 502	购入	300	125	37 500				492	125	61 500
	6	转账 504	生产领用	100	125	12 500	200	125	25 000	292	125	36 500
	24	转账 507	购入							392	125	49 000
			本月合计	400	125	50 000	200	125	25 000	392	125	49 000

表 8－11　原材料明细账

材料编号 02　　　　　　　　　　　　　　　　　　　　计量单位：公斤
材料类别：　　　　　　　　　　　　　　　　　　　　最高存量：
材料名称及规格：乙材料　　　　　　　　　　　　　　最低存量：

2014年		凭证号数	摘　要	收　　入			发　　出			结　　存		
月	日			数量	单价	金额	数量	单价	金额	数量	单价	金额
12	1		期初余额							240	50	12 000
	4	银付 403	购入							540	50	27 000
	7	转账 505	领用生产	300	50	15 000	216	50	10 800	324	50	16 200
	25	转账 508	出售				100	50	5 000	224	50	11 200
			本月合计	300	50	15 000	316	50	15 800	224	50	11 200

表 8－12　生产成本明细账

产品品种：A 产品

2014年		凭证号数	摘要	借　　方			
月	日			直接材料	直接人工	制造费用	合计
12	6	转账 504	耗用甲材料	18 750			18 750
	7	转账 505	耗用乙材料	5 000			5 000
	29	转账 509	生产工人工资		9 800		9 800
	31	转账 511	分配制造费用			5 880	5 880
	31		结转完工产品成本	16 095	6 750	4 355	27 200
			本月合计	7 655	3 050	1 525	12 230

表 8－13　生产成本明细账

产品品种：B 产品

2014年		凭证号数	摘要	借　　方			
月	日			直接材料	直接人工	制造费用	合计
12	6	转账 504	耗用甲材料	6 250			6 250
		转账 505	耗用乙材料	4 000			4 000
	7	转账 509	生产工人工资		6 200		6 200
	31	转账 511	分配制造费用			3 720	3 720
			结转完工产品成本	4 433	4 164	2 848	11 445
			本月合计	5 817	2 036	872	8 725

表 8-14　应收账款明细账

二级科目:金龙公司

2014年 月	日	凭证号数	摘要	借方	贷方	借或贷	余额
12	1		期初余额			借	10 000
	14	银收 303	归还货款		6 000	借	4 000
			本月合计		6 000	借	4 000

表 8-15　应收账款明细账

二级科目:华新公司

2014年 月	日	凭证号数	摘要	借方	贷方	借或贷	余额
12	1		期初余额			借	5 800
	4	转账 503	A 产品款	52 650		借	58 450
	5	银收 302	归还货款		5 800	借	52 650
	20	银收 304	归还货款		30 000	借	22 650
			本月合计	52 650	35 800	借	22 650

表 8-16　应付账款明细账

二级科目:宏达公司

2014年 月	日	凭证号数	摘要	借方	贷方	借或贷	余额
12	1		期初余额			贷	17 600
	1	转账 501	欠甲材料款		42 120	贷	59 720
	8	银付 404	偿还货款	17 600		贷	42 120
	15	银付 406	偿还货款	41 120		贷	1 000
			本月合计	58 720	42 120	贷	1 000

4.根据记账凭证定期编制科目汇总表,该公司按旬汇总,每月编制一张“科目汇总表”,汇总结果应显示借贷方发生额相等,其格式与结果如表 8-17 所示。

表 8-17　华美公司科目汇总表

总账账户	1—10 日发生额		11—20 日发生额		21—31 日发生额		合计	
	借方	贷方	借方	贷方	借方	贷方	借方	贷方
库存现金	2 050	2 700		800	22 500	23 600	24 550	27 100

续表 8-17

银行存款	25 400	40 350	36 000	42 120	60 840	24 400	122 240	106 870
应收账款	52 650	5 800		36 000			52 650	41 800
其他应收款	800	800					800	800
应收票据		19 600	23 400				23 400	19 600
物资采购	52 500	52 500					52 500	52 500
原材料	52 500	35 800			12 500	5 000	65 000	40 800
生产成本	34 000				25 600	38 645	59 600	38 645
制造费用	1 800				7 800	9 600	9 600	9 600
库存商品					38 645	48 430	38 645	48 430
累计折旧						4 800		4 800
应付账款	17 600	42 120	41 120				58 720	42 120
应付职工薪酬	1 900				22 500	22 500	24 400	22 500
应交税费	10 370	7 650		3 400	2 125	30 714.6	12 495	41 764.6
预提费用					600		600	
盈余公积						4 986.81		4 986.81
利润分配					4 986.81	60 832.4	4 986.81	6 0832.4
本年利润					144 587	117 000	144 587	117 000
主营业务收入		45 000		20 000	110 000	45 000	110 000	110 000
主营业务成本					48 430	48 430	48 430	48 430
销售费用			1 000			1 000	1 000	1 000
管理费用	750		800		4 500	6 050	6 050	6 050
财务费用					300	300	300	300
所得税					16 374.6	16 374.6	16 374.6	16 374.6
预付账款						14 625		14 625
其他业务收入					7 000	7 000	7 000	7 000
其他业务支出					5 000	5 000	5 000	5 000
营业外支出					1 100	1 100	1 100	1 100
营业税费					5 500	5 500	5 500	5 500
合　计	252 320	252 320	102 320	102 320	540 888.41	540 888.41	895 528.41	895 528.41

5.根据编制的科目汇总表登记总分类账。月末,根据所编制的科目汇总表,登记各有关总分类账,结果如表 8-18 至表 8-53 所示。

表 8-18 总分类账

会计科目:现金

2014 年		凭证号数	摘要	借方	贷方	借或贷	余额
月	日						
12	1		期初余额			借	2 688
	10		1—10 日发生额	2 050	2 700	借	2 038
	20		11—20 日发生额		800	借	1 238
	31		21—31 日发生额	22 500	23 600	借	138
			本月合计	24 550	27 100	借	138

表 8-19 总分类账

会计科目:银行存款

2014 年		凭证号数	摘要	借方	贷方	借或贷	余额
月	日						
12	1		期初余额			借	58 800
	10		1—10 日发生额	25 400	40 350	借	43 850
	20		11—20 日发生额	36 000	42 120	借	37 730
	21		21—31 日发生额	60 840	24 400	借	74 170
			本月合计	122 240	106 870	借	74 170

表 8-20 总分类账

会计科目:应收票据

2014 年		凭证号数	摘要	借方	贷方	借或贷	余额
月	日						
12	1		期初余额			借	19 600
	10		1—10 日发生额		19 600	借	0
	20		11—20 日发生额	23 400		借	23 400
			本月合计	23 400	19 600	借	23 400

表 8-21 总分类账

会计科目:应收账款

2014 年		凭证号数	摘要	借方	贷方	借或贷	余额
月	日						
12	1		期初余额			借	15 800
	10		1—10 日发生额	52 650	5 800	借	62 650
	20		11—20 日发生额		36 000	借	26 650
			本月合计	52 650	41 800	借	26 650

表 8-22　总分类账

会计科目：预付账款

2014年		凭证号数	摘要	借方	贷方	借或贷	余额
月	日						
12	1		期初余额			借	20 000
	31		21—31日发生额		14 625	借	5 375
			本月合计		14 625	借	5 375

表 8-23　总分类账

会计科目：其他应收款

2014年		凭证号数	摘要	借方	贷方	借或贷	余额
月	日						
12	1		期初余额			借	0
	10		1—10日发生额	800	800	借	0
			本月合计	800	800	借	0

表 8-24　总分类账

会计科目：库存商品

2014年		凭证号数	摘要	借方	贷方	借或贷	余额
月	日						
12	1		期初余额			借	47 900
	31		21—31日发生额	38 645	48 430	借	38 115
			本月合计	38 645	48 430	借	38 115

表 8-25　总分类账

会计科目：原材料

2014年		凭证号数	摘要	借方	贷方	借或贷	余额
月	日						
12	1		期初余额			借	36 000
	10		1—10日发生额	52 500	35 800	借	52 700
	31		21—31日发生额	12 500	5 000	借	60 200
			本月合计	65 000	40 800	借	60 200

表 8－26　总分类账

会计科目:在途采购

2014 年		凭证号数	摘要	借方	贷方	借或贷	余额
月	日						
12	1		期初余额			借	0
	10		1—10 日发生额	52 500	52 500	借	0
			本月合计	52 500	52 500	借	0

表 8－27　总分类账

会计科目:待摊费用

2014 年		凭证号数	摘要	借方	贷方	借或贷	余额
月	日						
12	1		期初余额			借	1 200
			本月合计			借	1 200

表 8－28　总分类账

会计科目:固定资产

2014 年		凭证号数	摘要	借方	贷方	借或贷	余额
月	日						
12	1		期初余额			借	197 920
			本月合计			借	197 920

表 8－29　总分类账

会计科目:累计折旧

2014 年		凭证号数	摘要	借方	贷方	借或贷	余额
月	日						
12	1		期初余额			贷	65 000
	31		21—31 日发生额		4 800	贷	69 800
			本月合计		4 800	贷	69 800

表 8-30　总分类账

会计科目：无形资产

2014 年 月	2014 年 日	凭证号数	摘要	借方	贷方	借或贷	余额
12	1		期初余额			借	17 000
			本月合计			借	17 000

表 8-31　总分类账

会计科目：短期借款

2014 年 月	2014 年 日	凭证号数	摘要	借方	贷方	借或贷	余额
12	1		期初余额			贷	60 000
			本月合计			贷	60 000

表 8-32　总分类账

会计科目：应付账款

2014 年 月	2014 年 日	凭证号数	摘要	借方	贷方	借或贷	余额
12	1		期初余额			贷	17 600
	10		1—10 日发生额	17 600	42 120	贷	42 120
	20		11—21 日发生额	41 120		贷	1 000
			本月合计	58 720	42 120	贷	1 000

表 8-33　总分类账

会计科目：预提费用

2014 年 月	2014 年 日	凭证号数	摘要	借方	贷方	借或贷	余额
12	1		期初余额			贷	2 500
	31		21—31 日发生额	600		贷	1 900
			本月合计	600		贷	1 900

表 8-34　总分类账

会计科目:应付票据

2014年		凭证号数	摘要	借方	贷方	借或贷	余额
月	日						
12	1		期初余额			贷	20 000
			本月合计			贷	20 000

表 8-35　总分类账

会计科目:应付职工薪酬

2014年		凭证号数	摘要	借方	贷方	借或贷	余额
月	日						
12	1		期初余额			贷	4 500
	10		1—10日发生额	1 900		贷	2 600
	31		21—31日发生额	22 500	22 500	贷	2 600
			本月合计	24 400	22 500	贷	2 600

表 8-36　总分类账

会计科目:应交税费

2014年		凭证号数	摘要	借方	贷方	借或贷	余额
月	日						
12	1		期初余额			贷	1 700
	10		1—10日发生额	10 370	7 650	借	1 020
	20		11—20日发生额		3 400	贷	2 380
	31		21—31日发生额	2 125	30 714.6	贷	30 969.6
			本月合计	12 495	41 764.6	贷	30 969.6

表 8-37　总分类账

会计科目:实收资本

2014年		凭证号数	摘要	借方	贷方	借或贷	余额
月	日						
12	1		期初余额			贷	199 000
			本月合计			贷	199 000

表 8-38 总分类账

会计科目:资本公积

2014 年		凭证号数	摘要	借方	贷方	借或贷	余额
月	日						
12	1		期初余额			贷	13 744
			本月合计			贷	13 744

表 8-39 总分类账

会计科目:盈余公积

2014 年		凭证号数	摘要	借方	贷方	借或贷	余额
月	日						
12	1		期初余额			贷	5 277
	31		21—31 日发生额		4 986.81	贷	10 263.81
			本月合计		4 986.81	贷	10 263.81

表 8-40 总分类账

会计科目:本年利润

2014 年		凭证号数	摘要	借方	贷方	借或贷	余额
月	日						
12	1		期初余额			贷	27 587
	31		21—31 日发生额	144 587	117 000	贷	0
			本月合计	144 587	117 000	贷	0

表 8-41 总分类账

会计科目:利润分配

2014 年		凭证号数	摘要	借方	贷方	借或贷	余额
月	日						
12	1		期初余额			贷	0
	31		21—31 日发生额	4 986.81	60 832.4	贷	55 845.59
			本月合计	4 986.81	60 832.4	贷	55 845.59

表 8-42　总分类账

会计科目：生产成本

2014年 月	日	凭证号数	摘要	借方	贷方	借或贷	余额
12	1		期初余额			借	0
	10		1—10日发生额	34 000		借	34 000
	31		21—31日发生额	25 600	38 645	借	20 955
			本月合计	59 600	38 645	借	20 955

表 8-43　总分类账

会计科目：制造费用

2014年 月	日	凭证号数	摘要	借方	贷方	借或贷	余额
12	1		期初余额			借	0
	10		1—10日发生额	1 800		借	1 800
	31		21—31日发生额	7 800	9 600	借	0
			本月合计	9 600	9 600	借	0

表 8-44　总分类账

会计科目：主营业务收入

2014年 月	日	凭证号数	摘要	借方	贷方	借或贷	余额
12	1		期初余额			贷	0
	10		1—10日发生额		45 000	贷	45 000
			11—21日发生额		20 000	贷	65 000
			21—31日发生额	110 000	45 000	贷	0
			本月合计	110 000	110 000	贷	0

表 8-45　总分类账

会计科目：主营业务成本

2014年 月	日	凭证号数	摘要	借方	贷方	借或贷	余额
12	1		期初余额			借	
	31		21—31日发生额	48 430	48 430	借	0
			本月合计	48 430	48 430	借	0

表 8 - 46　总分类账

会计科目：销售费用

2014 年		凭证号数	摘要	借方	贷方	借或贷	余额
月	日						
12	1		期初余额			借	
	21		11—20 日发生额	1 000		借	1 000
	31		21—31 发生额		1 000	借	0
			本月合计	1 000	1 000	借	0

表 8 - 47　总分类账

会计科目：管理费用

2014 年		凭证号数	摘要	借方	贷方	借或贷	余额
月	日						
12	1		期初余额			借	0
	10		1—10 日发生额	750		借	750
	20		11—20 日发生额	800		借	1 550
	31		21—31 日发生额	4 500	6050	借	0
			本月合计	6 050	6 050	借	0

表 8 - 48　总分类账

会计科目：财务费用

2014 年		凭证号数	摘要	借方	贷方	借或贷	余额
月	日						
12	1		期初余额			借	0
	31		21—31 日发生额	300	300	借	0
			本月合计			借	0

表 8 - 49　总分类账

会计科目：所得税

2014 年		凭证号数	摘要	借方	贷方	借或贷	余额
月	日						
12	1		期初余额			借	0
	31		21—31 日发生额	16 374.6	16 374.6	借	0
			本月合计	16 374.6	16 374.6	借	0

表 8-50　总分类账

会计科目：其他业务收入

2014 年		凭证号数	摘要	借方	贷方	借或贷	余额
月	日						
12	1		期初余额			贷	0
	31		21—31 日发生额	7 000	7 000	贷	0
			本月合计	7 000	7 000	贷	0

表 8-51　总分类账

会计科目：其他业务支出

2014 年		凭证号数	摘要	借方	贷方	借或贷	余额
月	日						
12	1		期初余额			借	0
	31		21—31 日发生额	5 000	5 000	借	0
			本月合计	5 000	5 000	借	0

表 8-52　总分类账

会计科目：营业外支出

2014 年		凭证号数	摘要	借方	贷方	借或贷	余额
月	日						
12	1		期初余额			借	0
	31		21—31 日发生额	1 100	1 100	借	0
			本月合计	1 100	1 100	借	0

表 8-53　总分类账

会计科目：销售费用

2014 年		凭证号数	摘要	借方	贷方	借或贷	余额
月	日						
12	1		期初余额			借	0
	31		21—31 日发生额	5 500	5 500	借	0
			本月合计	5 500	5 500	借	0

6.月末，将日记账、明细分类账与总分类账相互核对相符。

(1)将日记账与总分类账核对相符。表 8-6 中，现金日记账中现金余额 138 元与表 8-18 中现金总分类账中余额相等；表 8-7 银行存款日记账中银行存款余额 74 170 元与表 8-19 银行存款总分类账中余额相符。

(2)将总分类账与其所属明细分类账和合计数核对相符。在本例中，须核对以下账目：

①将库存商品明细分类账与其总分类账进行核对，表 8－8、表 8－9 中，A 产品与 B 产品余额合计数为：19 040＋19 075＝38 115 元，与表 8－24 库存商品总分类账中余额相符。

②将原材料明细分类账与其总分类账进行核对，表 8－10、表 8－11 中，甲、乙两种原材料余额合计数为：49 000＋11 200＝60 200 元，与表 8－25 原材料总分类账中余额相符。

以此类推，将生产成本、应收账款及应付账款总分类账与其所属各明细分类账相互核对相符，此处不再赘述。

7. 编制总分类账户本期发生额及余额表。根据表 8－3、表 8－17 中的内容，编制华美公司 2014 年 12 月总分类账户发生额及余额表，结果如表 8－54 所示。

表 8－54　华美公司总分类账户本期发生额及余额表

2014 年 12 月

账户名称	期初余额		本期发生额		期末余额	
	借方	贷方	借方	贷方	借方	贷方
现金	2 688		24 550	27 100	138	
银行存款	58 800		122 240	106 870	74 170	
应收账款	15 800		52 650	41 800	26 650	
其他应收款			800	800	0	
应收票据	19 600		23 400	19 600	23 400	
待摊费用	1 200				1 200	
预付账款	20 000			14 625	5 375	
物资采购			52 500	52 500	0	
原材料	36 000		65 000	40 800	60 200	
生产成本			59 600	38 645	20 955	
制造费用			9 600	9 600	0	
库存商品	47 900		38 645	48 430	38 115	
固定资产	197 920				197 920	
累计折旧		65 000		4 800		69 800
无形资产	17 000				17 000	
短期借款		60 000				60 000
应付账款		17 600	58 720	42 120		1 000
应付票据		20 000				20 000
应付职工薪酬		4 500	24 400	22 500		2 600
应交税费		1 700	12 495	41 764.6		30 969.6
预提费用		2 500	600			1 900
实收资本		199 000				199 000
资本公积		13 744				13 744
盈余公积		5 277		4 986.81		10 263.81
利润分配			4 986.81	60 832.4		55 845.59
本年利润		27 587	144 587	117 000		0

续表 8－54

账户名称	期初余额		本期发生额		期末余额	
	借方	贷方	借方	贷方	借方	贷方
主营业务收入			110 000	110 000		0
主营业务成本			48 430	48 430		0
销售费用			1 000	1 000		0
管理费用			6 050	6 050		0
财务费用			300	300		0
所得税			16 374.6	16 374.6		0
其他业务收入			7 000	7 000		0
其他业务支出			5 000	5 000		0
营业外支出			1 100	1 100		0
营业税费			5 500	5 500		0
合　计	416 908	416 908	895 528.41	895 528.41	465 123	465 123

8.根据核对无误的总分类账、明细分类账的相关资料，编制会计报表。编制的“资产负债表”和“利润表”如表 8－55、表 8－56 所示。

表 8－55　资产负债表(简表)

编报单位：华美公司　　　　2014 年 12 月　　　　单位：元

资　产	期末余额	期初余额	负债及所有者权益	期末余额	期初余额
流动资产：			流动负债：		
货币资金	74 308	61 488	短期借款	60 000	60 000
应收票据	23 400	19 600	应付票据	20 000	20 000
应收账款	26 650	15 800	应付账款	1 000	17 600
预付账款	5 375	20 000	预收账款		
其他应收款			应付职工薪酬	2 600	4 500
存货	119 270	83 900	应交税费	30 969.6	1 700
待摊费用	1 200	1 200	其他应付款		
流动资产合计	250 203	201 988	预提费用	1 900	2 500
非流动资产：			流动负债合计	116 469.6	106 300
固定资产	128 120	132 920	所有者权益：		
无形资产	17 000	17 000	实收资本(股本)	199 000	199 000
非流动资产合计	145 120	149 920	资本公积	13 744	13 744
			盈余公积	10 263.81	5 277
			未分配利润	55 845.59	27 587
			所有者权益合计	278 853.4	245 608
资产总计	395 323	351 908	负债及所有者权益总计	395 323	351 908

表8-56　利润表

编报单位:华美公司　　　　2014年12月　　　　单位:元

项　　目	本月数	本月累计数
一、营业收入	117 000	964 435
减:营业成本	53 430	563 530
营业税费	5 500	170 700
销售费用	1 000	9 960
管理费用	6 050	95 650
财务费用	300	17 500
资产减值损失		
加:公允价值变动净收益		
投资净收益		
二、营业利润	50 720	107 095
加:营业外收入		2 500
减:营业外支出	1 100	18 800
三、利润总额	49 620	90 795
减:所得税	16 374.6	29 962.6
四、净利润	33 245.4	60 832.4
五、每股收益		
(一)基本每股收益		
(二)稀释每股收益		

第九章　财产清查

学习目标

1. 掌握财产清查的基本知识和技能
2. 理解财产清查的必要性和种类
3. 着重掌握各种材料物资、货币资金和往来款项的清查方法
4. 理解财产清查结果的业务处理和账务处理

第一节　财产清查的意义和种类

一、财产清查的意义

财产清查也叫财产检查，是指通过对实物、现金的实地盘点和对银行存款、往来款项的核对，查明各项财产物资、货币资金、往来款项的实有数和账面数是否相符的一种会计核算的专门方法。

企业的会计工作，都要通过会计凭证的填制和审核，然后及时地在账簿中进行连续登记。应该说，这一过程能保证账簿记录的正确性，也能真实反映企业各项财产的实有数，各项财产的账实应该是一致的。但是，在实际工作中，由于种种原因，账簿记录会发生差错，各项财产的实际结存数也会发生差错，造成账存数与实存数发生差异，其原因是多方面的，一般有几种情况：①在收发物资中，由于计量、检验不准确而造成品种、数量或质量上的差错；②财产物资在运输、保管、收发过程中，在数量上发生自然增减变化；③在财产增减变动中，由于手续不齐或计算、登记上发生错误；④由于管理不善或工作人员失职，造成财产损失、变质或短缺等；⑤贪污盗窃、营私舞弊造成的损失；⑥自然灾害造成的非常损失；⑦未达账项引起的账账、账实不符等。

上述种种原因都会影响账实的一致性。因此，运用财产清查的手段，对各种财产物资进行定期或不定期的核对和盘点，具有以下重要的意义。

1. 保证账实相符，使会计资料真实可靠

通过财产清查可以确定各项财产物资的实际结存数，将账面结存数和实际结存数进行核对，可以揭示各项财产物资的溢缺情况，从而及时地调整账面结存数，保证账簿记录真实、可靠。

2. 保护财产的安全和完整

通过财产清查，可以查明企业单位财产、商品、物资是否完整，有无缺损、霉变现象，以便堵

塞漏洞,改进和健全各种责任制,切实保证财产的安全和完整。

3.挖掘财产潜力,加速资金周转

通过财产清查可以及时查明各种财产物资的结存和利用情况。如发现企业有限制不用的财产物资应及时加以处理,以充分发挥它们的效能;如发现企业有呆滞积压的财产物资,也应及时加以处理,并分析原因,采取措施,改善经营管理。这样,可以使财产物资得到充分合理的利用,加速资金周转,提高企业的经济效益。

4.保证财经纪律和结算纪律的执行

通过对财产、物资、货币资金及往来款项的清查,可以查明有关业务人员是否遵守财经纪律和结算纪律,有无贪污盗窃、挪用公款的情况;也可以查明资金使用是否合理,是否符合党和国家的方针政策和法规,从而使工作人员更加自觉的遵纪守法,自觉维护和遵守财经纪律。

二、财产清查的种类

财产清查按照清查的对象和范围,可以分为全面清查和局部清查;按照清查的时间,可以分为定期清查和不定期清查。下面分别加以说明。

1.全面清查与局部清查

全面清查是指对所有的财产和资金进行全面盘点与核对。其清查对象主要包括:原材料、在产品、自制半成品、库存商品、现金、短期存(借)款、有价证券及外币、在途物资、委托加工物资、往来款项、固定资产等。全面清查范围广,工作量大,一般在年终决算或企业撤销、合并或改变隶属关系时进行。

局部清查也称重点清查,是指根据需要只对财产中某些重点部分进行的清查。如流动资金中变化较频繁的原材料、库存商品等。除年度全面清查外,还应根据需要随时轮流盘点或重点抽查。各种贵重物资要每月至少清查一次,库存现金要天天核对,银行存(借)款要按银行对账单逐笔核对。

2.定期清查和不定期清查

定期清查是指在规定的时间内所进行的财产清查。一般是在年、季、月终了后进行。

不定期清查也称临时清查,是指根据实际需要临时进行的财产清查。一般是在更换财产物资保管人员,企业撤销、合并或发生财产损失等情况时所进行的清查。

定期清查和不定期清查的范围应视具体情况而定,可全面清查也可局部清查。

第二节 财产清查的方法

一、财产清查的准备工作

财产清查是一项复杂细致的工作,它涉及面广、政策性强、工作量大。为了加强领导,保质保量完成此项工作,一般应在企业单位负责人(如厂长、经理等)的领导下,由会计、业务、仓库等有关部门的人员组成财产清查的专门班子,具体负责财产清查的领导工作。在清查前,必须首先做好以下几项准备工作:

(1)清查小组制定财产计划,确定清查对象、范围,配备清查人员,明确清查任务。

(2)财务部门要将总账、明细账等有关资料登记齐全,核对正确,结出余额。保管部门要对所保管的各种财产物资以及账簿、账卡挂上标签,标明品种、规格、数量,以备查对。

(3)银行存款和银行借款应从银行取得对账单,以便查对。

(4)对需要使用的度量衡器,要提前校验正确,保证计量准确。对应用的所有表册,都要准备妥当。

二、实物的清查方法

1. 确定财产物资账面结存的方法(包括数量和金额)

财产物资的盘存制度有两种,一种是永续盘存制,一种是实地盘存制。

(1)永续盘存制又称账面盘存制,即平时对各项财产物资的增加、减少、收入、发出都要根据会计凭证在账簿里作相应的连续记载,并且要求随时结出账面余额。

账面余额的计算公式:

账面期末余额=账面期初余额+本期增加额-本期减少额。

永续盘存制的优点是:可以随时结出账面结存数,便于随时掌握财产物资的占用情况及其动态,有利于加强对财产物资的管理。其不足是:账簿中记录的财产物资的增减变动及结存情况都是根据有关会计凭证登记的,可能发生账实不符的情况。

采用永续盘存制需要对各项财产物资定期进行财产清查,以查明账实是否相符,以及账实不符的原因。

具体登记永续盘存制下的账簿如表 9-1 所示。

表 9-1 永续盘存制下账簿记录

A 材料

	收入			发出			结存		
	数量	单价	成本	数量	单价	成本	数量	单价	成本
月初							800	8	6 400
收入	1 000	8	8 000				1 800		14 400
领用				900	8	7 200	900		7 200
收入	500	8	4 000				1 400		11 200
领用				1 000	8	8 000	400		3 200
本月合计	1 500		12 000	1 900		15 200	400	8	3 200

(2)实地盘存制平时只要求根据会计凭证在账簿中登记财产物资的增加数,不要求登记减少数,到月末,对各项财产物资进行盘点,根据实地盘点确定实存数,倒挤出本月的财产物资的减少数。公式体现:

本期减少数=账面期初余额+本期增加数-期末实际结存数

采用实地盘存制,工作简单,工作量小,但是各项财产物资的减少数没有严密的手续,不便于实行会计监督,倒挤出的各项财产物资的减少数中成份复杂,除了正常的耗用外,可能还有毁损的和丢失的,所以非特殊原因,一般情况不宜采用。

月末实际盘存 300 数量,按最后进价计价。

本期减少数＝800＋(600＋500＋900＋400)－300＝2 900

结存金额＝300×9＝2 700

本期减少金额＝6 400＋(4 200＋3 000＋7 200＋3 600)－2 700＝21 700

具体登记实地盘存制下账簿如表 9－2 所示。

表 9－2　实地盘存制下账簿记录

	收入			发出			结存		
	数量	单价	成本	数量	单价	成本	数量	单价	成本
月初							800	8	6 400
收入	600	7	4 200						
收入	500	6	3 000						
收入	900	8	7 200						
收入	400	9	3 600						
				2 900		21 700	300	9	2 700
合计	2 400		18 000	2 900		21 700	300	9	2 700

2.确定财产物资实存数量的方法(清查财产物资的方法)

对于各种实物如材料、半成品、在产品、产成品、低值易耗品、包装物、固定资产等，都要从数量和质量上进行清查。由于实物的形态、体积、重量、堆放方式等不尽相同，因而所采用的清查方法也不尽相同。实物数量的清查方法，比较常用的有以下两种：

(1)实物盘点。这种方法即通过逐一清点或用计量器具来确定实物的实存数量。其适用的范围较广，在多数财产物资清查中都可以采用。

(2)技术推算。采用这种方法，对于财产物资不是逐一清点计数，而是通过量方、计尺等技术推算财产物资的结存数量。这种方法只适用于成堆量大而价值又不高、难以逐一清点的财产物资的清查。例如，露天堆放的煤炭等。

对于实物的质量，应根据不同的实物采用不同的检查方法。例如，有的采用物理方法，有的采用化学方法来检查实物的质量。

实物清查过程中，实物保管人员和盘点人员必须同时在场。对于盘点结果，应如实登记盘存单，并由盘点人和实物保管人签字或盖章，以明确经济责任。盘存单既是纪录盘点结果的书面证明，也是反映财产物资实存数的原始凭证。其一般格式如表 9－3 所示。

盘　存　单

单位名称:　　　　　　　　　　　　　　　编　号:

产品类别:　　　　　年　月　日　　　　　存放地点:

序号	名称	规格型号	计量单位	实存数量	单价	金额	备注
盘点人签章:						实物保管人签章:	

为了查明实存数与账存数是否一致，确定盘盈或盘亏情况，应根据盘存单和有关账簿的记录，编制实存账存对比表。实存账存对比表是用以调整账簿记录的重要原始凭证，也是分析产生差异的原因和明确经济责任的依据。实存账存对比表的一般格式如表 9－4 所示。

表 9－4　实存账存对比表

编号	类别及名称	计量单位	单价	实存		账存		对比结果				备注
								盘盈		盘亏		
				数量	金额	数量	金额	数量	金额	数量	金额	

主管人员：　　　　　　　　　　　　会计：　　　　　　　　　　　　制表：

对于委托外单位加工、保管的材料、商品、物资以及在途的材料、商品、物资等，可以用询证的方法与有关单位进行核对，以查明账实是否相符。

三、货币财产清查

(一)库存现金的清查

库存现金的清查，包括人民币和各种外币的清查，都是采用实地盘点即通过点票数来确定现金的实存数，然后以实存数与现金日记账的账面余额进行核对，以查明账实是否相符及盈亏情况。

由于现金的收支业务十分频繁，容易出现差错，需要出纳人员每日进行清查和定期及不定期的专门清查。每日业务终了，出纳人员都应将现金日记账的账面余额与现金的实存数进行核对，做到账款相符。专门班子清查盘点时，出纳人员必须在场，现钞应逐张查点，还应注意有无违反现金管理制度的现象，然后编制现金盘点报告表，并由盘点人员和出纳人员签章。现金盘点报告表兼有盘存单和实存账存对比表的作用，是反映现金实有数和调整账簿记录的重要原始凭证。其一般格式如表 9－5 所示。

表 9－5　库存现金盘点报告表

单位名称：　　　　　　　　　　　年　月　日

实存金额	账存金额	对比结果		备注
		盘盈	盘亏	

盘点人：　　　　　　　　　　　　出纳员：

(注：国库券、其他金融债券、公司债券、股票等有价证券的清查方法和现金相同。)

(二)银行存款的清查

银行存款的清查与实物和现金的清查方法不同，它是采用与银行核对账目的方法来进行，即将企业单位的银行存款日记账与从银行取得的对账单逐笔核对，以查明银行存款的收入、发出和结余的记录是否正确。

开户银行送来的银行对账单是银行在收付企业单位存款时复写的账页，它完整地记录了企业单位存放在银行的款项的增减变动情况及结存余额，是进行银行存款清查的重要依据。

在实际工作中，企业银行存款日记账余额与银行对账单余额往往不一致，其主要原因：一是双方账目发生错账、漏账。所以在与银行核对账目之前，应先仔细检查企业单位银行存款日记账的正确性和完整性，然后再将其与银行送来的对账单逐笔进行核对。二是正常的“未达账项”。所谓“未达账项”，是指由于双方记账时间不一致而发生的一方已经入账，而另一方尚未入账的款项。企业单位与银行之间的未达账项，有以下四种情况：

(1)企业已入账，但银行尚未入账。

①企业送存银行的款项，企业已作为存款增加入账，但银行尚未入账。

②企业开出支票或其他付款凭证，企业已作为存款减少入账，但银行尚未付款、记账。

(2)银行已入账，但企业尚未入账。

①银行代企业收进的款项，银行已作为企业存款的增加入账，但企业尚未受到通知，因而未入账。

②银行代企业支付的款项，银行已作为企业存款的减少入账，但企业尚未受到通知，因而未入账。

上述任何一种情况的发生，都会使双方的账面存款余额不一致。因此，为了查明企业单位和银行双方账目的记录有无差错，同时也是为了发现未达账项，在进行银行存款清查时，必须将企业单位的银行存款日记账与银行对账单逐笔核对。核对的内容包括收付金额、结算凭证的种类和号数、收入来源、支出的用途、发生的时间等。通过核对，如果发现企业单位有错账或漏账，应立即更正；如果发现银行有错账或漏账，应及时通知银行查明更正；如果发现有未达账项，则应据以编制银行存款余额调节表进行调节，并验证调节后余额是否相等。调整后的余额为企业在银行可以动用的款项。银行存款余额调节表格式如表 9－6 所示。

表 9－6　银行存款余额调节表

年　月　日　　　　单位：

项　目	金　额	项　目	金　额
银行存款日记账余额		银行对账单余额	
加：银行已记增加， 企业未记增加的账项		加：企业已记增加， 银行未记增加的账项	
减：银行已记减少， 企业未记减少的账项		减：企业已记减少， 银行未记减少的账项	
调整后的余额		调整后的余额	

下面举例说明银行存款余额调节表的编制方法：

【例 9－1】 某企业 2014 年 12 月 31 日银行存款日记账的余额为 84 000 元，银行对账单的余额为 111 000 元，经过逐笔核对有如下未达账项。

(1)企业收到销货款 3 000 元已登账，银行尚未入账。

(2)企业支付购料款 27 000 元已登账，银行尚未入账。

(3)银行收到购货方汇来货款 15 000 元已登账，企业尚未入账。

(4)银行代企业支付购料款 12 000 元已登账，企业尚未入账。

根据上述未达账项编制“银行存款余额调节表”如表 9－7 所示。

表 9－7　银行存款余额调节表

2014 年 12 月 31 日　　　　单位：元

项　　目	金　额	项　　目	金　额
企业银行存款账面余额	84 000	银行对账单账面余额	111 000
加：银行已收，企业未收	15 000	加：企业已收，银行未收	3 000
减：银行已付，企业未付	12 000	减：企业已付，银行未付	27 000
调节后的存款余额	87 000	调节后的存款余额	87 000

采用这种方法调整，如果双方调节后的余额相等，说明双方记账一般没有错误，而这个相等的金额表示企业可以使用的银行存款实有数；若双方调节后余额不符，说明企业与开户银行双方或一方记账有错误，应查明原因，采用正确的方法更正。

在财产清查过程中，要特别注意长期存在的未达账项，这样的款项可能是错账。需要指出的是，银行存款余额调节表只起对账作用，调节账面余额不是更改账簿记录，银行存款日记账的登记，还应等收到有关原始凭证后再进行。银行存款余额调节表不能作为原始凭证。

上述银行存款的清查方法，也适用于各种银行借款的清查。但在清查银行借款时，还应检查借款是否按规定的用途使用，是否按期归还。

(三)往来款项的清查

往来款项的清查，采用对方单位核对账目的方法，即在检查各单位结算往来款项账目正确性和完整性的基础上，根据有关明细分类账的记录，按用户编制对账单，送交对方单位进行核对。对账单一般一式两联，其中一联作为回单。如果对方单位核对相符，应在回单上盖章后退回；如果数字不符，则应将不符的情况在回单上注明，或另抄对账单退回，以便进一步清查。在核对过程中，如果发现未达账项，双方都应采用调节账面余额的方法，来核对往来款项是否相符。尤其应注意查明有无双方发生争议的款项、没有希望收回的款项以及无法支付的款项，以便即使采取措施进行处理，避免或减少坏账损失。往来款项对账单如图 9－1 所示。

××单位：

你单位 2013 年 8 月 6 日到我公司购乙产品 1 000 件，已付货款 6 000 元，尚有 4 000 元货款未付，请核对后将回联单寄回。

清查单位：(盖章)

2014 年 7 月 3 日

沿此虚线裁开，将以下回联单寄回！

....

往 来 款 项 对 账 单（回联）

××单位：

你单位寄来的“往来款项对账单”已收到，经核对相符无误。

××单位(盖章)

2014 年 7 月 3 日

图 9－1　往来款项对账单

往来款项清查结束后，应将清查结果编制"往来款项清查报告单"并填入各项债权、债务的余额；对于有争执的款项以及无法收回的款项，应在报告单上详细列明情况，报请财产清查小组或上级，以便及时采取措施进行处理，尽快了结逾期的债权债务，避免或减少坏账损失。

往来款项清查结果研究结束后，企业应按规定和批准意见处理，该收回的款项应积极催收，该归还的款项要及时归还；对于有争执的款项要共同协商或积极处理，不能协商解决的，可以通过法律途径进行调解或裁决；对确实无法收回或无法支付的款项应进行核销处理，但应在备查簿上进行记录。

第三节 财产清查结果的处理

一、财产清查结果处理的要求

对财产清查结果，应以国家的有关法规、制度为依据，严肃认真地处理。具体要求如下：

1. 分析产生差异的原因和性质，提出处理建议

对财产清查所发现的实存数量与账存数量的差异，应核定其相差数额，然后调查并分析产生差异的原因，明确经济责任，提出处理意见，处理方案应按规定的程序报请审批。

2. 积极处理多余、积压财产，清理往来款项

对于财产清查中发现的多余、积压财产，应分不同情况处理。属于盲目采购或者盲目生产等原因造成的积压，一方面要积极利用或者改造，另一方面要停止采购或生产。

3. 总结经验教训，建立健全各项管理制度。

财产清查后，要针对存在的问题或不足，总结经验教训，采取必要的措施，建立健全各项财产管理制度，进一步提高财产管理水平。

4. 根据清查结果，及时调整账簿记录，保证账实相符

对于财产清查中发现的盘盈或盘亏，应及时调整账面记录，以保证账实相符。要根据清查结果中取得的原始凭证，登记有关账簿，使各种物资的实存数与账存数相一致，同时反映待处理财产损溢的发生额。

二、财产清查结果处理的步骤

1. 审批之前的处理

财产清查中发现的盘盈或盘亏，在报经领导审批之前，根据"清查结果报告表"、"盘点报告表"等已经查实的数据资料，编制会计分录和记账凭证，计入有关账簿，使账簿记录与实际盘存数完全相符，同时根据企业的管理权限，将处理建议报股东大会或董事会，或经理（厂长）会议或类似机构批准。

2. 审批之后的处理

根据审批的意见，进行差异处理，调整账项，并据以登记有关账簿。

三、财产清查结果的账务处理

(一)账户设置

在财产清查中,如果发现某项财产物资由于计量不准、手续不完备等造成实存数大于账存数的差额,称为盘盈;如果发现某项财产物资由于计量不准、自然灾害等原因造成实存数小于账存数的差额,称为盘亏和毁损。

为了记录、反映企业在财产清查中查明的各种财产物资盘盈、盘亏和毁损的价值,企业应设置"待处理财产损溢"科目,在该账户下应设置"待处理固定资产损溢"和"待处理流动资产损溢"两个明细分类账户进行明细核算。"待处理财产损溢"账户属于双重性质的账户,借方登记各种财产盘亏、毁损数及按规定程序批准的盘盈转销数,贷方登记各种财产的盘盈数及按规定程序批准的盘亏、毁损转销数;处理前的借方余额,反映企业尚未处理的各种财产的净损失;处理前的贷方余额,反映企业尚未处理的各种财产的净溢余。期末处理后,本账户应无余额。"待处理财产损溢" 账户的基本结构如表 9-8 所示。

表 9-8 待处理财产损溢

借方	贷方
期初余额:尚未处理的财产物资净损失数 发生额:财产物资盘亏、毁损数及经批准的盘盈转销数	期初余额:尚未处理的财产物资净溢余数 发生额:财产物资盘盈数及经批准转销的盘亏、毁损数
期末余额:尚未处理的财产物资净损失数	期末余额:尚未处理的财产物资净溢余数

(二)财产清查结果的核算

1.库存现金清查结果的处理

企业每日终了结算现金收支,以及财产清查等发现的有待查明原因的现金短缺或溢余,应分情况处理:如属于违反库存现金管理的有关规定,应及时予以纠正;如属于账实不符的,除了设法查明原因外,还应及时根据"现金盘点报告表"通过"待处理财产损溢——待处理流动资产损溢"科目核算。

待查明原因后再分别情况处理:

属于记账错误的应及时予以更正。

无法查明原因的长款应计入"营业外收入——现金溢余";无法查明原因的短款应计入"管理费用——现金短缺"。

由出纳人员失职造成的短款应由出纳人员赔偿,计入"其他应收款——应收现金短缺款(××个人)"。

现举例说明库存现金清查结果的会计处理。

某企业某月份进行现金清查,根据清查结果作如下会计分录:

【例 9-2】 现金清查中发现库存现金溢余 50 元。

在报经批准前,根据"库存现金盘点报告表"确定的库存现金盘盈数,调整账面记录,编制会计分录如下:

借:库存现金　　　　　　　　　　　　　　　　50

　贷:待处理财产损溢——待处理流动资产损溢　　　　50

【例 9-3】 若经反复核查，上述库存现金存款无法查明原因，报经批准作营业外收入处理：

借：待处理财产损溢——待处理流动资产损溢　　50

　贷：营业外收入　　50

【例 9-4】 现金清查中发现短缺 20 元。

在报经批准前，根据"库存现金盘点报告表"确定的库存现金盘亏数，调整账面记录，编制会计分录如下：

借：待处理财产损溢——待处理流动资产损溢　　20

　贷：库存现金　　20

【例 9-5】 若经核查，上述库存现金短款中 10 元属于出纳员的责任，另外 10 元无法查明原因。

在批准后，根据批准意见，转销库存现金盘亏的会计分录如下：

借：其他应收款——出纳员××　　10

　管理费用　　10

　贷：待处理财产损溢——待处理流动资产损溢　　20

【例 9-6】 收到上述出纳员的赔偿的库存现金 10 元。

借：库存现金　　10

贷：其他应收款——出纳员××　　10

2. 存货清查结果的处理

存货应当定期盘点，每年至少盘点一次。对盘盈、盘亏、毁损的存货，应先通过"待处理财产损溢——待处理流动资产损溢"账户核算，同时要及时查明原因，并根据企业的管理权限，经股东大会或董事会，或经理(厂长)会议或类似机构批准后，在期末结账前处理完毕。

(1)存货盘盈的核算。根据《企业会计制度》的规定，盘盈的各种材料、库存商品等存货，经查明是由于收发计量或核算上的误差等原因造成的，应及时办理存货入账手续，调整存货的账面实存数，应该按该材料的市价或同类、类似材料的市场价格，在报经批准前，转入"待处理财产损溢"。经有关部门批准后，计入"管理费用"账户的贷方，冲减管理费用。

(2)存货盘亏和毁损的核算。企业财产清查中发现的存货盘亏或毁损，在报经批准前，应按成本转入"待处理财产损溢"，贷记存货类账户，使账实相符。经有关部门批准后，根据造成盘亏和毁损不同原因，分别处理：其相关的成本和不可抵扣的增值税进项税额，在减去过失人或保险公司等赔款和残料价值之后的净损失，如果属于自然灾害造成的，则应该计入"营业外支出"科目，如果属于其他情况如收发计量或核算上的误差、管理不善、自然损耗等原因造成的，则计入"管理费用"的借方。对于能收回的残料价值，借记"原材料"或"材料"账户；对于可以收回的保险赔偿和过失人的赔偿，计入"其他应收款"科目的借方。

(3)对于大、中企业要求通过"待处理财产损溢"账户核算，对于小企业可要求直接处理。举例说明如下：盘盈的存货，应冲减当期的管理费用；盘亏的存货，在减去过失人或者保险公司等赔款和残料价值之后，计入当期管理费用；属于非常损失的，计入营业外支出。盘盈或盘亏的存货，如在期末结账前尚未批准，应在对外提供财务会计报告时先按上述规定进行处理，并在会计报表附注中做出说明；如果其后批准处理的金额与已处理的金额不一致，应按其差额调整会计报表相关项目的年初数。

现举例说明存货清查结果的会计处理：

【例9-7】某企业经财产清查发现盘盈甲材料一批，金额为2 000元。

在批准前，根据“实存账存对比表”确定的材料盘盈，调整账簿记录，编制如下会计分录：

借：原材料——甲材料　　2 000

　贷：待处理财产损溢——待处理流动资产损溢　　2 000

【例9-8】经查明上述材料是由于收发计量上的错误所致，批准冲减管理费用，作如下会计分录：

借：待处理财产损溢——待处理流动资产损溢　　2 000

　贷：管理费用　　2 000

【例9-8】某企业进行盘点发现短缺甲产品5千克，每千克20元。

(1)在批准之前，根据“实存账存对比表”，作如下会计分录：

借：待处理财产损溢——待处理流动资产损溢　　100

　贷：产成品——甲产品　　100

(2)经查明属于定额内正常损耗，根据批准意见，作如下会计分录：

借：管理费用　　100

　贷：待处理财产损溢——待处理流动资产损溢　　100

【例9-10】某企业发生非正常损失乙材料100吨，每吨买价100元，根据购货发票列有增值税进项税额1 700元。

(1)在批准之前，根据“实存账存对比表”作如下会计分录：

借：待处理财产损溢——待处理流动资产损溢　　11 700

　贷：原材料——乙材料　　10 000

　　应交税费——应交增值税(进项税额转出)　　1 700

(2)除收回残值100元，保险公司赔偿10 000元，其余的损失经批准计入营业外支出，作如下会计分录：

借：原材料　　100

　　其他应收款——保险公司　　10 000

　　营业外支出——非常损失　　1 700

　贷：待处理财产损溢——待处理流动资产损溢　　11 800

3.固定资产清查结果的处理

固定资产应当定期或者至少每年实地盘点一次。对盘盈、盘亏、毁损的固定资产，应先通过“待处理财产损溢——待处理固定资产损溢”账户核算，同时要及时查明原因，写出书面报告，并根据企业的管理权限，经股东大会或董事会，或经理(厂长)会议或类似机构批准后，在期末结账前处理完毕。

(1)固定资产盘盈的核算。对于企业财产清查中盘盈的固定资产，应按其同类、类似材料的市场价格，减去该项固定资产按新旧程度估计的价值损耗后的余额，在报经批准前，按固定资产的重置成本，借记“固定资产”账户，贷记“以前年度损益调整”账户。

(2)固定资产盘亏或毁损的核算。企业发生固定资产盘亏时，按盘亏固定资产的净值，减去过失人或者保险公司等赔款和残料价值之后，借记“待处理财产损溢”账户；按已计提的累计折旧，借记“累计折旧”账户，贷记“固定资产”账户。在报经批准后，计入当期“营业外支出”账户。如盘盈、盘亏或毁损的固定资产，在期末结账前尚未经批准的，在对外提供财务会计报告时应按上述规定进行处理，并在会计报表附注中作出说明；如果其后批准处理的金额与已处理的金额不一致，应按其差额调整会计报表相关项目的年初数。

现举例说明固定资产清查结果的会计处理：

【例 9－11】 某企业在财产清查中，发现账外设备一台，其重置完全价值为 6 000 元。

(1)批准前，根据"固定资产盘盈盘亏报告表"，作如下会计分录：

借：固定资产　　6 000

　贷：以前年度损益调整　　6 000

【例 9－12】 某企业在财产清查中，发现盘亏设备一台，其原值为 80 000 元，已计提折旧 50 000元。

(1)批准前，根据"固定资产盘盈盘亏报告表"，作如下会计分录：

借：待处理财产损溢——待处理固定资产损溢　　30 000

　　累计折旧　　50 000

　贷：固定资产　　80 000

(2)经查明，审批过失人赔偿 5 000 元，其余损失经批准转入营业外支出，作如下会计分录：

借：其他应收款——××过失人　　5 000

　　营业外支出——固定资产盈亏　　25 000

　贷：待处理财产损溢——待处理固定资产损溢　　30 000

(3)若是由于非常事故引起损失，保险公司同意赔偿 15 000 元，由过失人赔偿 5 000 元，作如下会计分录：

借：其他应收款——保险公司　　15 000

　　其他应收款——××过失人　　5 000

　　营业外支出——非常损失　　10 000

　贷：待处理财产损溢——待处理固定资产损溢　　30 000

4. 应收、应付款项清查结果的处理

在财产清查中查明确实无法收回的应收账款和无法支付的应付账款，不通过"待处理财产损溢"账户进行核算，而是在原来账面记录的基础上，按规定程序报经批准后，直接转账冲销。对无法收回的应收账款，即坏账损失，在不计提坏账准备的企业，计入管理费用；在计提坏账准备的企业，冲减坏账准备(企业会计制度规定，企业应当采用备抵法进行坏账的核算)。

现举例说明应收款项清查结果的会计处理：

【例 9－13】 长期无法收回的应收账款 1 500 元，按规定程序报经批准后，作如下会计分录：

借：坏账准备　　1 500

　贷：应收账款　　1 500

本章思考题

一、单项选择题

1. 企业在遭受自然灾害后，对其受损的财产物资进行的清查，属于(　　)

A. 局部清查和定期清查
B. 全面清查和定期清查
C. 局部清查和不定期清查
D. 全面清查和不定期清查

2. 对库存现金的清查应采用的方法是(　　)
A. 实地盘点法
B. 检查现金日记账
C. 倒挤法
D. 抽查库存现金

3. 对应收账款进行清查时,应采用的方法是(　　)
A. 与记账凭证核对
B. 函证法
C. 实地盘点法
D. 技术推算法

4. 财产清查是对(　　)进行盘点和核对,确定其实存数,并查明其账存数与实存数是否相符的一种专门方法。
A. 存货
B. 固定资产
C. 货币资金
D. 各项财产

5. 银行存款清查的方法是(　　)
A. 定期盘存法
B. 和往来单位核对账目的方法
C. 实地盘存法
D. 与银行核对账目的方法

6. 往来款项的清查方法是(　　)
A. 实地盘点法
B. 发函询证法
C. 技术推算法
D. 抽查法

二、多项选择题

1. 在财产清查的过程中,应编制并据以调整账面记录的原始凭证有(　　)
A. 库存现金盘点报告单
B. 银行存款余额调节表
C. 财产物资清查盘存单
D. 财产清查盈亏明细表

2. 下列项目中,属于不定期并且全面清查的是(　　)
A. 单位合并. 撤销以及改变隶属关系

B. 年终决算之前

C. 企业股份制改制前

D. 单位主要领导调离时

3. 造成账实不符的原因主要有(　　)

A. 财产物资的自然损耗、收发计量错误

B. 会计账簿漏记、重记、错记

C. 财产物资的毁损、被盗

D. 未达账项

4. 财产清查的内容包括(　　)

A. 货币资金

B. 财产物资

C. 应收、应付款项

D. 对外投资

5. 在银行存款对账中，未达账项包括(　　)

A. 银行已收款入账企业未收款入账

B. 企业未付款入账银行已付款入账

C. 企业未付款入账银行也未付款入账

D. 银行已收款入账企业也收款入账

三、判断题

1. 在企业撤销或合并时，要对企业的部分财产进行重点清查。(　　)

2. 未达账项只在企业与开户银行之间发生，企业与其他单位之间不会发生未达账项。(　　)

3. 通过财产清查，可以挖掘财产物资的潜力，有效利用财产物资，加速资金周转。(　　)

4. 未达账项是指企业与银行之间由于记账的时间不一致，而发生的一方已登记入账，另一方漏记的项目。(　　)

5. 对因债权人特殊原因确定无法支付的应付账款，应计入营业外收入账户。(　　)

四、简答题

1. 什么是银行存款的未达账项？包括哪几种情况？

2. 简述实地盘存制和永续盘存制的区别。

五、业务题

1. 练习编制银行存款余额调节表，进行银行存款清查。

某企业 2014 年 5 月 30 日银行存款日记账余额 238 000 元，银行对账单余额 243 000 元。经逐笔核对，发现有几笔未达账项：

①企业偿还 A 公司货款 25 000 元已登记入账，但银行尚未登记入账；②企业收到销售商品款 35 100 元已登记入账，但银行尚未登记入账；③银行已划转电费 4 900 元登记入账，但企业尚未收到付款通知单、未登记入账；④银行已收外地汇款 20 000 元登记入账，但企业尚未收

到收款通知单、未登记入账。

要求：编制银行存款余额调节表。

2. 练习编制银行存款余额调节表。

雷远公司 2014 年 8 月 31 日银行存款日记账余额 37 685 元，银行送来的对账单余额为 47 570。经逐笔核对，发现两者有下列不符之处：

(1)8 月 30 日，本公司开出转账支票一张向方圆公司购买文具用品，价值 10 045 元，方圆公司尚未到银行办理转账手续。

(2)8 月 30 日，本公司委托银行代收一笔货款 7 800 元，款项银行已收妥入账，公司尚未收到通知入账。

(3)8 月 30 日，受到申花公司交来的转账支票 4 700 元，本公司已送交银行办理，并已入账，但银行尚未入账。

(4)8 月 31 日，银行扣收手续费 12 元，公司尚未入账。

(5)8 月 31 日，银行代付公用事业费 3 456 元，公司尚未收到通知入账。

(6)8 月 31 日，本月银行存款利息 208 元，公司尚未收到通知入账。

要求：根据以上资料，编制银行存款余额调节表，并确定企业 2014 年 8 月 31 日银行存款的实际结存额。

3. 练习存货、固定资产清查结果的账务处理。

某企业 6 月 30 日对存货和固定资产清查发现有关情况如下：

(1)库存 A 产品账面结存数量 2 000 件，单位成本 35 元，金额 70 000 元；实存 1 985 件，盘亏 15 件，价值 525 元。经查明系保管人员过失所致，经批准责令赔偿。

(2)甲材料账面结存数量 250 千克，每千克 20 元，金额 5 000 元，全部毁损，作为废料处理，计价 100 元。经查明由于自然灾害所致，其损失经批准作为非常损失处理。

(3)发现账外机器一台，估计原价 8 000 元，七成新，原因待查，经批准同意转销处理。

(4)乙材料账面结存数量 120 吨，每吨成本 100 元，价值 12 000 元，实存 118 吨，盘亏 2 吨，价值 200 元。经查明属于定额内损耗，经批准转销处理。

(5)丙材料账面结存数量 300 千克，每千克 10 元，价值 3 000 元；实存 310 千克，盘盈 10 千克，价值 100 元。经查明为收发计量差错原因造成，经批准转销处理。

要求：根据以上资料，编制存货和固定资产清查结果审批前后的会计分录。

4. 练习存货清查结果的账务处理。

请写出下列经济业务的会计处理：

①某企业在财产清查中，盘盈 A 材料 100 千克，该材料的实际成本为每千克 30 元。经有关部门批准，同意冲减管理费用。②某企业在财产清查中，盘亏 B 材料 100 千克，实际总成本 300 元，C 材料毁损 50 千克，实际总成本 1 000 元。经查 B 材料属于自然损耗产生的定额内损耗；C 材料系管理不善造成的毁损，预计可收回残料 400 元，应向保管人员索赔 100 元，尚未收到保管人员的赔款。

第十章 财务会计报告

学习目标

1. 初步掌握编制和阅读主要会计报表所必备的基础知识
2. 理解会计报表的作用、种类和编制要求
3. 着重掌握资产负债表、利润表和利润分配表的结构原理和基本的编制方法

第一节 财务会计报告概述

一、财务会计报告的概念

财务会计报告是指单位根据经过审核的会计账簿记录和有关资料编制并对外提供的反映单位某一特定日期财务状况和某一会计期间经营成果、现金流量的文件。还是企业会计核算的最终成果，也是会计核算的总结，它是企业对外提供财务会计信息的主要形式。

企业编制和对外提供财务会计报告主要作用：

(1)为企业外部的投资者、债权人了解企业生产经营情况，财务收支和盈利情况提供会计信息。

(2)为企业内部加强和改善经营管理提供经济信息。

(3)为国家经济管理部门进行宏观管理和调控提供会计和数据资料。

二、财务会计报告的构成

企业财务会计报告包括财务会计报表和其他应该在财务报告中披露的相关信息和资料。财务会计报表至少应包括下列部分：①资产负债表；②利润表；③现金流量表；④所有者权益(或股东权益，下同)变动表；⑤附注。

资产负债表、利润表和现金流量表分别从不同角度反映企业财务状况、经营成果和现金流量。资产负债表表明企业在某一特定日期所拥有的资产、需偿还的债务和投资者(股东)拥有的净资产的状况。利润表反映企业在一定会计期间经营成果，即盈利或亏损的情况，表明企业所拥有的资产的获利能力。现金流量表反映企业在报告期内现金和现金等价物增减变动情况。所有者权益变动表反映构成所有者权益的各组成部分当期的增减变动情况。企业的净利润及其分配情况是所有者权益变动的组成部分，相关信息已经在所有者权益变动表及其附注中反映，企业不需要再单独编制利润分配表。附注是财务会计报表不可缺的组成部分，是对资

产负债表、利润表、现金流量表和所有者权益变动表中所列示项目的文字描述或明细资料，以及对未能再这些报表中列示项目的说明等。

三、会计报表的作用

企业、行政、事业等单位的经济活动和财务收支，经过日常的会计核算，已在账簿中序时、连续、系统地作了归集和记录。但这些核算资料是分散地反映在各个账户之中，不能集中、总括、一目了然地反映企业、行政、事业等单位的经济活动和财务收支全貌，为了满足经营管理的需要，须将日常核算资料按照科学的方法和一定的指标定期进行系统的整理，以特定的形式全面综合地反映企业整个经济活动和财务收支状况。

会计报表是通过整理、汇总日常会计核算资料而定期编制的，用来集中、总括地反映企业单位在某一特定日期的财务状况以及某一特定时期的经营成果和现金流量的书面报告。编制会计报表是会计核算的又一种专门方法，也是会计工作的一项重要内容。会计报表所提供的指标，比其他会计资料提供的信息更为综合、系统和全面地反映企业和行政、事业等单位的经济活动的情况和结果。因此会计报表对企业和行政、事业单位本身及其主管部门，对企业的债权人和投资者，以及财税、银行、审计等部门来说，都是一种十分重要的经济资料。会计报表的作用，具体表现在以下几个方面：

(1)会计报表所提供的资料，可以帮助企业领导和管理人员分析检查企业的经济活动是否符合制度规定；考核企业资金、成本、利润等计划指标的完成程度；分析评价经营管理中的成绩和缺点，采取措施，改善经营管理，提高经济效益；运用会计报表的资料和其他资料进行分析，为编制下期计划提供依据。同时，通过会计报表，把会计经营情况和结果向职工通报，以便进行监督，进一步发挥职工群众主人翁作用，从各方面提出改进建议，促进企业增产节约措施的落实。

(2)单位主管部门，利用会计报表，考核所属单位的业绩以及各项经济政策贯彻执行情况，并通过各单位同类指标的对比分析，可及时总结成绩，推广先进经验；对所发现的问题分析原因，采取措施，克服薄弱环节；同时，通过报表逐级汇总所提供的资料，可以在一定范围内反映国民经济计划的执行情况，为国家宏观管理提供依据。

(3)财政、税务、银行和审计部门利用会计报表所提供的资料，可以了解企业资金的筹集运用是否合理，检查企业税收、利润计划的完成与解缴情况是否良好，以及有无违反税法和财经纪律的现象，更好地发挥财政、税收的监督职能；银行部门可以考查企业流动资金的利用情况，分析企业银行借款的物资保证程度，研究企业流动资金的正常需要量，了解银行借款的归还以及信贷纪律的执行情况，充分发挥银行经济监督和经济杠杆作用；审计部门可以利用会计报表了解企业财务状况和经营情况及财经政策、法令和纪律执行情况，从而为进行财务审计和经济效益审计提供必要的资料。

(4)企业的投资、债权人和其他利益群体需利用会计报表所提供的企业财务状况和偿债能力，作为投资、贷款和交易的决策依据。行政、事业等单位的会计报表，可以总括反映预算资金收支情况和预算执行的结果，以便总结经验教训，改进工作，提高单位的管理水平，并为编制下期预算提供必要的资料。

四、会计报表的种类

不同性质的经济单位由于会计核算的内容不一样，经济管理的要求及其所编制会计报表的种类也不尽相同。就企业而言，其所编制的会计报表也可按不同的标志划分为不同的类别。

1.按照会计报表所反映的经济内容分类

按会计报表反映的经济内容分为四种类型：

(1)反映一定日期企业资产、负债及所有者权益等财务状况的报表，如资产负债表。

(2)反映一定时期企业经营成果的会计报表如利润表。

(3)反映一定时期企业构成所有者权益的各组成部分的增减变动情况的报表，如所有者权益变动表。

(4)反映一定时期内企业财务状况变动情况的会计报表，如现金流量表。

以上四类报表可以划分为静态报表和动态报表，前者为资产负债表，后者为利润表、所有者权益变动表和现金流量表。

2.按照会计报表报送对象分类

财务报表按其报送的对象可分为两大类：一类是对外报送的会计报表，包括资产负债表、利润表、所有者权益变动表和现金流量表等。这些报表可用于企业内部管理，但更偏向于现在和潜在投资者、贷款人、供应商和其他债权人、顾客、政府机构、社会公众等外部使用者的信息要求。这类报表一般有统一格式和编制要求。另一类是对内报送的财务报表。这类报表是根据企业内部管理需要编制的，主要用于企业内部成本控制、定价决策、投资或筹资方案的选择等，这类报表无规定的格式、种类。

3.按照会计报表编报的编制分类

按会计报表编报的编制不同，可将其分为个别会计报表和合并会计报表两类。这种划分是在企业对外单位进行投资的情况下，由于特殊的财务关系所形成的。

个别会计报表是指只反映对外投资企业本身的财务状况和经营情况的会计报表，包括对外和对内会计报表。合并会计报表是指一个企业在能够控制另一个企业的情况下，将被控制企业与本企业视为一个整体，将其有关经济指标与本企业的数字合并而编制的会计报表。合并会计报表所反映的是企业与被控制企业共同的财务状况与经营成果。合并会计报表一般只编制对外会计报表。

4.按照会计报表编制的时间分类

按照会计报表编制的时间不同，可将其分为定期会计报表和不定期会计报表，其中定期会计报表又可分为年度会计报表、季度会计报表和月度会计报表三类。年度会计报表是年终编制的报表，它是全面反映企业财务状况、经营成果及其分配、现金流量等方面的报表。季度会计报表是每一季度末编制的报表，种类比年报少一些。月度会计报表是月终编制的财务报表，只包括一些主要的报表，如资产负债表、利润表等。

在编制会计报表时，哪些报表为年度会计报表，哪些报表为季度会计报表，哪些报表为月度会计报表，都应根据《企业会计准则》的规定办理。月度会计报表、季度会计报表称为中期报告，企业在持续经营的条件下，一般是按年、季、月编制会计报表，但在某种特殊情况下则需编制不定期会计报表，例如，在企业宣布破产时应编制和报送破产清算会计报表。

5.按照会计报表编制单位分类

按照会计报表编制单位不同,可将其分为单位会计报表和汇总会计报表两类。

单位会计报表是指由独立核算的会计主体编制的,用以反映某一会计主体的财务状况、经营活动成果和费用支出及成本完成情况的报表。汇总会计报表是指由上级主管部门将其所属各基层经济单位的会计报表,与其本身的会计报表汇总编制的,用以反映一个部门或一个地区经济情况的会计报表。

为了帮助会计报表的使用者更加清晰、明了地了解和掌握企业的经济活动情况,使会计报表在经济管理中起到更大的作用,企业应在编制、报送年度会计报表的同时,撰写并报送财务状况说明书。财务状况说明书的主要内容是:

(1)企业在报告期内的生产情况。

(2)企业在报告期内的盈亏情况及利润的分配情况。

(3)企业在报告期内的资金周转及其增减变动情况。

(4)企业在报告期内的资本结构及其情况。

(5)企业在报告期内的主要税费的计算及缴纳情况。

(6)企业在报告期内的财产盈亏及报损情况。

(7)企业在报告期内会计核算方法的变更情况。

(8)其他有必要说明的情况。

五、会计报表的编制要求

为了充分发挥会计报表的作用,会计报表的种类、格式、内容和编制方法,都应由财政部统一制定,企业应严格地按照统一规定填制和上报,才能保证会计报表口径一致,便于各有关部门利用会计报表,了解、考核和管理企业的经济活动。

为确保会计报表质量,编制会计报表必须符合以下要求:

1.数字真实

根据客观性原则,企业会计报表所填列的数字必须真实可靠,能准确地反映企业的财务状况和经营成果。不得以估计数字填列会计报表,更不得弄虚作假、篡改伪造数字。为了确保会计报表的数字真实准确,应做到如下几点:

(1)报告期内所有的经济业务必须全部登记入账,应根据核对无误的账簿记录编制会计报表,不得用估计数字编制会计报表,不得弄虚作假,不得篡改数字。

(2)在编制会计报表之前,应认真核对账簿记录,做到账证相符、账账相符。发现有不符之处,应先查明原因,加以更正,再据以编制会计报表。

(3)企业应定期进行财产清查,对各项财产物资、货币资金和往来款项进行盘点、核实,在账实相符的基础上编制会计报表。

(4)在编制会计报表时,要核对会计报表之间的数字,有勾稽关系的数字应要认真核对;本期会计报表与上期会计报表之间的数字应相对衔接一致,本年度会计报表与上年度会计报表之间相关指标数字应衔接一致。

2.内容完整

会计报表中各项指标和数据是相互联系、相互补充的,必须按规定填列齐全、完整。不论主表、附表或补充资料，都不能漏填、漏报。各会计报表之间、项目之间凡有对应关系的项目的数据，应该相互一致，做到表表相符。

3. 计算正确

会计报表上的各项指标，都必须按《企业会计准则》和《企业会计制度》中规定的口径填列，不得任意删减或增加，凡需经计算填列的指标，应按以上两个制度所规定的公式计算填列。

4. 编报及时

企业应按规定的时间编报会计报表，及时逐级汇总，以便报表的使用者及时、有效地利用会计报表资料。为此，企业应科学地组织好会计的日常核算工作，选择适合本企业具体情况的会计核算组织程序，认真做好记账、算账、对账和按期结账工作。

第二节 资产负债表

资产负债表是总括反映企业在某一特定日期(月末、季末或年末)全部资产、负债和所有者权益情况的会计报表。

一、资产负债表的作用

资产负债表可提供的信息有：

(1)流动资产实有情况的信息，包括货币资金、应收及预付款项、交易性金融资产和存货等信息。

(2)非流动资产实有情况的信息，包括可供出售金融资产、持有至到期金融资产、长期股权投资、固定资产、无形资产等信息。

(3)流动负债的信息，包括短期借款、交易性金融负债、应付及预收款项等信息。

(4)非流动负债的信息，包括长期借款、应付债券和长期应付款等信息。

(5)所有者权益的信息，包括实收资本、盈余公积和未分配利润等信息。

资产负债表总括地提供了企业的经营者、投资者和债权人等各方面所需要的信息，其具体作用如下：

(1)通过资产负债表可以了解企业所掌握的经济资源及其分布的情况，经营者可据此分析企业资产分布是否合理，以改进经营管理，提高管理水平。

(2)通过资产负债表可以了解企业资金的来源渠道和构成，投资者和债权人可据此分析企业所面临的财务风险，以监督企业合理使用资金。

(3)通过资产负债表可以了解企业的财务实力、短期偿债能力和支付能力，投资者和债权人可据此做出投资和贷款的正确决策。

(4)通过对前后期资产负债表的对比分析，可了解企业资金结构的变化情况，经营者、投资者和债权人可据此掌握企业财务状况的变化趋势。

二、资产负债表的结构

资产负债表是依据“资产＝负债＋所有者权益”这一会计等式的基本原理设置的，分为左右两方。左方反映企业所拥有的全部资产，右方反映企业的负债和所有者权益，根据会计等式的基本原理，左方的资产总额等于右方的负债和所有者权益的总额。资产负债表左、右两方各项目前后顺序是按其流动性排列的，一般企业的资产负债表基本格式如表 10－1 所示。

表 10－1　资产负债表

会企 01 表

编制单位：　　　　　　　　　年　月　日　　　　　　　　　　单位：元

资　产	期末余额	年初余额	负债和所有者权益	期末余额	年初余额
流动资产：			流动负债：		
货币资金			短期借款		
交易性金融资产			交易性金融负债		
应收票据			应付票据		
应收账款			应付账款		
预付款项			预收账款		
应收利息			应付职工薪酬		
应收股利			应交税费		
其他应收款			应付利息		
存货			应付股利		
一年内到期的非流动资产			其他应付款		
其他流动资产			一年内到期的非流动负债		
流动资产合计			其他流动负债		
非流动资产：			流动负债合计		
可供出售金融资产			非流动负债：		
持有至到期投资			长期借款		
长期应收款			应付债券		
长期股权投资			长期应付款		
投资性房地产			专项应付款		
固定资产			预计负债		
工程物资			递延所得税负债		
在建工程			其他非流动负债		
固定资产清理			非流动负债合计		
生产性生物资产			负债合计		
油气资产			所有者权益：		
无形资产			实收资本		
开发支出			资本公积		
商誉			减：库存股		
递延所得税资产			盈余公积		
其他非流动资产			未分配利润		
非流动资产合计			所有者权益合计		
资产总计			负债和所有者权益		

（一）资产的排列顺序

(1)流动资产包括在一年或超过一年的一个经营周期以内可以变现或耗用、售出的全部资产。在资产负债表上排列为：货币资金、交易性金融资产、应收票据、应收账款、预付款项、应收利息、其他应收款、存货、一年内到期的非流动资产等。

(2)非流动资产包括变现能力在一年或超过一年的一个经营周期以上的资产。在资产负债表上排列为:可供出售金融资产、持有至到期投资、长期应收款、长期股权投资、投资性房地产、固定资产、工程物资、在建工程、固定资产清理、生产性生物资产、油气资产、无形资产、开发支出、商誉、递延所得税资产等。

(二)负债的排列顺序

(1)流动负债包括偿还期在一年以内的全部负债。在资产负债表上排列顺序为:短期借款、交易性金融负债、应付票据、应付账款、预收款项、应付职工薪酬、应交税费、应付利息、应付股利、其他应付款、一年内到期的非流动负债等。

(2)非流动负债包括偿还期在一年或超过一年的一个经营周期以上的债务。在资产负债表上排列顺序为:长期借款、应付债券、长期应付款、专项应付款、预计负债、递延所得税负债等。

(三)所有者权益的排列顺序

所有者权益包括所有者投资、企业在生产经营过程中形成的盈余公积和未分配利润。在资产负债表上的排列顺序为:实收资本、资本公积、盈余公积和未分配利润等。

三、资产负债表的编制方法

资产负债表中"年初余额"栏各项的数字,应按上年年末资产负债表中"期末余额"栏中的数字填列。"期末余额"栏内各项数字根据会计期末各总账账户及所属明细账户余额填列。若本年度资产负债表中规定的各项目的名称和内容与上年度不一致,应对上年年末资产负债表各项的名称和数字按照本年度的规定进行调整后,填入表中的"年初余额"栏。

(一)资产负债表各项目的填列方法

(1)"货币资金"项目,反映企业库存现金、银行结算户存款、外埠存款、银行汇票存款、银行本票存款、信用卡存款、信用证保证金存款等的合计数。本项目应根据"现金"、"银行存款"、"其他货币资金"科目的期末余额合计数填列。

(2)"交易性金融资产"项目,反映企业为交易目的所持有的债券投资、股票投资、基金投资等交易性金融资产的公允价值。本项目应根据"交易性金融资产"科目的期末余额填列。

(3)"应收票据"项目,反映企业收到的未到期收款也未向银行贴现的应收票据,包括商业承兑汇票和银行承兑汇票。本项目应根据"应收票据"科目的期末余额填列。已向银行贴现和已背书转让的应收票据不包括在本项目内,其中已贴现的商业承兑汇票应在会计报表附注中单独披露。

(4)"应收账款"项目,反映企业因销售商品、产品和提供劳务等而应向购买单位收取的各种款项减去已计提的坏账准备后的净额。本项目应根据"应收账款"科目所属各明细科目的期末借方余额合计数,减去"坏账准备"科目中有关应收账款计提的坏账准备期末余额后的金额填列。如"应收账款"科目所属明细科目期末有贷方余额,应在本表"预收账款"项目内填列。

(5)"应收股利"项目,反映企业因股权投资而应收取的现金股利,企业应收其他单位的利润,也包括在本项目内。本项目应根据"应收股利"科目的期末余额填列。

(6)"应收利息"项目,反映企业因债权投资而应收取的利息。企业购入到期还本付息债券应收的利息,不包括在本项目内。本项目应根据"应收利息"科目的期末余额填列。

(7)“其他应收款”项目,反映企业对其他单位和个人的应收和暂付的款项,减去已计提的坏账准备后的净额。本项目应根据“其他应收款”科目的期末余额,减去“坏账准备”科目中有关其他应收款计提的坏账准备期末余额后的金额填列。

(8)“预付款项”项目,反映企业预付给供应单位的款项。本项目应根据“预付账款”科目所属各明细科目的期末借方余额合计填列。如“预付账款”科目所属有关明细科目期末有贷方余额的,应在本表“应付账款”项目内填列。如“应付账款”科目所属明细科目有借方余额的,也应包括在本项目内。

(9)“存货”项目,反映企业期末在库、在途和在加工中的各项存货的可变现净值,包括各种材料、商品、在产品、半成品、包装物、低值易耗品、分期收款发出商品、委托代销商品、受托代销商品等。本项目应根据“物资采购”、“原材料”、“低值易耗品”、“自制半成品”、“库存商品”、“包装物”、“分期收款发出商品”、“委托加工物资”、“委托代销商品”、“受托代销商品”、“生产成本”等科目的期末余额合计减去“代销商品款”、“存货跌价准备”科目期末余额后的金额填列。材料采用计划成本核算,以及库存商品采用计划成本或售价核算的企业,还应按加或减材料成本差异、商品进销差价后的金额填列。

(10)“一年内到期的非流动资产”项目,反映企业将于一年内到期的非流动资产。本项目应根据有关科目的期末余额分析计算填列。

(11)“其他流动资产”项目,反映企业除以上流动资产项目外的其他流动资产,本项目应根据有关科目的期末余额填列。如其他流动资产价值较大的,应在会计报表附注中披露其内容和金额。

(12)“可供出售金融资产”项目,反映企业持有的划分为可供出售金融资产的证券。本项目根据“可供出售金融资产”科目的期末余额填列。

(13)“持有至到期投资”项目,反映企业持有的划分为持有至到期投资的证券。本项目根据“持有至到期投资”科目的期末余额,减去“持有至到期投资减值准备”科目的期末余额后填列。

(14)“投资性房地产”项目,反映企业持有的投资性房地产。本项目应根据“投资性房地产”科目的期末余额,减去“投资性房地产累计折旧”、“投资性房地产减值准备”所属有关明细科目期末余额后的金额分析计算填列。

(15)“长期股权投资”项目,反映企业不准备在1年内(含1年)变现的各种股权性质的投资的可收回金额。本项目应根据“长期股权投资”科目的期末余额,减去“长期投资减值准备”科目中有关股权投资减值准备期末余额后的金额填列。

(16)“长期应收款”项目,反映企业持有的长期应收款的可收回金额。本项目应根据“长期应收款”科目的期末余额,减去“坏账准备”科目所属相关明细科目期末余额,再减去“未确认融资收益”科目期末余额后的金额分析计算填列。

(17)“固定资产”项目,反映企业的固定资产可收回金额。本项目应根据“固定资产”科目的期末余额,减去“累计折旧”、“固定资产减值准备”科目期末余额后的金额填列。

(18)“在建工程”项目,反映企业期末各项未完工程的实际支出,包括交付安装的设备价值、未完建筑安装工程已经耗用的材料、工资和费用支出、预付出包工程的价款、已经建筑安装完毕但尚未交付使用的工程等的可收回金额。本项目应根据“在建工程”科目的期末填列。

(19)“工程物资”项目,反映企业各项工程尚未使用的工程物资的实际成本。本项目应根据“工程物资”科目的期末余额填列。

(20)“在建工程”项目，反映企业期末各项未完工程的实际支出，包括交付安装的设备价值、未完建筑安装工程已经耗用的材料、工资和费用支出、预付出包工程的价款、已经建筑安装完毕但尚未交付使用的工程等的可收回金额。本项目应根据“在建工程”科目的期末余额，减去“在建工程减值准备”科目期末余额后的金额填列。

(21)“固定资产清理”项目，反映企业因出售、毁损、报废等原因转入清理但尚未清理完毕的固定资产的账面价值，以及固定资产清理过程中所发生的清理费用和变价收入等各项金额的差额。本项目应根据“固定资产清理”科目的期末借方余额填列；如“固定资产清理”科目期末为贷方余额，以“－”号填列。

(22)“无形资产”项目，反映企业各项无形资产的期末可收回金额。本项目应根据“无形资产”科目的期末余额，减去“累计摊销”、“无形资产减值准备”科目期末余额后的金额填列。

(23)“递延所得税资产”项目，反映企业确认的递延所得税资产。本项目应根据“递延所得税资产”科目期末余额分析填列。

(24)“其他非流动资产”项目，反映企业除以上非流动资产以外的其他长期资产。本项目应根据有关科目的期末余额填列；如其他长期资产价值较大的，应在会计报表附注中披露其内容和金额。

(25)“短期借款”项目，反映企业借入尚未归还的1年期以下(含1年)的借款。本项目应根据“短期借款”科目的期末余额填列。

(26)“交易性金融负债”项目，反映企业为交易而发生的金融负债，包括以公允价值计量且其变动计入当期损益的金融负债。本项目应根据“交易性金融负债”等科目的期末余额分析填列。

(27)“应付票据”项目，反映企业为了抵付货款等而开出、承兑的尚未到期付款的应付票据，包括银行承兑汇票和商业承兑汇票。本项目应根据“应付票据”科目的期末余额填列。

(28)“应付账款”项目，反映企业购买原材料、商品和接受劳务供应等而应付给供应单位的款项。本项目应根据“应付账款”科目所属各有关明细科目的期末贷方余额合计填列；如“应付账款”科目所属各明细科目期末有借方余额，应在本表“预付账款”项目内填列。

(29)“预收款项”项目，反映企业预收购买单位的账款。本项目应根据“预收账款”科目所属各有关明细科目的期末贷方余额合计填列。如“预收账款”科目所属有关明细科目有借方余额的，应在本表“应收账款”项目内填列；如“应收账款”科目所属明细科目有贷方余额的，也应包括在本项目内。

(30)“应付职工薪酬”项目，反映企业应付未付的职工薪酬。本项目应根据“应付职工薪酬”科目的期末贷方余额填列；如“应付职工薪酬”科目的期末为借方余额，以“－”号填列。

(31)“应交税费”项目，反映企业期末未交、多交或未抵扣的各种税费。本项目应根据“应交税费”科目的期末贷方余额填列；如“应交税费”科目期末为借方余额，以“－”号填列。

(32)“应付利息”项目，反映企业应付未付的利息。本项目应根据“应付利息”科目的期末贷方余额填列。

(33)“应付股利”项目，反映企业尚未支付的现金股利。本项目应根据“应付股利”科目的期末余额填列。

(34)“其他应付款”项目，反映企业所有应付和暂收其他单位和个人的款项。本项目应根据“其他应付款”科目的期末余额填列。

(35)“预计负债”项目，反映企业预计负债的期末余额。本项目应根据“预计负债”科目的期末余额填列。

(36)“一年内到期的非流动负债”项目，反映企业承担的将于一年内到期的非流动负债。本项目应根据有关非流动负债科目的期末余额分析计算填列。

(37)“其他流动负债”项目，反映企业除以上流动负债以外的其他流动负债。本项目应根据有关科目的期末余额填列，如“待转资产价值”科目的期末余额可在本项目内反映；如其他流动负债价值较大的，应在会计报表附注中披露其内容及金额。

(38)“长期借款”项目，反映企业借入尚未归还的1年期以上(不含1年)的借款本息。本项目应根据“长期借款”科目的期末余额填列。

(39)“应付债券”项目，反映企业发行的尚未偿还的各种长期债券的本息。本项目应根据“应付债券”科目的期末余额填列。

(40)“长期应付款”项目，反映企业除长期借款和应付债券以外的其他各种长期应付款。本项目应根据“长期应付款”科目的期末余额，减去“未确认融资费用”科目期末余额后的金额填列。

(41)“递延所得税负债”项目，反映企业确认的递延所得税负债。本项目应根据“递延所得税负债”科目的期末余额分析填列。

(42)“其他流动负债”项目，反映企业除以上非流动债项目以外的其他非流动负债。本项目应根据有关科目的期末余额填列；如其他非流动负债价值较大的，应在会计报表附注中披露其内容和金额。

(43)“实收资本(或股本)”项目，反映企业各投资者实际投入的资本(或股本)总额。本项目应根据“实收资本”(或“股本”)科目的期末余额填列。

(44)“资本公积”项目，反映企业资本公积的期末余额。本项目应根据“资本公积”科目的期末余额填列。

(45)“盈余公积”项目，反映企业盈余公积的期末余额。本项目应根据“盈余公积”科目的期末余额填列。

(46)“未分配利润”项目，反映企业尚未分配的利润。本项目应根据“本年利润”科目和“利润分配”科目的余额计算填列；未弥补的亏损，在本项目内以“—”号填列。

(二)资产负债表编制方法举例

从上述具体项目的填列方法分析，可将其归纳为以下五种：

(1)根据总账科目余额直接填列。例如，“短期借款”、“应收股利“、“交易性金融资产”、“可供出售金融资产”、“交易性金融负债”等项目都是根据总账科目的期末余额直接填列。

(2)根据总账科目余额计算填列。例如，“货币资金”项目需要根据“现金”、“银行存款”、“其他货币资金”科目的期末余额合计数计算填列。

(3)根据明细科目余额计算填列。例如，“应付账款”项目需要根据“应付账款”、“预付账款”科目所属相关明细科目的期末贷方余额计算填列。

(4)根据总账科目和明细科目余额分析计算填列。例如，“长期借款”项目需要根据“长期借款”总账科目期末余额，扣除“长期借款”科目所属明细科目中反映的将于一年内到期的长期借款部分，分析计算填列；“固定资产”项目需要根据“固定资产”总账科目的期末余额，减去“累计折旧”、“固定资产减值准备”等科目期末余额，分析计算填列；“持有至到期投资”项目需要根据“持有至到期投资”总账科目的期末余额，减去“持有至到期投资减值准备”科目期末余额分析计算填列。

(5)根据有关资产科目与其备抵科目抵销后的净额填列。例如，“固定资产”项目，根据“固定资产”科目的期末余额减去“累计折旧”和“固定资产减值准备”科目的期末余额后的金额填列。

下面举例说明一般企业资产负债表某些项目的编制方法。

【例 10-1】甲公司年末有关科目资料，如表 10-2 所示。

表 10-2 甲公司 2014 年 12 月 31 日有关账户余额表

账户名称	借方余额	贷方余额	账户名称	借方余额	贷方余额
库存现金	70 000		短期借款		235 000
银行存款	250 000		应付票据		220 000
其他货币资金	205 000		应付账款		500 000
交易性金融资产	25 000		预收账款		20 000
应收票据	35 000		应付职工薪酬		135 000
应收股利	35 000		应付股利		120 000
应收利息	10 000		应交税费		45 000
应收账款	356 000		其他应付款		35 000
坏账准备		6 000	长期借款		500 000
预付账款	60 000		实收资本		1 500 000
其他应收款	10 000		资本公积		89 000
原材料	350 000		盈余公积		256 000
库存商品	165 000		利润分配		125 000
生产成本	185 000				
可供出售金融资产	350 000				
长期股权投资	140 000				
长期股权投资减值准备	2 000 000	20 000			
固定资产					
累计折旧	120 000	650 000			
在建工程	90 000				
无形资产					
	4 456 000	676 000			3 780 000

以上资料中有三个账户，经查明应在列表时按规定予以调整：在“应收账款”账户中有明细账贷方余额 10 000 元；在“应付账款”账户中有明细账借方余额 20 000 元；在“预付账款”账户中有明细账贷方余额 5 000 元。

现将上列资料经归纳分析后填入资产负债表如下：

(1)将“库存现金”、“银行存款”、“其他货币资金”科目余额合并列入货币资金项目(70 000+250 000+205 000=525 000)，共计 525 000 元。

(2)将坏账准备项目 6000 元从应收账款项目中减去，将应收账款明细账中的贷方余额

10 000元列入预收账款项目。计算结果:应收账款项目的账面价值为 360 000 元(356 000－6 000＋10 000＝360 000),预收账款项目为 30 000 元(20 000＋10 000＝3 000)。

(3)将应付账款明细账中的借方余额 20 000 元列入预付账款项目;将"预付账款"账户明细账中的贷方余额 5 000 元列入应付账款项目。计算结果:预付账款项目的余额为 85 000 元(60 000＋20 000＋5 000＝85 000),应付账款项目的余额为 525 000 元(500 000＋20 000＋5 000＝525 000)。

(4)将"原材料"、"库存商品"、"生产成本"、其他存货账户余额合并为存货项目(350 000＋165 000＋185 000＝700 000),共计 700 000 元。

(5)从"长期股权投资"账户中减去"长期股权投资减值准备"20 000 元,长期股权投资项目的余额为 120 000 元(140 000－20 000＝120 000)。

(6)其余各项目按账户余额表数字直接填入报表。

现试编该企业资产负债表,如表 10－3 所示。

表 10－3　资产负债表

编制单位:　　　　2014 年 12 月 31 日　　　　单位:元

资产	期末余额	年初余额	负债和所有者权益	期末余额	年初余额
流动资产:			流动负债:		
货币资金	525 000		短期借款	235 000	
交易性金融资产	25 000		交易性金融负债	0	
应收票据	35 000		应付票据	220 000	
应收账款	360 000		应付账款	525 000	
预付款项	85 000		预收款项	30 000	
应收利息	10 000		应付职工薪酬	135 000	
应收股利	35 000		应交税费	45 000	
其他应收款	10 000		应付利息	0	
存货	700 000		应付股利	120 000	
一年内到期的非流动资产	0		其他应付款	35 000	
其他流动资产	0		一年内到期的非流动负债	0	
流动资产合计	1 785 000		其他流动负债	0	
非流动资产:			流动负债合计	1 345 000	
可供出售金融资产	350 000		非流动负债:		
持有至到期投资	0		长期借款	500 000	
长期应收款	0		应付债券		
长期股权投资	120 000		长期应付款		
投资性房地产	0		专项应付款		
固定资产	1 350 000		预计负债		
在建工程	120 000		递延所得税负债		
工程物资	0		其他非流动负债		
固定资产清理	0		非流动负债合计	500 000	
无形资产	90 000		负债合计	1 845 000	
商誉	0		所有者权益:		
长期待摊费用	0		实收资本	1 500 000	
递延所得税资产	0		资本公积	89 000	
其他非流动资产	0		盈余公积	256 000	
非流动资产合计	2 030 000		未分配利润	125 000	
			所有者权益合计	1 970 000	
资产总计	3 815 000		负债及所有者权益总计	3 815 000	

第三节　利润表和利润分配表

一、利润表

利润表是总括反映企业在一定时期(年度、季度或月份)内经营成果的会计报表,用以反映企业一定时期内利润(或亏损)的实际情况。

(一)利润表的作用

利润表可以提供的信息有:

(1)企业在一定时期内取得的全部收入,包括营业收入、投资收益和营业外收入。

(2)企业在一定时期内发生的全部费用和支出,包括营业成本、销售费用、管理费用、财务费用和营业外支出。

(3)全部收入与支出相抵后计算出企业一定时期内实现的利润(或亏损)总额。

利润表的作用在于:通过利润表可以了解企业利润(或亏损)的形成情况,据以分析、考核企业经营目标及利润计划的执行结果,分析企业利润增减变动的原因,以促进企业改善经营管理,不断提高管理水平和盈利水平;通过利润表可以评比对企业投资的价值和报酬,判断企业的资本是否保全;根据利润表提供的信息可以预测企业在未来期间的经营状况和盈利趋势。

(二)利润表的结构

利润表一般包括表首、正表两部分。其中,表首概括说明报表名称、编制单位、编制日期、报表编号、货币名称、计量单位;正表是利润表的主体,反映形成经营成果的各个项目和计算过程。正表的格式一般有两种:单步式利润表和多步式利润表。单步式利润表是将当期所有的收入列在一起,然后将所有的费用列在一起,两者相减得出当期净损益。多步式利润表是通过对当期的收入、费用、支出项目按性质加以归类,按利润形成的主要环节列示一些中间性的利润指标,如营业利润、利润总额、净利润,分步计算当期净损益。利润表的格式如表 10-4 所示。

表 10-4　利润表

会企 02 表

编报单位:　　　　年　月　　　　单位:元

项目	本期金额	上期金额
一、营业收入		
减:营业成本		
营业税金及附加		
销售费用		
管理费用		
财务费用		
资产减值损失		
加:公允价值变动收益(损失以"一"号填列)		
投资收益(损失以"一"号填列)		
其中:对联营企业和合并企业的投资收益		

续表 10-4

项目	本期金额	上期金额
二、营业利润(亏损以“一”号填列)		
加:营业外收入		
减:营业外支出		
其中:非流动资产处置损失		
三、利润总额(净亏损以“一”号填列)		
减:所得税费用		
四、净利润		
五、每股收益:		
(一)基本每股收益		
(二)稀释每股收益		

为了清楚地反映各项指标的报告期数及从年初到报告期为止的累计数,在利润表中应分别设置“本月数”和“本年累计数”两栏。

(三)利润表的编制方法

1.利润表各项目的填列

利润表中的各个项目,都是根据有关会计科目记录的本期实际发生数和累计发生数分别填列的。

(1)“营业收入”项目,反映企业经营活动所取得的收入总额。本项目应根据“主营业务收入”、“其他业务收入”等科目的发生额分析填列。

(2)“营业成本”项目,反映企业经营活动发生的实际成本。本项目应根据“主营业务成本”、“其他业务成本”等科目的发生额分析填列。

(3)“营业税金及附加”项目,反映企业经营活动应负担的营业税、消费税、城市维护建设税、资源税、土地增值税和教育费附加等。本项目应根据“营业税金及附加”科目的发生额分析填列。

(4)“销售费用”项目,反映企业在销售商品和商品流通企业在购入商品等过程中发生的费用。本项目应根据“营业费用”科目的发生额分析填列。

(5)“管理费用”项目,反映企业发生的管理费用。本项目应根据“管理费用”科目的发生额分析填列。

(6)“财务费用”项目,反映企业发生的财务费用。本项目应根据“财务费用”科目的发生额分析填列。

(7)“资产减值损失”项目,反映企业确认的资产减值损失。本项目应根据“资产减值损失”科目的发生额分析填列。

(8)“公允价值变动损益”项目,反映企业确认的交易性金融资产或交易性金融负债的公允价值变动额。本项目应根据“公允价值变动损益”科目的发生额分析填列。

(9)“投资收益”项目,反映企业以各种方式对外投资所取得的收益。本项目应根据“投资收益”科目的发生额分析填列,如为投资损失,以“一”号填列。

(10)“营业外收入”项目和“营业外支出”项目,反映企业发生的与其生产经营无直接关系的各项收入和支出。这两个项目应分别根据“营业外收入”科目和“营业外支出”科目的发生额分析填列。

(11)“利润总额”项目,反映企业实现的利润总额。如为亏损总额,以“一”号填列”。

(12)“所得税费用”项目,反映企业按规定从本期损益中减去的所得税。本项目应根据“所得税费用”科目的发生额分析填列。

(13)“净利润”项目,反映企业实现的净利润。如为净亏损,以“一”号填列。

报表中的“本月数”应根据各有关会计科目的本期发生额直接填列。“本年累计数”栏反映各项目自年初起到本报告期止的累计发生额,应根据上月“利润表”的累计数加上本月“利润表”的本月数之和填列。年度“利润表”的“本月数”栏改为“上年数”栏时,应根据上年“利润表”的数字填列。如果上年“利润表”和本年“利润表”的项目名称和内容不相一致,应将上年的报表项目名称和数字按本年度的规定进行调整,然后填入“上年数”栏。

2.每股收益

企业应当在利润表中单独列示基本每股收益和稀释每股收益。

(1)基本每股收益。企业应当按照属于普通股东的当期净利润,除以发行在外普通股的加权平均数计算基本每股收益。

发行在外普通股加权平均数=期初发行在外普通股股数+当期新发行普通股股数×已发行时间÷报告期时间-当期回购普通股股数×已回购时间÷报告期时间

已发行时间、报告期时间和已回购时间一般按照天数计算;在不影响计算结果合理性的前提下,也可以采用简化的计算方法。

(2)稀释每股收益。企业存在稀释性潜在普通股的,应当分别调整归属于普通股股东的当期净利润和发行在外普通股的加权平均数,并据以计算稀释每股收益。

潜在普通股,是指赋予其持有者在报告期或以后期间享有取得普通股权利的一种金融工具或其他合同,包括可转换公司债券、认股权证、股份期权等。稀释性潜在普通股,是指假设当期转换为普通股会减少每股收益的潜在普通股。

第一,计算稀释每股收益时,应当根据下列事项对归属于普通股股东的当期净利润进行调整(应考虑相关的所得税影响):①当期已确认为费用的稀释性潜在普通股的利息;②稀释性潜在普通股转换时将产生的收益或费用。

第二,计算稀释每股收益时,当期发行在外普通股的加权平均数应当为计算基本每股收益时普通股的加权平均数与假定稀释性潜在普通股转换为已发行普通股而增加的普通股股数的加权平均数之和。

第三,计算稀释性潜在普通股转换为已发行普通股而增加的普通股股数的加权平均数时,以前期间发行的稀释性潜在普通股,应当假设在当期期初转换;当期发行的稀释性潜在普通股,应当假设在发行日转换。

第四,认股权证和股份期权等的行权价格低于当期普通股平均市场价格时,应当考虑其稀释性。计算稀释每股收益时,增加的普通股股数按下列公式计算:

增加的普通股数=拟行权时转换的普通股股数-行权价格×拟行权时转换的普通股股数÷当期普通股平均市场价格

第五,稀释性潜在普通股应当按照其稀释程度从大到小的顺序计入稀释每股收益,直至稀释每股收益达到最小值。

(3)每股收益列报。发行在外普通股或潜在普通股的数量因派发股票股利、公积金转赠资本、拆股而增加或因并股而减少,但不影响所有者权益金额的,应当按调整后的股数重新计算各列报期间的每股收益。上述变化发生于资产负债表日至财务报告批准报出日之间的，应当以调整后的股数重新计算各列报期间的每股收益。

按照《企业会计准则》的规定，对以前年度损益进行追溯调整或追溯重述的，应当重新计算各列报期间的每股收益。

3.利润表编制方法举例

从上述具体项目的填列方法分析，利润表的填列方法可归纳为以下两种：

(1)根据账户的发生额分析填列。利润表中的大部分项目都可以根据账户的发生额分析填列，如销售费用、营业税金及附加、管理费用、财务费用、营业外收入、营业外支出、所得税费用等。

(2)根据报表项目之间的关系计算填列。利润表中的某些项目需要根据项目之间的关系计算填列，如营业利润、利润总额、净利润等。

下面举例说明一般企业利润表的编制方法。

【例 10-2】甲公司 2014 年度利润表有关科目的累计发生额，如表 10-5 所示。

表 10-5 利润表有关科目累计发生额(单位:元)

科目名称	借方发生额	贷方发生额
主营业务收入		12 500 000
其他业务收入		230 000
投资收益		3 200 000
营业外收入		2 850 000
主营业务成本	8 500 000	
营业税金及附加	550 000	
其他业务成本	0	
销售费用	200 000	
管理费用	1 050 000	
财务费用	1 000 000	
资产减值损失	20 000	
营业外支出	2 000 000	
所得税费用	1 800 000	

根据以上账户记录，编制甲公司 2014 年度利润表，如表 10-6 所示。

表 10-6 利润表

会企 02 表

编报单位： 20××年×月 单位:元

项目	本年累计数	上年数
一、营业收入	12 730 000	(略)
减:营业成本	8 500 000	
营业税金及附加	550 000	
销售费用	200 000	
管理费用	1 050 000	
财务费用	1 000 000	
资产减值损失	20 000	

续表 10－6

项目	本年累计数	上年数
加：公允价值变动收益（损失以"－"号填列）	0	
投资收益（损失以"－"号填列）	3 200 000	
其中：对联营企业和合并企业的投资收益	0	
二、营业利润（亏损以"－"号填列）	4 610 000	
加：营业外收入	2 850 000	
减：营业外支出	2 000 000	
其中：非流动资产处置损失	0	
三、利润总额（净亏损以"－"号填列）	5 460 000	
减：所得税费用	1 800 000	
四、净利润	5 280 000	
五、每股收益：	（略）	
（一）基本每股收益	（略）	
（二）稀释每股收益	（略）	

二、利润分配表

利润分配表是利润表的附表，是用来反映企业所实现的利润分配情况和年末未分配利润结余情况的会计报表，属于年度报表。

（一）利润分配表的作用

利润分配表可以提供的信息有：

（1）企业可供分配利润的来源。

（2）企业应上缴所得税。

（3）企业的税后利润。

（4）企业可供分配的利润。

（5）企业利润分配的具体情况。

（6）期末未分配利润情况。

利润分配表的作用在于：通过利润分配表可以了解企业所实现利润的分配情况，由于我国利润的流向较多，单独编制利润分配表有利于检查企业利润分配的合法性、合理性；有利于监督企业按《企业会计准则》的有关规定正确分配利润。通过利润分配表可以清楚地了解到企业未分配利润的结余情况，从而掌握企业发展后劲，也为企业的投资者和债权人提供投资或贷出款项的信息资料。

（二）利润分配表的结构和编制方法

（1）利润分配表的结构。根据《企业会计制度》的规定，我国企业的利润分配分以下三步进行：

第一步，计算可供分配利润：

可供分配利润＝净利润＋年初未配利润＋其他转入

第二步，计算可供投资者分配的利润：

可供投资者分配的利润＝可供分配的利润－提取法定盈余公积－提取法定公益金－提取

职工奖励及福利基金－提取储备基金－提取企业发展基金－利润归还投资

第三步，计算未分配利润：

未分配利润＝可供投资者分配的利润－应付优先股股利－提取任意盈余公积－应付普通股股利－转作资本(或股本)的普通股股利

利润分配表的格式如表 10－7 所示。

表 10－7 利润分配表

会企 02 表附表 1

编报单位： 年度 单位：元

项目	行次	本年实际	上年实际
一、净利润	1		
加：年初未分配利润	2		
其他转入	4		
二、可供分配的利润	8		
减：提取法定盈余公积	9		
提取法定公益金	10		
三、可供投资者分配的利润	16		
减：应付优先股股利	17		
应付普通股股利	19		
四、未分配利润	25		

为了便于与上年度利润分配情况进行对比，利润分配表设有"本年实际"和"上年实际"两个数字栏。

(2)利润分配表的编制方法。利润分配表的"本年实际"栏，应根据"本年利润"和"利润分配"科目及其所属明细科目当年的累计发生额分析填列。"上年实际"栏应根据上年利润分配表的有关数字填列。

①"净利润"项目，反映企业实现的净利润。如为净亏损，以"－"号填列。本项目的数字应与"利润表"中"本年累计数"栏的"净利润"项目一致。

②"年初未分配利润"项目，反映企业年初未分配的利润。如为未弥补的亏损，以"－"号填列。

③"其他转入"项目，反映企业按规定用盈余公积弥补亏损等转入的数额。

④"提取法定盈余公积"项目和"提取法定公益金"项目，分别反映企业按照规定提取的法定盈余公积和法定公益金。

⑤"应付优先股股利"项目，反映企业应分配给优先股股东的现金股利。

⑥"应付普通股股利"项目，反映企业应分配给普通股股东的现金股利。企业分配给投资者的利润，也在本项目反映。

⑦"未分配利润"项目，反映企业年末尚未分配的利润。如为未弥补的亏损以"－"号填列。

当报表编制完成后，可利用报表之间的勾稽关系核对，以检查报表编制的正确性。如利润分配表中的未分配利润应与资产负债表中的"未分配利润"项目相互核对。利润分配表中的净利润应与利润表中的净利润项目相互核对。

第四节 现金流量表

一、现金流量表的定义

现金流量表是指反映企业在一定会计期间经营活动、投资活动和筹资活动对现金及现金等价物产生影响的会计报表。编制现金流量表的主要目的是为报表使用者提供企业一定会计期间内现金流入和流出的有关信息,揭示企业的偿债能力和变现能力。为更好地理解和运用现金流量表,必须正确界定如下概念:

1.现金

现金是指企业库存现金及可随时用于支付的存款。应注意的是,银行存款和其他货币资金中有些是不能随时用于支付的存款。如不能随时支取的定期存款等,不应作为现金,而应列作投资;提前通知金融企业便可支取的定期存款,则应包括在现金范围内。

2.现金等价物

现金等价物是指企业持有的期限短、流动性强、易于转化为已知金额现金、价值变动风险很小的投资。一项投资被确认为现金等价物必须同时具备四个条件:期限短、流动性强、易于转化为已知金额现金、价值变动风险很小。其中,期限较短一般是指从购买日起三个月内到期。如可在证券市场上流通的三个月到期的短期债券投资等。

3.现金流量

现金流量是指企业现金和现金等价物的流入和流出。应该注意的是,企业现金形式的转换不会产生现金的流入和流出,如企业从银行提取现金,是企业现金存放形式的转换,并未流出企业,不构成现金流量;同样,现金和现金等价物之间的转换也不属于现金流量,比如企业用现金购买将于三个月到期的国库券。

二、现金流量表的结构

设置现金流量表的公式为:现金净流量=现金收入-现金支出。现金流量表结构分为三部分:第一部分为经营活动中的现金流量;第二部分为投资活动中的现金流量;第三部分为筹资活动中的现金流量。各部分又分别按收入项目和支出项目列示,以反映各类活动所产生的现金流入量和现金流出量,来展示各类现金流入和流出的原因。一般企业现金流量表的基本格式如表10-8所示。

表 10-8 现金流量表

会企 03 表

编制单位： 年度 单位:元

项目	本期金额	上期金额
一、经营活动产生的现金流量：		
销售商品、提供劳务收到的现金		
收到的税费返还		
收到的其他与经营活动有关的现金		
现金流入小计		
购买商品、接受劳务支付的现金		
支付给职工以及为职工支付的现金		
支付的各项税费		
支付的其他与经营活动有关的现金		
现金流出小计		
经营活动产生的现金流量净额		
二、投资活动产生的现金流量：		
收回投资所收到的现金		
取得投资收益所收到的现金		
处置固定资产、无形资产和其他长期资产所收回的现金净额		
处置子公司及其他营业单位收到的现金净额		
收到的其他与投资活动有关的现金		
现金流入小计		
购建固定资产、无形资产和其他长期资产所支付的现金		
投资所支付的现金		
取得子公司及其他营业单位支付的现金净额		
支付的其他与投资活动有关的现金		
现金流出小计		
投资活动产生的现金流量净额		
三、筹资活动产生的现金流量：		
吸收投资所收到的现金		
借款所收到的现金		
收到的其他与筹资活动有关的现金		
现金流入小计		
偿还债务所支付的现金		
分配股利、利润或偿付利息所支付的现金		
支付的其他与筹资活动有关的现金		
现金流出小计		
筹资活动产生的现金流量净额		
四、汇率变动对现金及现金等价物的影响		
五、现金及现金等价物净增加额		
加:期初现金及现金等价物余额		
六、期末现金及现金等价物余额		

续表 10-8

补充资料：	本期金额	上期金额
1.将净利润调节为经营活动现金流量：		
净利润		
加：资产减值准备、油气资产折旧、生产性生物资产折旧		
无形资产摊销		
长期待摊费用摊销		
处置固定资产、无形资产和其他长期资产的损失（减：收益）		
固定资产报废损失（减：收益）		
公允价值变动损失（减：收益）		
财务费用（减：收益）		
投资损失（减：收益）		
递延所得税资产减少（减：增加）		
递延所得税负债增加（减：减少）		
存货的减少（减：增加）		
经营性应收项目的减少（减：增加）		
经营性应付项目的增加（减：减少）		
其他经营活动产生的现金流量净额		
2.不涉及现金收支的重大投资和筹资活动：		
债务转为资本		
一年内到期的可转换公司债券		
融资租入固定资产		
3.现金及现金等价物净增加情况：		
现金的期末余额		
减：现金的期初余额		
加：现金等价物的期末余额		
减：现金等价物的期初余额		
现金及现金等价物净增加额		

1.经营活动的现金流量

经营活动的现金流量是指企业投资活动和筹资活动以外的所有交易和事项所导致的现金收入和支出。

(1)经营活动所产生的现金收入，包括出售产品、商品、提供劳务等取得的现金收入。

(2)经营活动所产生的现金支出，包括购买材料、商品及支付职工劳动报酬发生的现金支出，各项制造费用、期间费用支出，税款支出等。

2.投资活动的现金流量

投资活动的现金流量是指企业在投资活动中所导致的现金收入和支出。

(1)投资活动所产生的现金收入，包括收回投资、出售固定资产净收入等。

(2)投资活动所产生的现金支出，包括对外投资、购买固定资产等。

3.筹资活动的现金流量

筹资活动的现金流量是指企业在筹资活动中所导致的现金收入和支出。

(1)筹资活动所产生的现金收入,包括发行债券、取得借款、增加股本(增发股票)等。

(2)筹资活动所产生的现金支出,包括偿还借款、清偿债务、支付现金股利等。

三、现金流量表的编制

编制现金流量表的时候,经营活动现金流量有两种列示方法:一为直接法,二为间接法。这两种方法通常也称为现金流量表的编制方法。直接法是通过现金收入和支出的主要类别反映来自企业经营活动的现金流量。直接法一般以利润表中的营业收入为起点,调整与经营活动有关项目的增减活动,然后计算出经营活动的现金流量。间接法是以本期净利润为起点,调整不涉及现金的收入、费用、营业外收支以及有关项目的增减变动,据此计算出经营活动的现金流量。

《企业会计准则——现金流量表》要求企业采用直接法报告经营活动的现金流量,同时要求在补充资料中用间接法来计算现金流量。有关经营活动现金流量的信息,可通过以下途径之一取得:

第一,直接根据企业有关账户的会计记录分析填列。

第二,对当期业务进行分析并对有关项目进行调整:①将权责发生制下的收入、成本和费用转换为现金基础。②将资产负债表和现金流量表中的投资、筹资项目,反映出投资和筹资活动的现金流量。③将利润中有关投资和筹资方面的收入和费用列入现金流量表的投资、筹资的现金流量中去。

现将其主要项目填表方法简述如下:

1.经营活动产生的现金流量

(1)“销售商品、提供劳务收到的现金”包括:当期销售商品或提供劳务所收到的现金收入(包括增值税销项税额);当期收到前期销售商品、提供劳务的应收账款或应收票据;当期的预收账款;当期因销货退回而支付的现金或收回前期核销的坏账损失;当前收到的货款和应收、应付账款。原规定不包括应收增值税销项税款,现为简化手续,将收到的增值税销项税款并入“销售商品、提供劳务收到的现金”及“应收”、“应付”项目中,并对报表有关项目作相应修改。

(2)“收到的税费返回”,包括收到的增值税、消费税、营业税、所得税、关税和教育费附加的返还等。

(3)“收到的其他与经营活动有关的现金”,反映企业除了上述各项以外收到的其他与经营活动有关的现金流入。

(4)“购买商品、接受劳务支付的现金”包括:当期购买商品、接受劳务支付的现金;当期支付前期的购货应付账款或应付票据(均包括增值税进项税额);当期预付的账款,以及购货退回所收到的现金。

(5)“支付给职工以及为职工支付的现金”,包括本期实际支付给职工的工资、奖金、各种津贴和补贴等,以及经营人员的养老金、保险金和其他各项支出。

(6)“支付的各种税费”,反映企业按规定支付的各项税费,包括本期发生并支付的税费,以及本期支付以前各期发生的税费和预交的税金。

(7)“支付的其他与经营活动有关的现金”,反映企业除了上述各项以外的其他与经营活动有关的现金流出。

2.投资活动产生的现金流量

(1)“收回投资所收到的现金”,反映企业出售转让或到期收回除现金等价物以外的短期投资、长期股权投资而收到的现金,以及收回长期债权投资本金而收到的现金,按实际收回的投资额填列。

(2)“取得投资收益所收到的现金”,反映企业因股权性投资和债权性投资而取得的现金股利、利息,以及从子公司、职营企业或合营企业分得利润而收到的现金。到期收回的本金应在“收回投资所收到的现金”项目中反映。

(3)“处置固定资产、无形资产和其他长期资产而收到的现金净额”,反映企业处置这些资产所得的现金,扣除为处置这些资产而支付的有关费用后的净额。

(4)“处置子公司及其他营业单位收到的现金净额”,反映企业处置子公司及其他营业单位所得的现金,扣除为处置子公司及其他营业单位而支付的有关费用后的净额。

(5)“收到的其他与投资活动有关的现金”,反映企业除了以上各项外收到的其他与投资活动有关的现金流入。

(6)“购建固定资产、无形资产和其他长期资产所支付的现金”,包括企业购买、建造固定资产,取得无形资产和其他长期资产所支付的现金,不包括为购建固定资产而发生的借款资本化的部分以及融资租赁租入固定资产所支付的租金和利息。

(7)“投资所支付的现金”,反映企业进行权益性投资和债权性投资支付的现金,包括短期股票、短期债券投资、长期股权投资、长期债权投资所支付的现金及佣金、手续费等附加费用。

(8)“取得子公司及其他营业单位支付的现金净额”,反映企业为取得子公司及其他营业单位而支付的现金净额。

(9)“支付的其他与投资活动有关的现金”,反映企业除上述各项以外,支付的其他与投资活动有关的现金流出。

3.筹资活动产生的现金流量

(1)“吸收投资所收到的现金”,反映企业收到的投资者投入的资金,包括发行股票、债券所实际收到的款项净额(发行收入减去支付的佣金等发行费用后的净额)。

(2)“借款所收到的现金”,反映企业举借各种短期、长期借款所收到的现金,根据收入时的实际借款金额计算。企业因借款而发生的利息列入“分配股利、利润或偿付利息所支付的现金”。

(3)“收到的其他与筹资活动有关的现金”,反映企业除上述各项目以外的其他与筹资活动有关的现金流入,如接受现金捐赠。

(4)“偿还债务所支付的现金”,包括归还企业借款金额、偿付企业到期的债券等,按当期实际支付的偿债金额填列。

(5)“分配股利、利润或偿付利息所支付的现金”,反映企业实际支付的现金股利和付给其他投资单位的利润以及支付的债券利息、借款利息等。

(6)“支付其他与筹资活动有关的现金”,反映企业除上述各项外,支付的其他与筹资活动有关的现金流出。

4.汇率变动对现金及现金等价物的影响

汇率变动对现金的影响反映企业的外币现金流量以及境外子公司的现金流量折算为人民币时,所采用的现金流量发生日的汇率或平均汇率折算的人民币金额与“现金及现金等价物净增加额”中外币现金净增加额按期末汇率折算的人民币金额之间的差额。

5. **现金及现金等价物净增加额**

现金及现金等价物净增加额反映经营活动产生的现金流量净额、投资活动产生的现金流量净额、筹资活动产生的现金流量净额三项之和。

关于现金流量表的补充资料填制方法从略。

本章思考题

一、单项选择题

1. 会计报表是定期编制的，其编制的依据是(　　)

A. 会计凭证

B. 会计账簿记录

C. 原始凭证

D. 记账凭证

2. 会计核算的最终成果是(　　)

A. 会计凭证

B. 总分类账

C. 财务会计报告

D. 明细分类账

3. 最关心企业的内在风险和报酬的会计报表使用者是(

A. 股东

B. 债权人

C. 潜在投资者

D. 企业职工

二、多项选择题

1. 财务报告的内容包括(　　)

A. 财务会计报表

B. 会计报表附注

C. 会计报表说明书

D. 财务情况说明书

2. 财务会计报告可以提供企业(　　)信息。

A. 财务状况

B. 经营成果

C. 劳动生产率

D. 现金流量

3. 下列属于会计报表的是(　　)

A. 资产负债表

B. 利润表

C. 现金流量表
D. 会计报表附注

4. 会计报表的编制要求包括(　　)

A. 真实可靠
B. 相关可比
C. 全面完整
D. 编报及时

三、判断题

1. 资产负债表、利润表和现金流量表属于向企业外部提供会计信息的报表。(　　)
2. 企业财务会计报告可以根据需要不定期的编制。(　　)
3. 由于财务会计报告是对外报告，所以其提供的信息对企业的管理者和职工没用。(　　)
4. 小企业年度财务会计报告可以不编制会计报表附注。(　　)

四、业务题：

1. 某企业2014年6月底各账户期末余额如下：

账户名称	借方余额	账户名称	贷方余额
现金	350	短期借款	41 000
银行存款	76 700	应付账款	4 050
应收账款	7 000	其他应付款	8 700
其他应收款	750	应付职工薪酬	7 000
原材料	349 800	应付票据	4 100
生产成本	36 000	应交税费	39 670
库存商品	50 400	累计折旧	230 500
长期股权投资	7 500	本年利润	158 765
固定资产	628 500	实收资本	721 000
利润分配	95 785	盈余公积	38 000
合计	1 252 785	合计	1 252 785

2. 有关明细资料如下：

各损益账户累计余额有："主营业务收入"1 144 900元，"主营业务成本"944 280元，"营业税金及附加"64 320元，"销售费用"14 600元，"其他业务收入"35 000元，"其他业务成本"35 000元，"营业外收入"800元，"营业外支出"5 000元，"管理费用"20 800元，"财务费用"6 200元。

要求：

(1)根据以上资料，编制资产负债表。

(2)根据以上资料，编制利润表。

第十一章　会计档案

学习目标

1. 掌握会计档案的保管期限
2. 熟悉会计档案的内容和会计档案的归档、查阅、复制、销毁等内容

第一节　会计档案的概念和内容

一、会计档案的概念

会计档案是指会计凭证、会计账簿和财务会计报告等会计核算专业材料，它是记录和反映单位经济业务的重要史料和证据。《会计法》规定各单位对会计凭证、会计账簿、财务会计报告和其他会计资料应当建立档案，妥善保管。会计档案的保管期限和销毁办法，由国务院财政部门会同有关部门制定。

二、会计档案的作用

会计档案是各单位在办理会计事务中形成的记录企业经济业务的会计资料，是会计活动的客观产物，是检查各单位遵守财经纪律情况的客观依据，也是各单位总结经营管理经验的重要参考资料。加强会计档案的管理具有重要意义，包括四个方面：反映作用、史料作用、查证作用、监督作用。

三、会计档案的种类和分类方法

（一）会计档案的种类

会计档案是会计活动中形成的客观记录，是一种专业性的档案，可以按不同标准进行分类。

(1)会计档案按会计工作性质可分为公司、企业会计档案，预算会计档案和银行会计档案。

(2)会计档案按管理期限可分为永久会计档案和定期会计档案。

（二）会计档案的分类方法

会计档案的分类要遵循会计档案的形成规律和本身固有的特点，从本单位会计档案的实际出发，可选择以下分类方法：

(1)年度—形成分类法，即把一个年度内形成的会计档案分为凭证、账簿、财务报告和其他四大类，然后分别组成若干保管单位(卷)。这一方法适用于企业、事业单位。

(2)年度—机构分类法，即把一个年度内形成的会计档案按机构分开，然后在机构内再按凭证、账簿、财务报告和其他四类分别组成保管单位。这一方法一般适用于各级财政、税务等部门和所属单位较多的大型企业。

四、会计档案的内容

会计档案的内容包括会计凭证、会计账簿、财务会计报告和其他会计资料四大类。

(1)会计凭证包括记账凭证、原始凭证、汇总凭证和其他会计凭证。

(2)会计账簿包括日记账、总分类账、明细分类账、固定资产卡片、辅助账簿，以及其他会计账簿。

(3)财务会计报告包括月度、季度、年度财务会计报告和其他财务会计报告。

(4)其他会计资料包括银行存款余额调节表、银行对账单、其他应当保存的会计核算专业资料(如存储在磁性介质上的会计数据和财务会计统计资料)、会计档案移交清册、会计档案保管清册、会计档案销毁清册等。

第二节　会计档案的归档

一、会计档案的归档和保管要求

根据财政部、国家档案局联合发布的《会计档案管理办法》，各单位对会计档案的归档和保管应做到：

(1)单位每年形成的会计档案，应当由会计机构按照归档要求，负责整理立卷，装订成册，编制会计档案保管清册。

(2)当年形成的会计档案，在会计年度终了后，可暂由本单位会计机构保管一年；期满之后，应由会计机构编制移交清册，移交本单位的档案机构统一保管；未设立档案机构的，应当在会计机构内部指定专人保管。

(3)移交本单位档案机构保管的会计档案，原则上应当保持原卷册的封装；个别需要拆封重新整理的，档案机构应当会同会计机构和经办人员共同拆封整理，以分清责任。

(4)交接会计档案时交接双方应当办理会计档案交接手续。

①移交会计档案的单位，应当编制会计档案移交清册，其格式如表 11 - 1 所示：

表 11 - 1　××年会计档案移交清册

编号	文件名称	起止卷号	应保管期限	已保管期限	保管地点及其他

移交单位：　　　　移交人：　　　　接受单位：　　　　接受人：

②交接会计档案时，交接双方应当按照会计档案移交清册所列内容逐项交接，并由交接双方的单位负责人负责监交。

③交接完毕后，交接双方经办人和监交人应当在会计档案移交清册上签名或者盖章。

(5)未设立档案机构的，应当在会计机构内部指定专人保管。出纳人员不得兼管会计档案。

(6)对会计档案应当科学管理，保证会计档案妥善保管、有序存放、查找方便。同时，严格执行安全和保密制度，不得随意堆放、严防毁损、散失和泄密。

(7)采用电子计算机进行会计核算的单位，应当保存打印出的纸质会计档案。

(8)单位变更以后会计档案应视不同情况进行归档保管。

①单位因撤销、解散、破产或者其他原因而终止的，在终止和办理注销登记手续之前形成的会计档案，应当由终止单位的业务主管部门或财产所有者代管或移交有关档案馆代管。

②单位分立：

a.单位分立后原单位存续的，其会计档案应当由分立后的存续方统一保管，其他方可查阅、复制与其业务相关的会计档案。

b.单位分立后原单位解散的，其会计档案应当经各方协商后由其中一方代管或称交档案馆代管，各方可查阅、复制与其业务相关的会计档案。

c.单位分立后未结清的会计事项所涉及的原始凭证，应当单独抽出由业务相关方保存，并按规定办理交接手续。

d.单位因业务移交其他单位办理所涉及的会计档案，应当由原单位保管，承接业务单位可查阅、复制与其业务相关的会计档案，对其中未结清的会计事项所涉及的原始凭证，应当单独抽出由业务承接单位保存，并按规定办理交接手续。

(3)单位合并：

a.单位合并后原各单位解散或一方存续其他方解散的，原各单位的会计档案应当由合并后的单位(存续方)统一保管。

b.单位合并后原各单位仍存续的，其会计档案仍应由原各单位保管。

二、会计档案的归档程序

(1)对会计档案进行整理立卷。各单位每年形成的会计资料，年度终了，应由会计人员按不同的要求对其进行整理并装订成册。

(2)对会计档案进行编制卷号。会计档案整理立卷后，会计机构首先要按不同的要求对各类会计档案编制卷号。

(3)编制保管清册。对会计档案编制卷号后，会计机构应当按照编制会计档案清册，将会计档案的名称、种类、卷号、数量、起止日期、应保管期限等一一登记入册，并一式两份。

第三节　会计档案的保管期限

不同的会计档案发挥作用的时期不同，不同会计档案的保管期限也就不同。

定期保管期限分为3年、5年、10年、15年、25年五类。会计档案的保管期限，从会计年度终了后的第一天算起。各类会计档案的具体保管期限按照《会计档案管理办法》的规定执行，各单位不得擅自变更。具体保管期限如表 11－2 和表 11－3 所示。

表 11－2　企业和其他组织会计档案保管期限表

序号	档案名称	保管期限	备注
一	会计凭证类		
1	原始凭证	15 年	
2	记账凭证	15 年	
3	汇总凭证	15 年	
二	会计账簿类		
4	总账	15 年	包括日记总账
5	明细账	15 年	
6	日记账	15 年	现金和银行存款日记账保管 25 年
7	固定资产卡片		固定资产投资清理后保管 5 年
8	辅助账簿	15 年	
三	财务报告类		包括各级主管部门汇总财务报告
9	月、季度财务报告	3 年	包括文字分析
10	年度财务报告(决算)	永久	包括文字分析
四	其他类		
11	会计移交清册	15 年	
12	会计档案保管清册	永久	
13	会计档案销毁清册	永久	
14	银行余额调节表	5 年	
15	银行对账单	5 年	

表 11－3　财政总预算、行政单位、事业单位和税收会计档案保管期限表

序号	档案名称	保管期限			备注
		财政总预算	行政、事业、单位	税收会计	
一	会计凭证类				
1	国家金库编送的各种报表及进库退库凭证	10 年		10 年	
2	各收入机关编送的报表	10 年			

续表 11-3

序号	档案名称	保管期限			备注
		财政总预算	行政、事业、单位	税收会计	
3	行政单位和事业单位的各种会计凭证		15年		包括:原始凭证、记账凭证和传票汇总表
4	各种完税凭证和缴、退库凭证			15年	缴款书存根联在销号后保管2年
5	财政总预算拨款凭证及其他会计凭证	15年			包括:拨款凭证和其他会计凭证
6	农牧业税结算凭证			15年	
二	会计账簿类				
7	日记账			15年	
8	总账	15年	15年	15年	
9	税收日记账(总账)和税收票证分类出纳账		25年		
10	明细分类、分户账或登记簿		15年	15年	
11	现金出纳账、银行存款账		25年	25年	
12	行政单位和事业单位固定资产明细账(卡片)				行政单位和事业单位固定资产报废清理后保管5年
三	财务报告类				
13	财政总预算	永久			
14	行政单位和事业单位决算	10年	永久		
15	税收年报(决算)	10年		永久	
16	国家金库年报(决算)	10年			
17	基本建设拨、贷款年报(决算)	10年			
18	财政总预算会计旬报	3年			所属单位报送的保管2年
19	财政总预算会计月、季度报表	5年			所属单位报送的保管2年
20	行政单位和事业单位会计月季度报表	5年			所属单位报送的保管2年
21	税收会计报表(包括票证根数)			10年	电报保管1年,所属税务机关报送的保管3年
四	其他类				
22	会计移交清册	15年	15年	15年	
23	会计档案保管清册	永久	永久	永久	
24	会计档案销毁清册	永久	永久	永久	

(注:税务机关的经费会计档案保管期限,按行政单位会计档案保管期限规定办理。)

会计档案保管期限，原则上按上表中规定的期限执行，但涉及外事的会计凭证、会计账簿，不需要永久保管的部分，可由主管部门另行制定保管年限。

第四节　会计档案的查阅和复制

各单位应建立健全会计档案的查阅和复制登记制度。具体应做到：

(1)各单位保存的会计档案为本单位提供查阅使用，不得借出。如有特殊需要，经本单位负责人批准，可以提供查阅或复制，并办理登记手续。

(2)外部人员查阅会计档案时，应持有单位正式介绍信，经本单位负责人批准后，方可办理查阅手续。内部人员查阅会计档案时，应经会计主管人员或经本单位负责人批准后，方可办理查阅手续。

(3)办理查阅手续时，查阅人应认真填写档案查阅登记簿，将查阅人姓名、单位、日期、数量、内容、归档情况登记清楚。

(4)查阅和复制会计档案的人员，严禁在会计档案上涂画、标记、拆散原封册，也不得抽换。

第五节　会计档案的销毁

会计档案的销毁是会计档案管理的重要内容，必须严格规范，有序进行。

一、保管期满的会计档案销毁

对于保管期满需要销毁的会计档案，销毁程序如下：

(1)由本单位档案机构提出销毁意见，编制“会计档案销毁清册”。其格式如表 11 - 4 所示。

表 11 - 4　会计档案销毁清册

档案名称	卷号	册数	起止年度	应保管期限	已保管期限
主管部门审批：			本单位领导意见：		
会计机构意见：			档案部门意见：		
监销人员签名或盖章：			销毁人员签名：		

(2)将已编制好的销毁清册或销毁意见报告本单位负责人，单位负责人应当在会计档案销毁清册上签署意见。

(3)会计档案销毁时，监销人员要按照清册所列的内容，对要销毁的会计档案进行清点核对，检查会计档案是否保管期满、内容和卷号是否相符、编号是否连续等。

(4)销毁会计档案时，应按规定指派人员监销。

①一般企事业单位的会计档案应由单位档案机构和会计机构共同派员监销。

②国家机关的会计档案应由同级财政、审计部门派员参加监销。

③财政部门的会计档案应由同级审计部门派员监销。

(5)会计档案销毁后,监销人员应当在销毁清册上签名盖章,并及时将监销情况报告本单位负责人。

二、会计档案销毁应注意的其他事项

(1)对于保管期满但未结清的债权债务原始凭证和涉及到其他未了事项的原始凭证,不得销毁,应单独抽出立卷,由档案部门保管到未了事项完结时为止。单独抽出立卷的会计档案应当在"会计档案销毁清册"和"会计档案保管清册"中列明。

(2)正在建设期间的单位的会计档案,不论是否已满保管期限,一律不得销毁,必须妥善保管,待项目办理竣工决算后,按规定的交接手续交给接收单位。

(3)"会计档案销毁清册"应在单位档案部门永久保存。

本章思考题

一、单项选择题

1. 以下内容不属于会计档案的是(　　)

A. 库存现金日记账

B. 总账

C. 购销合同

D. 购货发票

2. 各单位保存的会计档案不得借出,如有特殊需要,可以提供查阅或者复制,并办理登记手续的批准人是(　　)

A. 本单位财务负责人

B. 本单位负责人

C. 本单位会计主管

D. 本单位档案管理主管

二、多项选择题

1. 会计档案具体包括(　　)

A. 会计凭证

B. 会计账簿

C. 财务报告

D. 其他会计资料

2. 会计档案的保管期限分为(　　)两类。

A. 永久

B. 定期

C. 不定期

D. 临时

三、不定项选择题

1. 下列属于会计档案的内容的是（　　）
   A. 原始凭证
   B. 总分类账
   C. 财务情况说明书
   D. 会计档案保管清册
2. 下列说法正确的是（　　）
   A. 会计档案销毁清册需要保管 15 年
   B. 银行存款余额调节表需要保管 5 年
   C. 固定资产卡片应保管 15 年
   D. 现金日记账需要保管 15 年

四、判断题

1. 会计档案保管清册需要保管 15 年。（　　）

2. 未结清的债权债务原始凭证和涉及到其他未了事项的原始凭证，应由档案部门保管到未了事项完结后才能销毁。（　　）

参考文献

[1]江苏省会计从业考试编写组.会计基础[M].北京:经济科学出版社,2010.
[2]2003－2009 年江苏省会计从业考试试题.
[3]葛军.会计学原理[M].北京:高等教育出版社,2004.
[4]缪启军.会计基础与实务[M].上海:立信会计出版社,2007.

图书在版编目（CIP）数据

会计学基础与实务/江南春主编. —西安：西安交通大学出版社，2011.9（2018.1 重印）
ISBN 978-7-5605-4061-0

Ⅰ.①会… Ⅱ.①江… Ⅲ.①会计学-高等学校-教材 Ⅳ.①F230

中国版本图书馆 CIP 数据核字（2011）第 190666 号

书　　名　会计学基础与实务（第二版）
主　　编　江南春
责任编辑　赵怀瀛

出版发行　西安交通大学出版社
（西安市兴庆南路 10 号　邮政编码 710049）
网　　址　http://www.xjtupress.com
电　　话　（029）82668357　82667874（发行中心）
（029）82668315　82669096（总编办）
传　　真　（029）82668280
印　　刷　西安明瑞印务有限公司

开　　本　787mm×1092mm　1/16　印张 12.875　字数 303 千字
版次印次　2011 年 9 月第 1 版　2015 年 1 月第 2 版　2018 年 1 月第 3 次印刷
书　　号　ISBN 978-7-5605-4061-0
定　　价　26.00 元

读者购书、书店添货，如发现印装质量问题，请与本社发行中心联系、调换。
订购热线：（029）82665248　（029）82665249
投稿热线：（029）82668133
读者信箱：xj_rwjg@126.com